富家益
富家益股市新手系列

零基础炒短线

关俊强◎编著

K线、价量、技术指标——一看就懂的短线操盘工具

看盘、选股、买卖时机——一看就会的短线操盘技巧

涨停、主力、波段套利——一看就通的短线操盘技法

中国财富出版社有限公司

图书在版编目（CIP）数据

零基础炒短线 / 关俊强编著 . —北京：中国财富出版社有限公司，2024.2

（富家益股市新手系列）

ISBN 978－7－5047－8124－6

Ⅰ.①零… Ⅱ.①关… Ⅲ.①股票投资—基本知识 Ⅳ.①F830.91

中国国家版本馆CIP数据核字（2024）第047839号

策划编辑	杜 亮	责任编辑	杜 亮	版权编辑	李 洋
责任印制	苟 宁	责任校对	张营营	责任发行	董 倩

出版发行	中国财富出版社有限公司		
社　　址	北京市丰台区南四环西路188号5区20楼	邮政编码	100070
电　　话	010－52227588 转 2098（发行部）	010－52227588 转 321（总编室）	
	010－52227566（24 小时读者服务）	010－52227588 转 305（质检部）	
网　　址	http：//www.cfpress.com.cn	排　版	宝蕾元
经　　销	新华书店	印　刷	宝蕾元仁浩（天津）印刷有限公司
书　　号	ISBN 978－7－5047－8124－6/F·3764		
开　　本	710mm×1000mm　1/16	版　次	2025年1月第1版
印　　张	18	印　次	2025年1月第1次印刷
字　　数	266千字	定　价	49.00元

版权所有·侵权必究·印装差错·负责调换

前　言

炒股赚钱的一个重要前提，就是"多算者胜"。

《孙子·计篇》中有一句名言："多算胜，少算不胜，而况于无算乎！"意思是说，思虑周详的一方往往会取胜，而少于计算的，自然容易落败，更别说那些根本就不去计算的。股市如战场，在股市中想要赚钱，也是同样的道理。

现实生活中，大家都知道在从事某项工作之前，需要先学好相关知识。例如，想当医生要学习医药知识；想当律师要学习法律知识；想开车就要先在驾校好好学习拿到驾照。可在股市中，大家却忘记了这个常识。很多投资者在一无所知的情况下，莽撞地冲进股市，迫不及待地想要赚到钱。就好比一个不会开枪的士兵，直接闯入了激烈的战场，那么这个士兵的生存概率有多大呢？

初入股市的投资者首先需要"武装"的，不是自己的资金账户，而是自己的头脑。

为此，我们推出"富家益股市新手系列"图书，以帮助新入市的投资者轻松掌握炒股知识，尽快精通炒股技能，建立正确的投资心态，最终不仅能"多算"，还能"会算"，从而实现稳定的盈利。

《零基础炒短线》正是"富家益股市新手系列"中的一本。

很多人往往把短线交易和频繁交易混为一谈，或者简单地将短线交易理解为"追热点""追涨停"，其实这都是错误的，不全面的。

短线交易的真谛，在于跳跃和躲避。

1. 学会跳跃

股票的波动规律往往各不相同。这一点在不同板块的股票之间更加明显。短线的跳跃式炒作，正是基于这种节奏的不同。

每只股票的上涨过程并非一蹴而就，而是一个上涨、调整、再上涨、再调整的过程。而同一时期不同的股票所处的行情阶段往往也不同。有的股票正在下跌调整，有的股票正在主升。合格的短线投资者要买入正在主升的股票，避开正在下跌调整的股票。当买入的股票由主升转为下跌调整时，投资者就要卖出这只股票，转向其他刚刚进入主升阶段的股票。

短线交易，就是在不同的股票间不断地进行跳跃式操作。在这里，时间长短并不是最重要的，股票的品质也不是最重要的，重要的在于涨势的强弱和涨势的变化。"短线重势"就是由此而来。

2. 学会躲避

短线操作，要学会躲避两种行情。

（1）弱势行情。

这个很多投资者都知道。疲弱的股价，不仅会降低短线投资者的资金使用效率，还会给投资者带来额外的风险。很多人本来是要短线突击，结果变成中线等待，甚至长线套牢，就是因为陷入弱势行情而无力自拔。

（2）不确定性行情。

投资者在股市里总会碰到一些看不懂的行情，总有不知道该怎么办的时候，这都非常正常。股市里没有神，没有人能够把所有股票的走势都看透。碰到看不懂的时候，我们惹不起躲得起，绕开走就行了。

有的短线新手看到一只股票涨了就追，这是赌博。股市里，最不缺的就是机会，缺的是理性。戒赌戒贪，远离那些不确定性，只挣我们能看懂的、有把握的钱，方为盈利之法。

为了帮助读者更轻松、更快速、更准确地掌握短线操作技巧，更好地模拟实践，在本书的图例中，都会标出具体的买点或卖点。不过有的买点（卖点）可以很明确地指向某一天（某根 K 线），有的买点（卖点）会指向某个大致的区域（包含几根 K 线）。

例如在下图突破的买卖点这个案例中，买点 1 很明确，就在突破日，但不久后出现的买点 2 就很难具体到某个交易日，因为在买点 2 所示的这个区域（图中圆圈所示）中，每根 K 线都有着"确认突破有效性"的市场含义，都可以作为买入时机。因此在这里，买点就是一个买入区域。

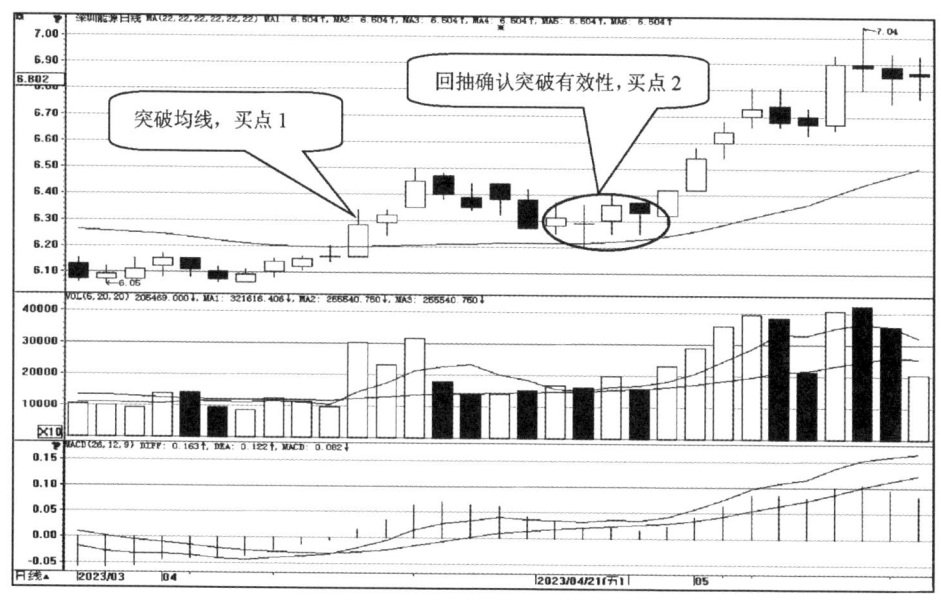

突破的买卖点

另外，不同的投资者有不同的性格、不同的风险接受程度、不同的交易习惯，这样就会直接影响到买点或者卖点的选择。因此有时候，我们也只能划定一个大概的区域，将具体的买卖点选择权交给投资者自己。

股道漫漫，只有那些不断上下求索的投资者，才有可能笑到最后，收获丰收的果实和成功的喜悦。相信本书能够为广大新手投资者的股市求索，提供实实在在的帮助。

目 录

第 1 章	1.1 必修课1：看清市场大势	003
新手炒短线	1.2 必修课2：认识题材、板块和概念	010
六堂必修课	1.3 必修课3：跟随市场主力	015
▷ 001	1.4 必修课4：严格资金管理	020
	1.5 必修课5：精通炒股工具	023
	1.6 必修课6：遵守五大纪律	027

第 2 章	2.1 K线图的买点	035
看透K线图	2.2 K线图的卖点	049
▷ 033	2.3 缺口的买卖点	061
	2.4 技术形态的买卖点	066

第 3 章	3.1 成交量实战解读	085
看懂价量	3.2 发出买入信号的价量关系	089
关系	3.3 发出卖出信号的价量关系	092
▷ 083		

第 4 章 看清技术指标 ▷ 099	4.1 移动平均线的买卖点	101
	4.2 MACD 指标的买卖点	107
	4.3 KDJ 指标的买卖点	114
	4.4 BOLL 指标的买卖点	119
	4.5 CCI 指标的买卖点	123
	4.6 RSI 指标的买卖点	126
	4.7 OBV 指标的买卖点	132

第 5 章 独具慧眼——短线看盘技巧 ▷ 135	5.1 2 个重点看盘时段	137
	5.2 盘前 4 个看盘要点	138
	5.3 早盘 3 个看盘要点	141
	5.4 尾盘的两大看盘要点	145
	5.5 通过分时图找强势股	148
	5.6 通过分时图找买卖点	152

第 6 章 紧跟潮流——短线选股技巧 ▷ 163	6.1 买强不买弱	165
	6.2 买小不买大	169
	6.3 买高不买低	172
	6.4 买热不买冷	174
	6.5 买新不买旧	177

第 7 章 稍纵即逝——短线买入时机 ▷ 181	7.1 突破——短线黄金买入时机	183
	7.2 突破的 8 个买入时机	187
	7.3 其他 10 个重要的买入时机	196

第 8 章	8.1	止损卖出时机	209
当机立断	8.2	止盈卖出时机	211
——短线	8.3	短线的6个必卖时机	214
必卖时机			
▷ 207			

第 9 章	9.1	技法1：追涨停	225
短线五大实	9.2	技法2：跟主力	238
战技法	9.3	技法3：巧解套	251
▷ 223	9.4	技法4：做波段	254
	9.5	技法5：T+0	257

第 10 章	10.1	道氏理论与短线交易时机	265
短线与四大	10.2	黄金分割理论与短线交易时机	267
经典理论	10.3	江恩理论与短线交易时机	270
▷ 263	10.4	周期理论与短线交易时机	273

第 1 章

新手炒短线 六堂必修课

1.1 必修课1：看清市场大势

炒股要看大势，相信很多投资者都知道这个道理。顺风顺水的时候，短线操盘自然轻松，风险小而收益大。而逆风逆水的时候，如果投资者仍然强行进行逆势交易，那就犹如刀口舔血，危险无比。

另外，短线投机，不仅要考虑到整体大趋势，也要考虑到短期的，或者说当天的"势"。市场人气状况就是当天的"势"的主要表现。人气旺盛时，热点频出，成交活跃，短线操作自然容易展开。而人气冷淡时，热点匮乏，成交低迷，短线操作会艰辛无比。

因此，投资者首先要看清市场大势，看清当天市场人气。

1.1.1 看清当前市场趋势

市场整体趋势可以分为牛市、熊市和平衡市（震荡市）。不同的市场趋势有着不同的表现特征，短线交易策略也会因此不同。

1. 牛市特征及短线策略

在技术分析的开山理论——道氏理论中，对牛市是这样定义的：股市整体向上运动，持续时间平均在两年以上。在这里投资者要注意，"整体向上"是牛市的最大特征。如果在较长的时间里，依靠指标股拉动指数上涨，而其他大多数中小股票下跌或横盘的市场，并不是牛市。我国股市最大的一轮牛市，就是从998点涨至6124点的大牛市，如图1-1所示。

从图1-1中可以看出，牛市就是大盘（指数）不断创新高的过程。随着指数的不断上行，成交量逐步放大，称为"价升量增"。均线系统也呈现多头排列（各条均线的方向均向上，同时短期均线在上，长期均线在下）。这些都

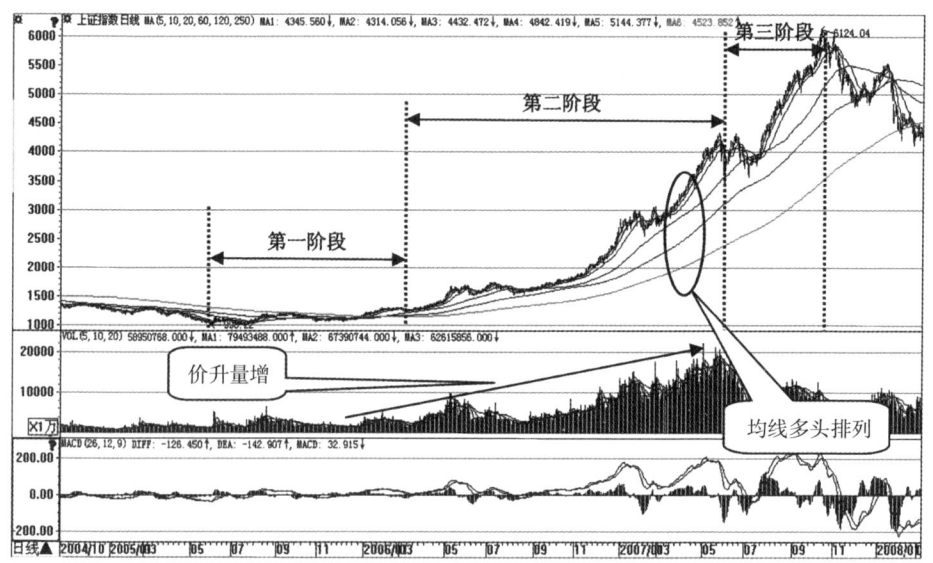

图1-1 上证综指998点至6124点牛市走势

是牛市最主要的走势特征。

另外,在道氏理论中,将牛市划分为三个阶段。在不同的阶段,采取的短线交易策略不同。

第一阶段,大盘虽然开始逐步回升,但大多数投资者的信心还没有恢复,熊市思维仍很浓厚,大盘上涨比较犹豫,经常出现回调震荡,如图1-1中"第一阶段"所示区域(2005年6月至2006年3月)。

由于牛市的第一阶段与熊市的反弹段非常相似,只有经过一段时间之后,牛市才能得到验证。因此,此时的短线交易应以控制仓位、控制风险为主,降低盈利预期,严格执行止损。选股应以先于大盘见底的强势股为主。

第二阶段,牛市已经被大多数投资者认可,大家普遍信心很足,经济基本面也欣欣向荣,大盘此时的上涨非常强势,往往呈现"大涨小回"的走势特征,如图1-1中"第二阶段"所示区域(2006年3月至2007年5月)。

牛市的第二阶段是牛市的主升段,升幅最大,持续时间最长,是股票交易的黄金时段。在这一阶段,几乎所有股票都有表现机会。此时短线交易的投资者应以重仓参与、追逐盈利为主要目的，大胆追逐放量突破的个股，以及走主升段的个股。适当放宽止损设定，防止出现"一卖就涨"的踏空风险。

第三阶段，已经处于牛市的末期。此时市场充满投机气氛，投资者热情高涨，盲目看好后市，而股市中各种概念流行，炒作气氛浓厚。在这一阶段，大盘或者个股非常容易出现大起大落的走势，如图1-1中"第三阶段"所示区域（2007年5月至2007年10月）。

最疯狂的第三阶段突出地体现出"风险大，收益大"。由于市场人气旺盛，机构经常采用疯狂拉高的方式出货，所以个股行情非常火爆。但是时机一旦成熟，机构将大规模出货，因此这阶段也存在着巨大的风险。在这个阶段，短线交易投资者应以保住利润为主要目标，控制好仓位，针对阶段性的板块热点快进快出，没机会就等，有机会炒一把就走。

2. 熊市特征及短线策略

熊市是整体方向向下的市场运动，中间夹杂着猛烈的反弹走势。投资者印象最深刻的熊市应该就是6124点至1664点的熊市，如图1-2所示。

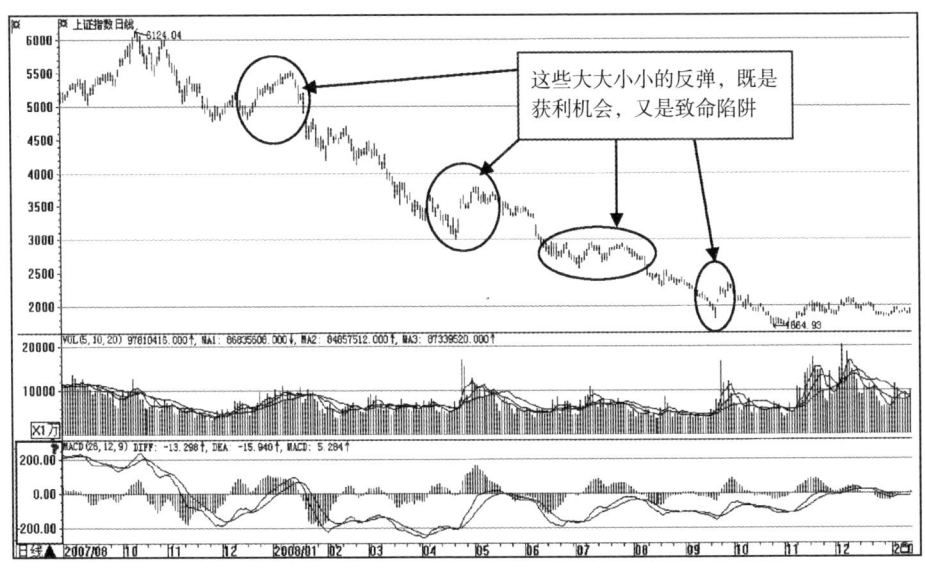

图1-2　上证综指6124点至1664点熊市走势

在这里，投资者同样要注意"整体向下"意味着几乎所有股票都会出现大跌。虽然总有小部分个股在熊市的前半段能够独立于大盘，表现得非常抗跌。但是这部分股票，在熊市后半段往往出现补跌走势，而且是以大幅度跳水的方式下跌。最著名的就是2245点至998点熊市中的中粮屯河（600737，现更名为中粮糖业），如图1-3所示。

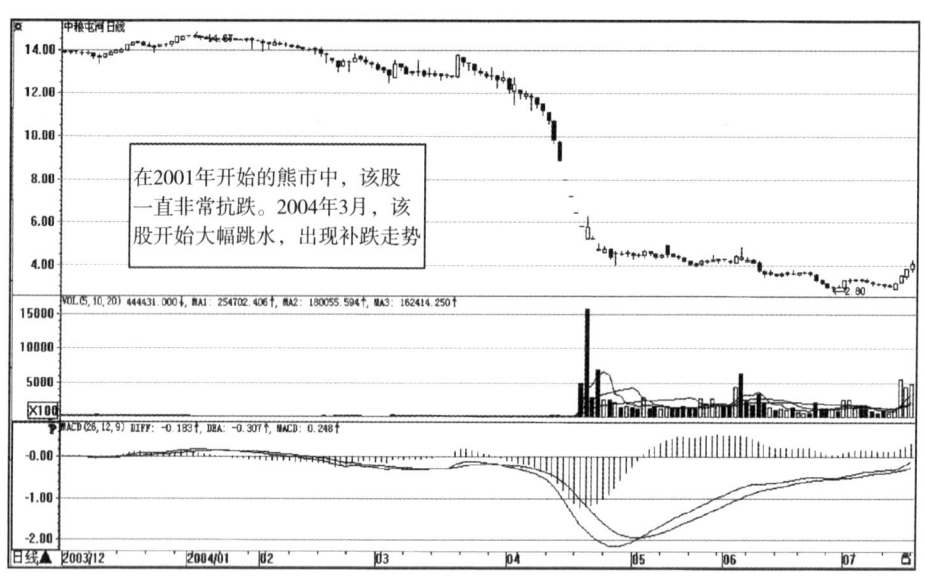

图1-3 中粮屯河日K线

"新手死在山顶上，高手死在半山腰"。在熊市中，最大的风险来自过早入场，以及抢反弹被套。因此，投资者的短线策略应以生存为主要目标，宁可错过，不可做错，耐心等待时机，有充分把握再入场。止损设定要苛刻一些，并严格遵守。不可满仓，不可高位追加仓位，不可低位补仓。

3. 震荡市特征及短线策略

市场并非总是方向明确，非上即下，有时会出现"非牛非熊"的方向不明朗的阶段。此时市场忽上忽下，在某个空间内反复震荡。这个阶段有时出现在牛市或者熊市中的调整或反弹阶段，有时出现在市场顶部或底部的反转阶段，如图1-4所示。

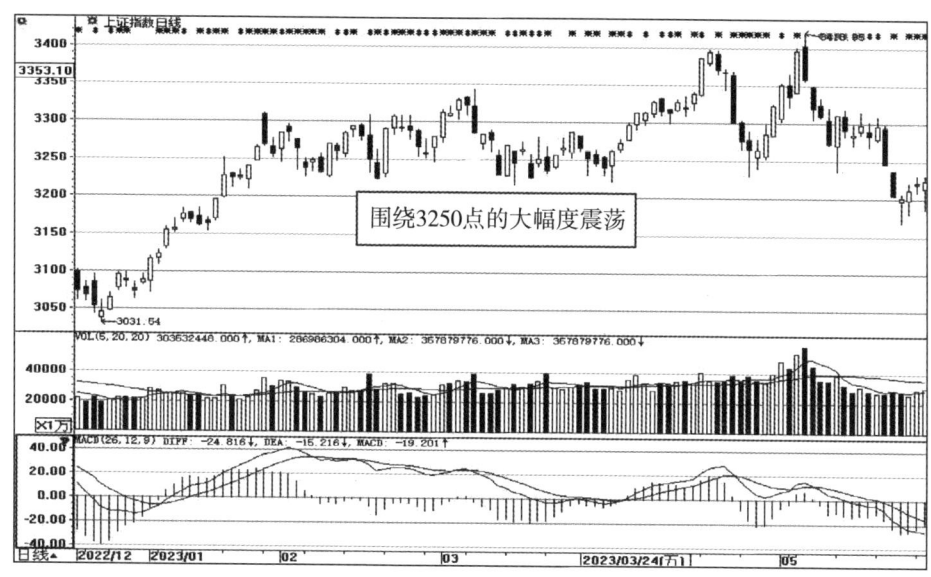

图 1-4　上证综指日 K 线

在震荡行情中，大盘虽然方向不明，但是板块热点层出不穷，经常有连续大涨的局部热点出现。因此，在震荡行情中，如果操作得当，获利会非常可观。此时短线上应多采取逆势思维，大盘跌时注意把握买入时机，大盘涨时注意把握卖出时机。选股上，多关注那些具有群体效应的热点板块，一旦该板块启动，迅速追击龙头股。

1.1.2　看清当天市场人气

每个交易日的市场人气，是指当天市场的活跃度、个股的热度、资金参与炒作的热情等。这些方面直接决定了短线操作的难易程度、风险程度，决定了短线时机的选择。

当天的市场人气是否适合短线参与，可以从以下几个方面进行判断。

1. 看涨幅榜

每天的盘中，短线投资者应不断观察每天盘中沪深涨幅榜第一页的变化情况，观察市场人气，发现热点板块。

（1）如果当天的涨幅榜第一页中有 5 只以上的股票涨停，则市场人气高涨，投资者可以积极进行短线操作。

（2）如果第一页中所有个股的涨幅都大于 4%，则显示市场人气充足。投资者可以精选个股，控制仓位，稳妥地进行短线操作。

（3）如果第一页中没有涨停个股，并且涨幅大于 5% 的股票少于 3 只，则市场人气比较冷淡。除非有很大的把握，否则投资者应以观望为主。

（4）如果第一页中所有个股的涨幅都小于 3%，则市场人气非常低迷。此时投资者应保持观望，不宜入场。

2. 看分时走势

看分时走势，主要是看大盘分时图中的价格曲线、均价线这二者的方向及其相互关系。

（1）价格曲线不断上移，同时均价线也向上，表明当前大势正处于单边上扬中。市场人气高涨，处于强势，投资者可以积极进行短线操作。

（2）价格曲线主要呈现横盘震荡态势，能保持在均价线上方，表明市场强度和人气尚可，投资者可精选个股，轻仓参与。

（3）价格曲线不断下移，同时持续在均价线下方运行，表明市场处于明显弱势，人气不足，投资者应慎重进行短线操作。

3. 看涨跌家数

涨跌家数的多少对比，可以反映大盘涨跌的真实情况。

（1）大盘涨，同时上涨家数大于下跌家数，说明大盘上涨自然，涨势真实。投资者可积极进行短线操作。

（2）大盘涨，但下跌家数大于上涨家数，说明大盘上涨主要是由于指标股的拉抬，更多的是虚涨。投资者短线操作时应保持高度谨慎。

（3）大盘跌，同时下跌家数大于上涨家数，说明大盘下跌自然，跌势真实。投资者应保持观望，不可轻易入场。

（4）大盘跌，但上涨家数大于下跌家数，说明大盘下跌主要是由于指标股的打压，跌势虚假。此时投资者可精选个股，轻仓参与。

如图1-5所示，2023年6月5日，深证成指在盘中缓缓下跌，欲振乏力。同时投资者可以看到，全天的上涨家数有1230家，而下跌家数则达到了1417家，超过了上涨家数。这种情况说明，大盘下跌自然，跌势较为真实，此时投资者应保持观望，不可轻易入场。

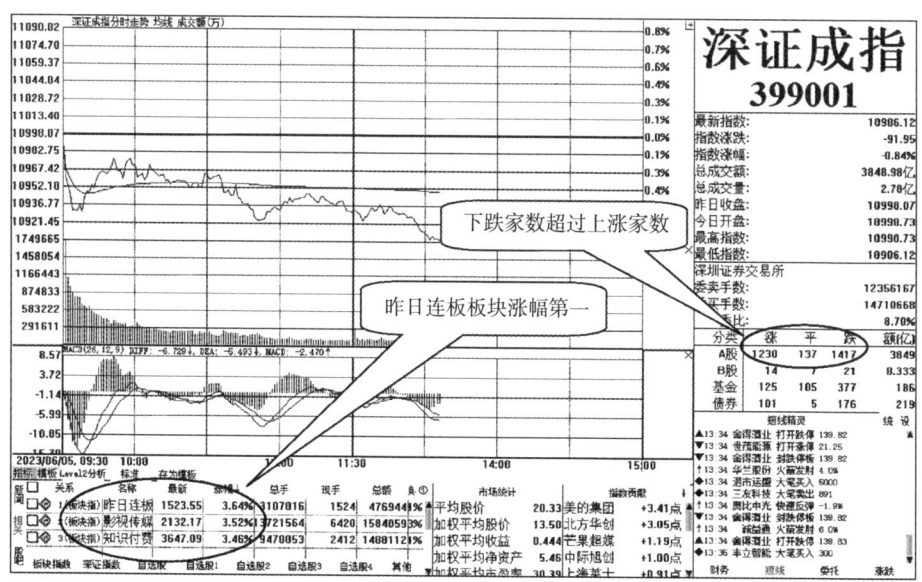

图1-5 深证成指分时走势（2023年6月5日）

投资者还可以看出，当天的板块指数涨幅排名中，前三位分别是昨日连板、影视传媒、知识付费，说明当天指数市场投机性较强，市场较为疲弱。

4. 看盘中价量关系

大盘涨时有量、跌时无量，说明量价关系健康正常，短线操作可积极展开。大盘涨时无量、跌时有量，说明量价关系不健康，投资者此时须谨防大盘回落。

 实战经验

有些短线投资者认为，每天总有上涨的股票，只要能把握住这些股票，

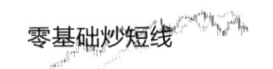

根本不用理会大势。这是错误的。大势好，犹如顺水行舟，机会多，风险小。大势不好，犹如逆水行舟，机会少，风险大，此时勉强交易，容易得不偿失。

1.2 必修课2：认识题材、板块和概念

投资者在市场上，会碰到各种题材、板块和概念。题材、板块和概念，虽然叫法不一样，但是本质上是一样的，都是指具有某个共同点的一类股票。

例如，"新能源概念"，也可以称为"新能源板块"。但是有些说法已经约定俗成，成为一种习惯性叫法。例如，涉及同一行业、同一地域的，一般称为板块，如"钢铁板块""北京板块"，不会称为"钢铁概念""北京题材"；而"甲流概念"，一般不会称为"甲流板块"。

在股市中，有两个非常重要的规律。

一是题材炒作，或者称为概念炒作、板块炒作。每个市场热点都有相应的题材或概念。如资产重组概念、物联网概念、人民币升值题材、新能源板块等。一些重大题材，往往能在市场中掀起巨大的炒作浪潮，构成短线的重要交易机会。

二是联动性。具有相同题材、相同概念，或者同一板块的股票，往往呈现齐涨齐跌的走势。

市场炒作离不开题材，板块轮炒也是经常出现的市场现象。因此，投资者如果能够充分认识和识别热点题材和板块，对于短线投资会有相当大的帮助。

1.2.1 了解常见的题材和板块

短线投资者的入门必修课之一，就是了解常见的题材和板块，并知道每个题材、板块中具有代表性的品种。

下面列举一些常见的板块、题材和具有代表性的个股（截至 2023 年 6 月，见表 1-1、表 1-2）。

表 1-1　　　　　　　　　　　常见板块及代表性个股

常见板块	代表性个股
房地产	万科 A、保利发展、金地集团、首开股份
券商	中信证券、海通证券、国元证券、光大证券
有色金属	江西铜业、中金岭南、铜陵有色、云南铜业
煤炭	中国神华、晋控煤业、平煤股份
农业	新希望、隆平高科、冠农股份、新农开发
酿酒食品	洋河股份、五粮液、维维股份、重庆啤酒
商业连锁	重庆百货、大商股份、永辉超市、红旗连锁
银行	平安银行、招商银行、北京银行、兴业银行
电子信息	莱宝高科、超声电子、中科三环、大恒科技
机械	中联重科、三一重工、徐工机械、柳工
钢铁	宝钢股份、马钢股份、包钢股份、方大特钢
医药	恒瑞医药、联环药业、东阿阿胶、片仔癀

表 1-2　　　　　　　　　　　常见题材及代表性个股

常见题材	代表性个股
物联网	新大陆、远望谷、厦门信达、东信和平
新能源、新材料	博云新材、金风科技、中核科技、科力远
锂电池	宁德时代、比亚迪、亿纬锂能、德赛电池
航天军工	航天机电、航天长峰、航天电子、北方股份
智能电网	禾望电气、创元科技、国电南自、国电南瑞
节能环保	富春环保、中原环保、创业环保、双良节能
超导	东方钽业、华菱线缆、沃尔核材、西部材料

通常当市场方向不明朗时，题材、板块之间的转换往往会很快，熟悉几个常见的题材、板块对投资者把握板块间的轮动有很大帮助。

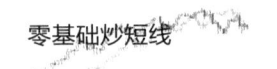

1.2.2 寻找热点板块的3个角度

投资者可以从以下3个角度,来发掘热点板块。

1. 政策扶持

国家政策的变化会对股市造成重大影响,更是直接影响股市的炒作热点。如果国家新出台的某项政策对某个行业或板块构成重大利好,那么该板块就会受到市场的热烈追捧,成为市场炒作的热点板块。

例如,我国在2008年年底推出了4万亿经济刺激计划,直接对水泥板块构成重大利好,万年青(000789)、福建水泥(600802)等大幅上涨,成为当时的热点品种。

2. 社会和经济形势的新变化

社会和经济形势的变化,也会影响到股市炒作热点。

例如,2005年开始的人民币升值,使金融、房地产等板块成为当时的主流品种。2010年下半年开始,我国对稀土资源的重视和保护,使稀土永磁成为热点概念,广晟有色(600259)、北方稀土(600111)等股票成为当时的炒作热点。2010年年底至2011年年初,山东、河南、安徽等产粮大省持续干旱,市场开始高度关注水利板块,三峡水利(600116)成为炒作热点,该股出现了连续涨停的暴涨走势。

2022年11月,OpenAI公司发布ChatGPT程序,引发全球范围内的新一轮人工智能技术应用热潮,科大讯飞(002230)、同花顺(300033)等个股在这股潮流的影响下大幅上涨。图1-6显示了科大讯飞自2023年起大幅上涨。

3. 资金的最新动向

有资金就有行情,投资者发掘热点板块,还需要关注资金的最新动向。最主要的就是关注成交量的变化。一般热点板块的炒作,都会经历蓄势—逐步升温—大力炒作的过程。在逐步升温的过程中,成交量将表现为逐步放大,股价走势也日益坚挺。如果同板块的许多股票在走势上都呈现出这种特点,

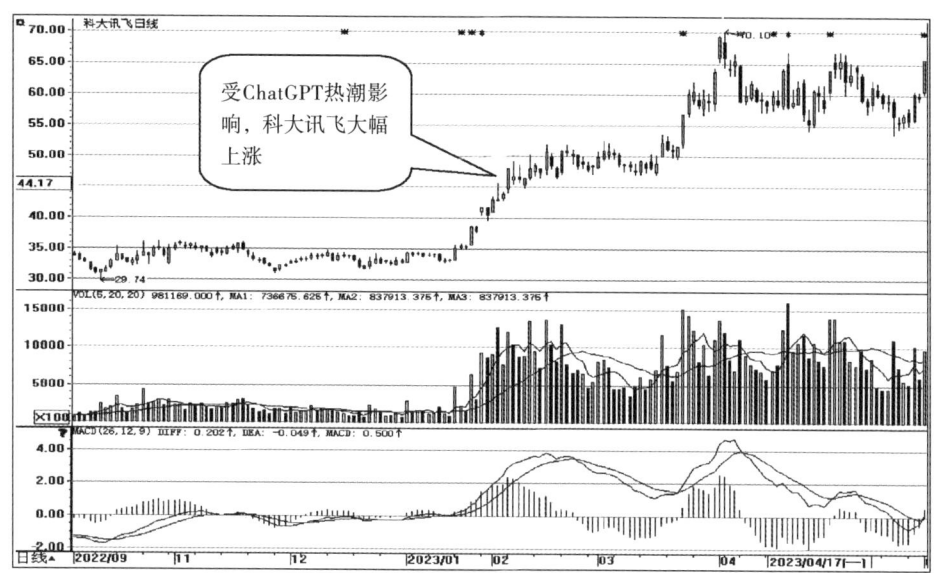

图 1-6 科大讯飞日 K 线

那么投资者就可以预期,该板块很有可能成为下一阶段的热点板块。

1.2.3 发掘板块龙头的 5 个特征

短线炒股,就是要抓龙头。龙头股通常会先板块之动而动,后板块之落而落。炒作龙头股,不仅收益大,而且风险相对较小,是较适宜短线操作的交易品种。

龙头股一般具有以下 5 个特征。

1. 受益最直接

板块中的龙头往往是所在板块里最直接受到利好刺激的品种,或者说受益最为直接的品种,如高铁板块的龙头股中国中车(601766)、中国交建(601800)、国电南自(600268)。

2. 流通市值适中

一般来说,龙头股的流通市值(流通股本×股价)不能太大。太大的话,资金难以控盘,炒作难度加大,很难起到龙头作用。但是流通市值也不能太小，太小的话，能够容纳的资金有限，不适宜大资金进出。如在水利板块中，龙头股三峡水利（600116）的流通市值在启动之初就处于板块的中间位置。

3. 最先涨停

龙头股在一个板块中起到火车头的作用，因此一个板块一旦启动，龙头股往往最先涨停。例如，2022 年 10 月至 12 月，旅游酒店板块成为当时的热点板块，11 月该板块正式启动，西安旅游（000610）在 11 月 8 日开盘不到半小时就封上涨停板（见图 1-7）。后续的走势也说明，该股就是旅游酒店板块这轮行情的龙头股。

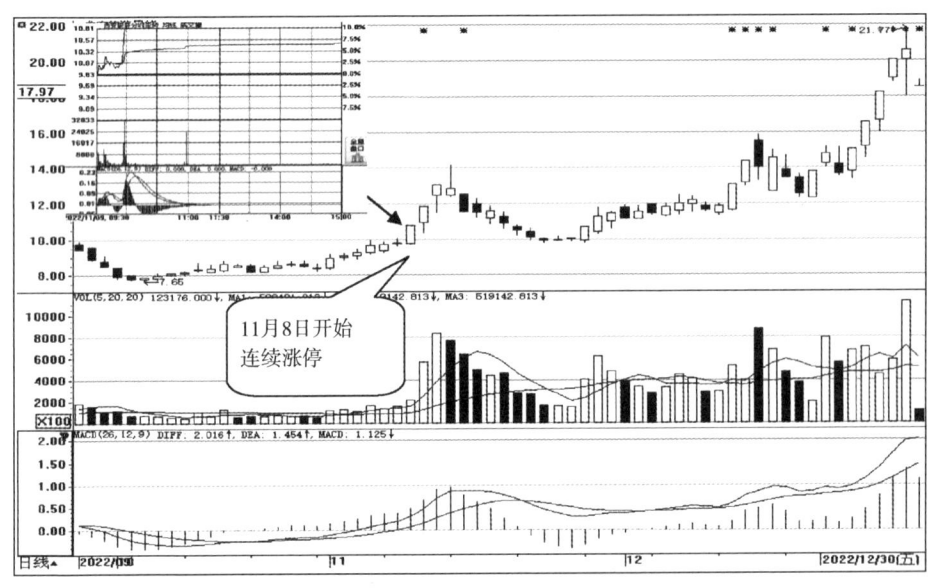

图 1-7　西安旅游日 K 线

4. 历史地位高

一般来说，板块的龙头股一旦确定，往往改变较少。只要不是没涨过的板块，投资者都可以从其历史走势中找到龙头股。例如，2020 年 3 月至 8 月的黄金板块上涨行情是由中金黄金（600489）发动的，2022 年 4 月底开始的黄金上涨行情，仍然由它发动。

5. 资金参与度高

一只股票，参与的资金越多，积极性越高，就越容易成为龙头品种。考察资金参与度的最重要指标就是换手率。一般来说，换手率高的股票，往往就是板块的龙头品种。

随着社会和经济形势的变化，不断有新的概念、题材问世。因此，短线投资者需要紧跟时代变化，及时发现那些新概念。另外，短线炒作讲究一个"早"字。如果一个概念已经被炒得路人皆知，此时投资者再介入的话，就需要格外注意风险。

1.3 必修课3：跟随市场主力

与普通投资者相比，主力资金在资金量、信息渠道、分析研发等方面有着明显的优势，他们在股市中的一举一动，都影响着行情的变化。因此，投资者应该关注市场主力的动向。

1.3.1 短线需要关注的主力机构

市场主力的动作对短期市场走势能够产生极大的影响。几乎所有的短线暴涨股，其背后都有主力资金的身影。因此，于短线投资者而言，对市场主力的分析是一项重要工作。

市场中的主力机构有很多，如基金、券商、游资等。就短线而言，最具影响力的，莫过于那些活跃的市场游资。在很多异动股票的成交回报中，都可以看到他们的身影。短线投资者可以将这些游资的动向作为短线交易的重要参考。

如图1-8所示，2022年12月12日，汉王科技（002362）在盘中一度涨停。投资者看当天的成交回报，可以发现买一位置是某个活跃的游资席位

（见图 1-9）。12 月 13 日，该股跳空高开后放量下跌，从当天的成交回报可以看出，卖一位置正是前一日的活跃游资席位（见图 1-10）。这说明在这两个交易日里游资来去匆匆，应该有不少筹码被套牢。

此时投资者可以观察该股的后续走势，看该游资是否会展开自救的拉升动作。如图 1-8 所示，该股经过短暂下跌后，股价逐步回升，并于 2023 年 1 月 30 日再次涨停，说明主力资金的拉升动作已经逐步开始，此时投资者可以短线跟进。之后，该股连续涨停，在第 4 个涨停出现时，股价突破前期游资拉升的最高位，说明主力的拉升非常坚决，投资者可继续短线跟进。

图 1-8　汉王科技日 K 线

买入金额前5名					
序号	席位名称	买入金额(万元)	买入占比	卖出金额(万元)	卖出占比
1	财通证券杭州上塘路 老牌游资	4652.56	5.41%	50.58	0.06%
2	长江证券上海东明路 同城	4335.89	5.05%	27.33	0.03%
3	东亚前海证券北京分公司	4239.71	4.93%	0.00	0.00%
4	华鑫证券上海莲花路 同城	1277.05	1.49%	2.26	0.00%
5	安信证券西安朱雀大街	1161.55	1.35%	0.00	0.00%

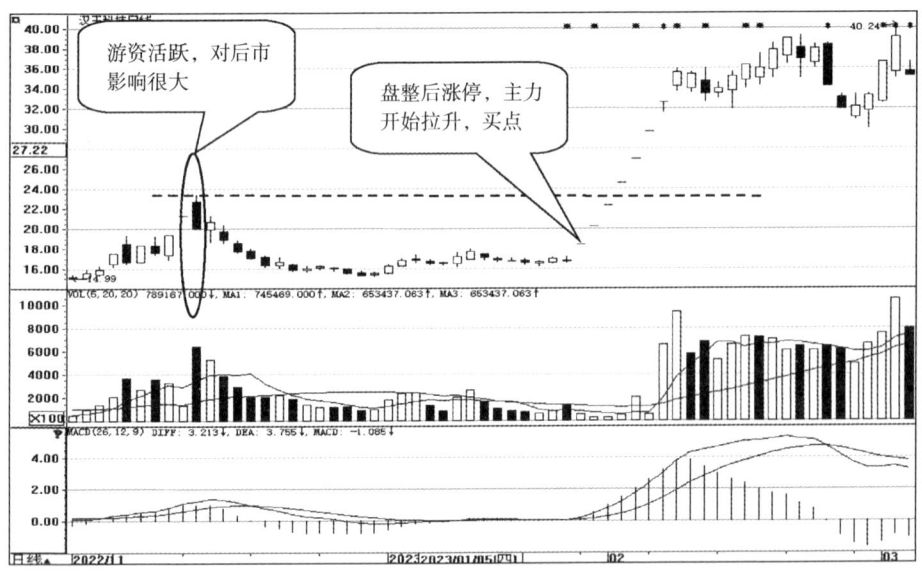

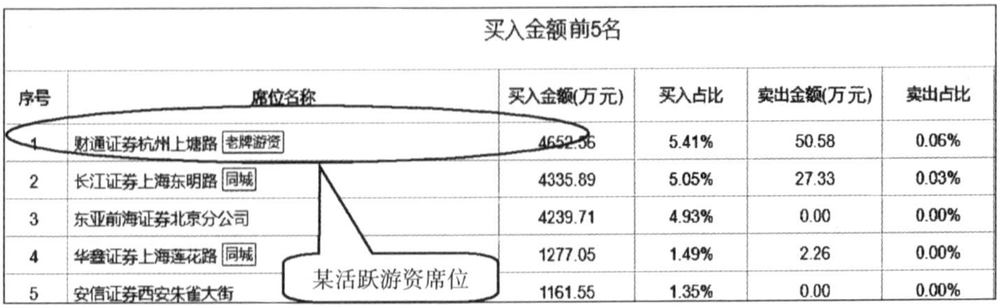

图 1-9　汉王科技成交回报（2022 年 12 月 12 日）

卖出金额前5名

序号	席位名称	买入金额(万元)	买入占比	卖出金额(万元)	卖出占比
1	财通证券杭州上塘路 老牌游资 同城	647.22	0.47%	4905.40	3.53%
2	东亚前海证券北京分公司	0.00	0.00%	4706.10	3.39%
3	长江证券上海东明路	20.83	0.02%	4530.94	3.26%
4	华龙证券济南经十东路	0.90	0.00%	1998.13	1.44%
5	海通证券杭州滨江阡陌路 同城	441.54	0.32%	1599.27	1.15%

（某活跃游资席位）

图 1-10　汉王科技成交回报（2022 年 12 月 13 日）

1.3.2　主力运作的 4 步曲

主力运作一只股票可以分为 4 个阶段：建仓、拉升、洗盘和出货。

1. 建仓

主力与散户一样，盈利途径都是低买高卖。因此，主力操作的第一步就是在低位买入足够多的股票。

主力建仓的过程和散户不同，不可能用一笔或是几笔买单完成交易。主力需要一定时间来逐步买入，才能实现建仓目标。一般来说，主力的建仓过程短则几天，长则几个月都是有可能的。另外，主力的建仓过程相当隐蔽，一般选择市场低迷或是其他投资者普遍看空的时候完成建仓动作。

2. 拉升

主力建仓的最终目的就是在高位卖出，实现巨额利润。股价从低位到高位的过程，就是主力的拉升过程。在拉升股价时，主力一般会借助各种渠道在市场上散布利好消息，配合市场大势，营造多头气氛，以吸引其他投资者跟进帮助拉升股价。

3. 洗盘

为了能够顺利地把股价拉升至目标价位，主力必须在上涨过程中让低价买进、意志不坚的投资者抛出股票，以减少其他投资者的获利盘和获利幅度。

同时这种散户之间的换手可以抬高市场平均成本，减轻上档压力，更加有利于后期的拉升和出货。

4. 出货

出货是主力整个运作过程中最重要的一环。出货成功与否，直接关系到此次操作的利润多少和成败。主力在出货时，会利用各种手段在市场上营造多头氛围，吸引买盘，一旦投资者跟风买入，庄家会顺势出掉手中筹码。

如图1-11所示，从2021年8月到2022年3月，中国东航（600115）的股价经历了一波完整的涨跌趋势。这波涨跌趋势包含了明显的"建仓、洗盘、拉升、出货"4个阶段。

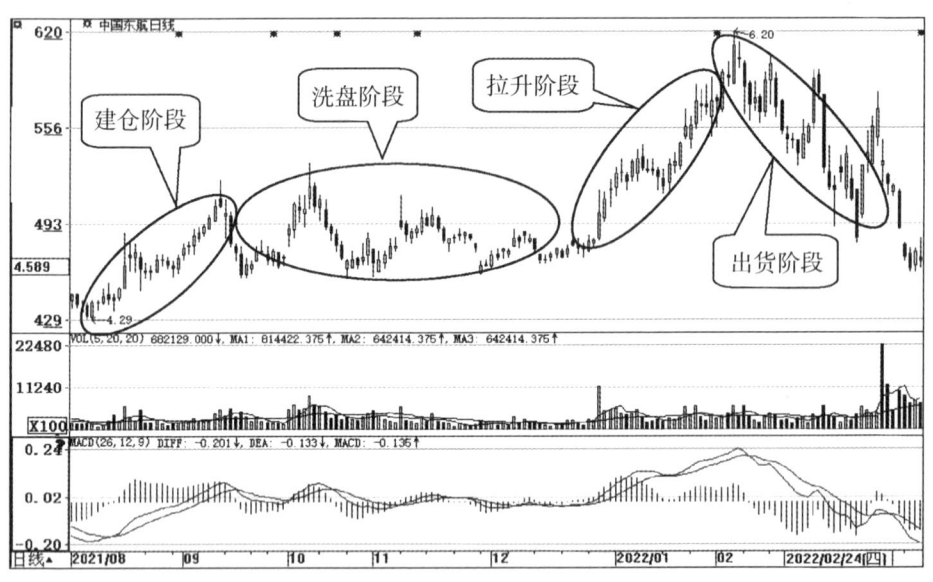

图1-11 中国东航日K线

1.3.3 主力拉升阶段——短线最佳参与时机

由于主力建仓时会做得很谨慎，一般不会让散户看出他们在低位吸筹。另外，在建仓阶段，股价的上下波动也很难把握。所以，建仓阶段并非短线交易的理想时段。而在拉升阶段，股价上涨迅速，较少波折，拉升阶段是短线投资者的最佳参与时机。

一般处于拉升阶段的个股的股价会快速向上攀升，同时成交量维持在高位。短线投资者应该在拉升的中前期就果断介入，享受主力拉升的"胜利果实"。

如图 1-12 所示，经过前期的下跌洗盘后，2023 年 4 月，浙能电力（600023）股价逐渐走稳，预示着洗盘可能已经结束。4 月 14 日，该股放量大涨，并突破了前期高点，说明拉升阶段正式开始，短线买点出现。

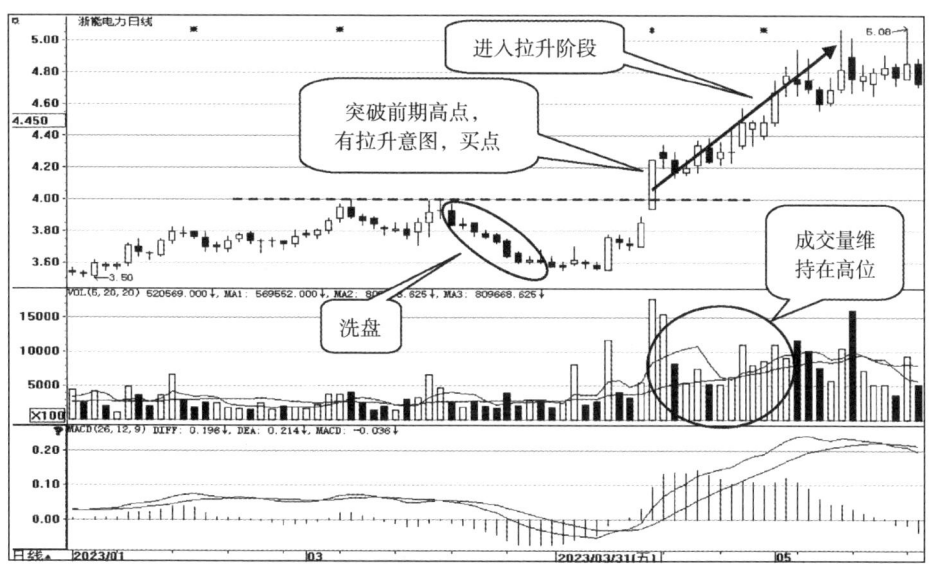

图 1-12　浙能电力日 K 线

主力也有失败和交易不顺的时候，因此投资者跟庄时，只能把主力动向作为参考因素之一，而不能完全跟着主力走。要结合股价位置、当前大势、股价走势强度等，进行综合分析。

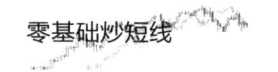

1.4 必修课 4：严格资金管理

股市中的资金管理，是指投资者对交易资金的一个整体的管理体系，包括仓位控制、风险和收益的衡量、加仓原则和减仓原则等方面。

许多国际知名的投资家和投资机构都非常重视资金管理。投资者在变幻莫测的股市中投机，相当于在波涛汹涌的大海中航行。合理的资金管理，就像驾驶船只的操作手册，它能够告诉船长什么该做，什么不该做，何时该做什么，应该怎么去做。

一套合理的股票资金管理体系，要求投资者本着科学、理性的投资策略，在保证资金安全的前提下，追求适当的利润。在资金管理体系中，最重要的就是如何控制仓位。而在仓位控制中，最主要的就是分仓操作。

1.4.1 如何分仓操作

所谓仓位，是指投资者买进股票所使用的资金量占总资金量的比例。例如，投资者总资金量为 10 万元，买进了 5 万元的股票，那么该投资者的持仓仓位为五成仓位，即半仓；如果该投资者用三分之一的资金买入股票，那么他的仓位就是三分之一仓。

按照仓位的大小，大体可以将仓位分为空仓（全部是现金）、轻仓（持仓比例在 30% 以内）、重仓（持仓比例在 70% 以上）和满仓（全部是股票）。

分仓操作，是指投资者在交易股票时采取分批交易的方式，即买入时分批买入，卖出时也分批卖出。分仓操作是为了能够更好地利用资金、规避风险，并有效减轻投资者满仓进出所带来的心理压力，使投资者的交易具有弹性，在任何时候都能保持一定的应变能力。

分仓操作最直接的好处就是降低风险。假如，投资者看好一只股票，如果一开始就满仓杀入，但股价并没有朝自己预期的方向走，而是开始下跌，此时投资者的损失可能很严重。但如果投资者在第一次买入时仅仅是小仓位买进，即使后来股价下跌，投资者的整体损失也不大，而且最重要的是，投资者手中还有剩余资金，仍然掌握着主动性。

分仓操作一般有以下三种方式。

1. 两分法

两分法，即将资金（股票）分成两等份，选择合适的时机分两次买进（卖出）。以买入为例，投资者看好一只股票并以 10 元/股的价格半仓买进，下一个交易日，该股股价与预期的一样向上攀升，此时投资者可以再次买进剩余的一半仓位。

2. 三分法

三分法与两分法类似，只是将资金（股票）分为三等份，选择合适的时机分三次买进（卖出）。仍以买入为例，投资者首次买入时，先买入三分之一仓位。如果买进后股价走势不错，那么投资者可以加仓三分之一，剩下的三分之一可以等待股价回调时继续买入。如果投资者首次买入三分之一仓位后，股价开始走弱，投资者可以直接清仓，损失的资金相对整体资金量来说也并不多。

3. 长、中、短相结合

投资者将仓位分成四等份，长线、中线、短线各一份，剩余一份作为风险控制资金，即当市场有重大变化时可以马上进场的流动资金。将资金这样分配以后，对于风险的控制就会更加合理，资金安全性更高。不过这种分配方式一般只适用于资金量比较大的投资者，资金量较小的，可以使用前面介绍的两种分仓交易方法。

1.4.2 只在做对时加仓

在介绍完分仓交易的几种方式后，投资者接下来面临的就是何时才能加仓的问题。

短线交易的关键在于尊重市场，顺势交易。如果市场趋势的发展说明此前投资者对趋势的判断是正确的，那么就可以在原来的仓位基础上继续加仓。如果市场趋势的发展说明此前投资者的判断是错误的，那么就应该及时止损离场，而不应错上加错地逢低补仓。

就资金量较小的短线操作而言，由于交易周期往往较短，行情发展也比较迅速，每次交易的加仓次数不宜过多，建议按照两分法进行分仓操作。投资者第一次买进半仓，然后密切关注，如果行情发展顺利，则买进剩余的半仓。如果行情发展不顺，则继续观察，一旦达到止损条件，那么第一次买入的半仓应立即止损卖出。

如图1-13所示，2023年3月10日，易华录（300212）股价突破前期高点，此时投资者可以买进二分之一仓位。随后股价上冲后于3月下旬回调，并在前期高点处获得有效支撑，本次突破的有效性得到确认，此时投资者可以再次买入二分之一仓位。

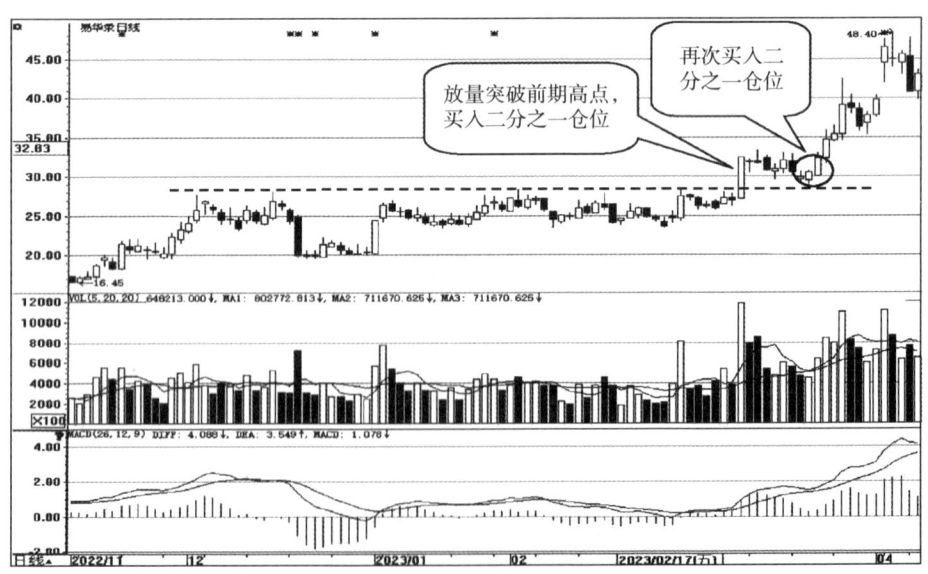

图1-13　易华录日K线

1.5 必修课5：精通炒股工具

工欲善其事，必先利其器。在每个炒股软件中，都有不少炒股工具。如果投资者能够精通一些炒股工具的使用，无疑将在交易中处于更加有利的位置。

1.5.1 用趋势线画出股价趋势

趋势线可能是最为常用的炒股工具。在一个上升趋势中，将两个或者两个以上的低点相连，就得到一条向右上方倾斜的直线，称为上升趋势线；在一个下降趋势中，将两个或者两个以上的高点相连，就得到一条向右下方倾斜的直线，称为下降趋势线。

另外，将上升趋势中的两个或两个以上的高点相连，就得到了上升趋势的压力线，将下降趋势中的两个或者两个以上的低点进行连接，就得到了下降趋势的支撑线。

在分析研判趋势走向时，趋势线有着非常重要的作用。

（1）在上升趋势中，如果股价跌破了上升趋势线，就意味着这段上升趋势很可能结束。

（2）在下降趋势中，如果股价突破了下降趋势线，就意味着下降趋势很可能结束，为短线买点。

（3）在上升趋势中，如果股价突破了上升趋势的压力线，就意味着股价将进入一个加速上涨阶段，构成短线的重要买入时机。

如图1-14所示，金博股份（688598）在2021年12月至2022年4月之间的这段下跌趋势，可以用一条下降趋势线标示出来。当该股向上突破了这条下降趋势线时，就说明下降趋势很可能已经结束，短线买点出现。此后金博股份出现了一段持续攀升的走势，我们可以画出这段趋势的上升趋势线。8月，股价跌破上升趋势线，意味着上升趋势结束。

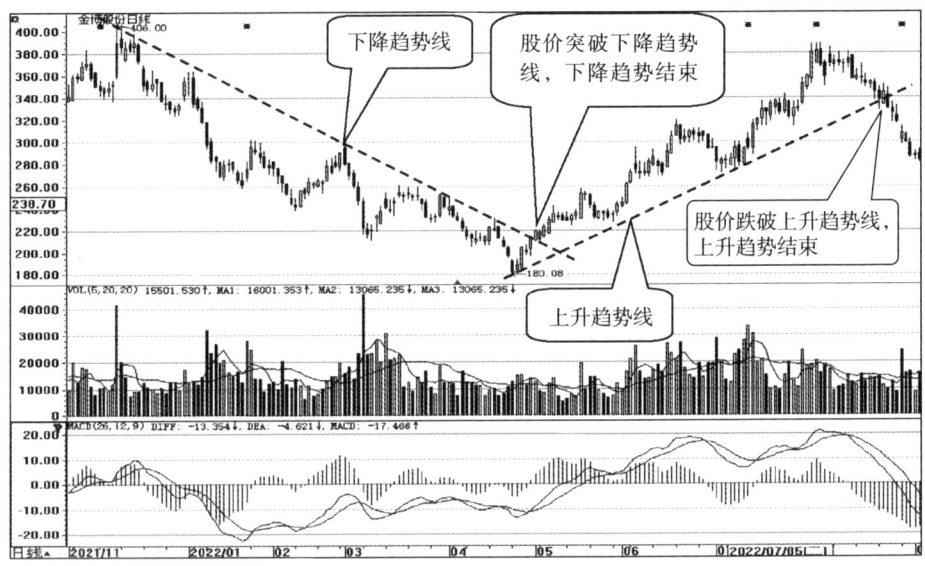

图 1-14　金博股份日 K 线

如图 1-15 所示，2022 年 4 月底至 7 月，翔鹭钨业（002842）持续上升，股价在上升趋势线和上升趋势压力线所形成的轨道内缓缓运行。8 月初，股价向上突破上升趋势压力线，说明股价进入加速上涨阶段，短线买点出现。

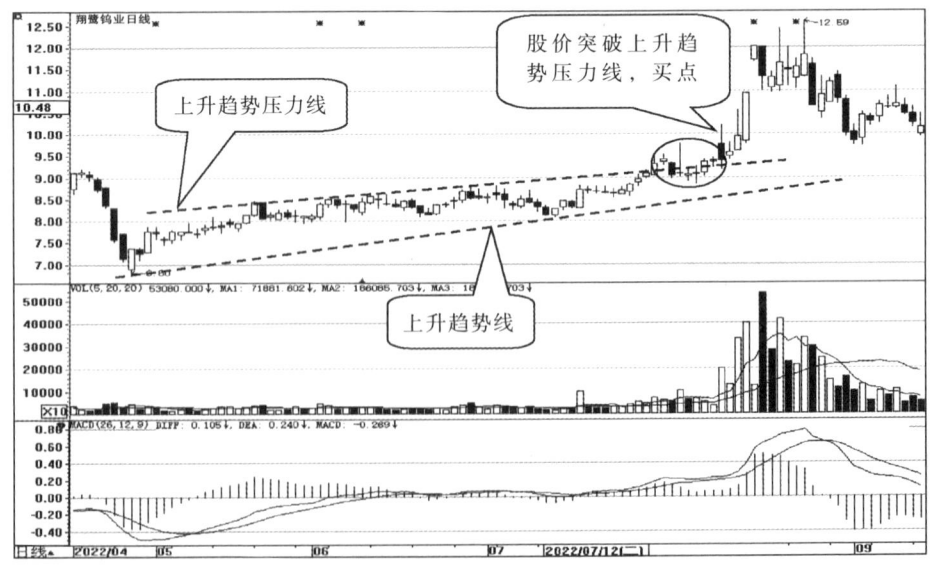

图 1-15　翔鹭钨业日 K 线

1.5.2 用黄金分割线找到支撑和阻力

黄金分割线，也是股市中使用比较普遍的炒股工具之一。将一段行情的最低点和最高点作为黄金分割线的起点和终点，就可以绘制出黄金分割线。系统会自动将这段距离按照黄金分割位进行分割，一般包括61.8%、50.0%、38.2%、23.6%等黄金分割位。

如图1-16所示，江苏雷利（300660）由2022年的4月27日的低点15.51元，最高涨至7月4日的45.54元，之后开始进入回调走势。将这两个价位作为起点和终点，绘制黄金分割线。投资者可以发现，股价在上波涨幅的50%位置结束调整，重新开始上涨走势。

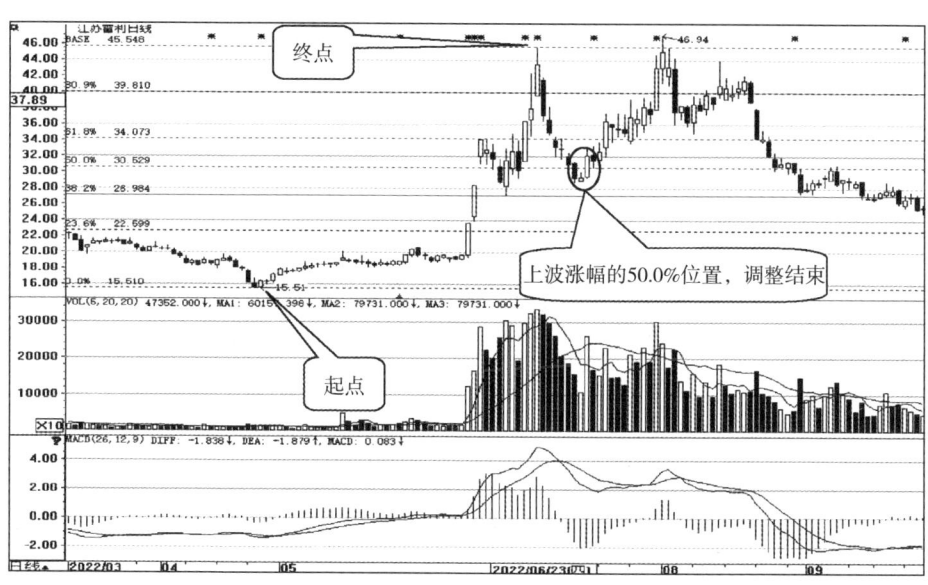

图1-16 江苏雷利日K线

在实战中，每个黄金分割位只是表示股价到这里出现转折的可能性较大，而不是必然会发生转折。在后面我们有专门的章节来介绍黄金分割理论的实战应用。

1.5.3 用F10快速查看基本信息

炒短线,除了要关注消息面、技术面的信息,还要关注个股的基本面信息。如果连自己要买的股票的公司是干什么的、股本有多大、十大流通股东都有谁、最近有什么新动态等都不清楚,那么就会有"盲人走夜路"的危险。

对于短线投资者而言,对基本面信息的了解,不需要像价值投资者了解得那么深入详细,只需要泛泛地知道一些基本信息即可。短线投资者需要能够快速地获得信息,炒股软件中的F10资料界面就可以满足投资者的这种需求。

在炒股软件中,键入F10键,就可以进入"F10资料"这个界面,获得主营构成、财务信息、信息快讯、股东进出等信息。

F10资料界面中包含16个子项,短线投资者可以重点关注"操盘必读"这一项。

进入F10资料界面后,点击"操盘必读"选项,出现"最新指标""上期主要指标""公司概要""事件提醒""控盘情况""概念题材""成交回报"7个栏目。这些栏目,基本涵盖了短线投资者需要重点了解的内容(见图1-17)。

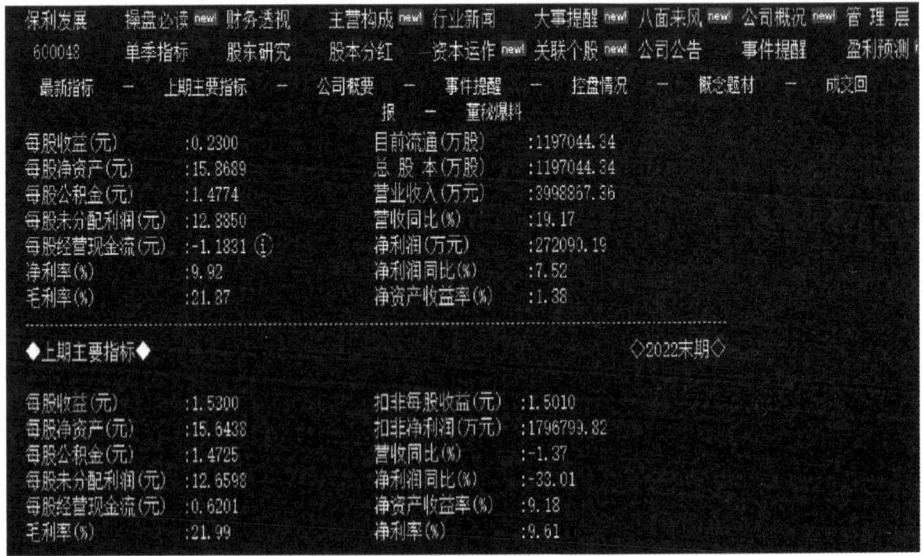

图1-17 保利发展F10资料界面

例如，在"成交回报"这个栏目中，投资者可以看到最近的成交回报情况。当一只股票某个交易日的涨跌幅达到7%或者出现其他异动情况，沪深交易所将公布当日买入、卖出金额最大的前5家营业部的名称以及交易金额，这就是成交回报（见图1-18）。

图1-18 保利发展成交回报（2022年11月30日）

实战经验

在F10资料界面中，短线投资者可以通过"行业新闻""大事提醒""八面来风"这三个子项，来了解最新的资讯，还可以通过"关联个股"来了解同板块个股的名单和大致信息。

1.6 必修课6：遵守五大纪律

1.6.1 买在趋势明朗时

短线炒的是确定性的强势行情，要规避下跌调整走势和不确定性走势。

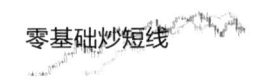

这就要求投资者一定要在股价走势已经明朗的时候进场，而不是在走势面临较大不确定性的时候进场。在情况不明的时候进场，更像是赌博，而不是短线投机。

短线投资者需要做的是把握趋势，而不是被趋势所把握。

如图 1-19 所示，2021 年 2 月，东望时代（600052）的股价虽然开始走强，但是在没有突破上方的压力线之前，股价运行存在较大的变数，并非短线介入时机。4 月初，该股股价有效突破压力线，表明市场向上的趋势已经明朗，短线买点出现。

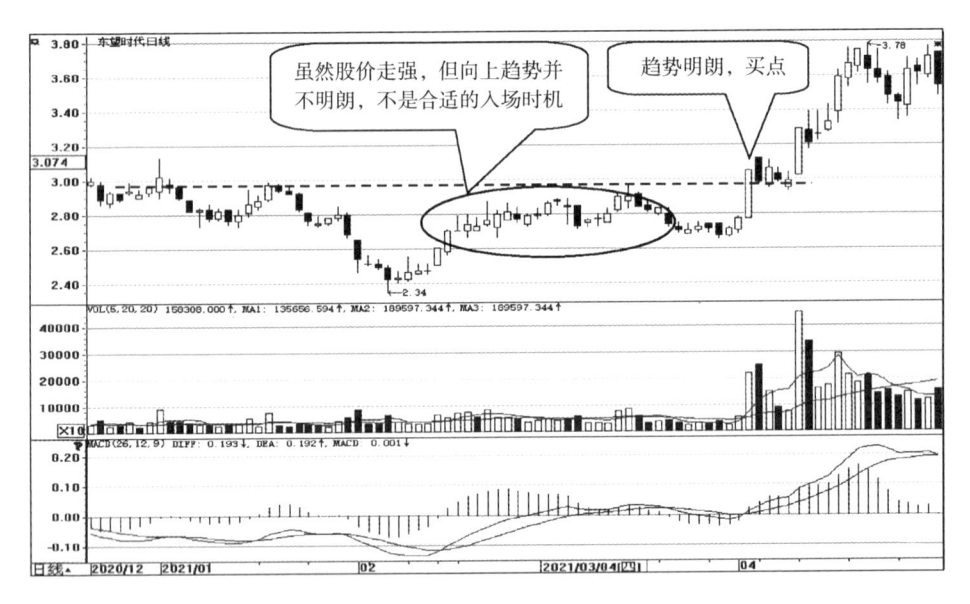

图 1-19　东望时代日 K 线

1.6.2　重势不重质

有些短线投资者常常会犯这样的错误：看到某只股票涨势强劲，可是一看基本面，觉得业绩太差，不敢买，最后买了一只业绩好、市盈率很低的股票，觉得安全。但是买入后，这只股票却怎么也不涨，反倒是那只不敢买的股票一直上涨。

短线重势不重质。炒短线的关注重点就在于"势"。在这里,股票质地如何,并非短线投资者应该考虑的问题。只要势头好,垃圾股也一样炒。只要势头不好,历史业绩再好的股票也不能碰。

短线投资者应该关心的是下面四个问题。

(1) 大盘的态势如何?

(2) 市场热点是哪些?

(3) 市场人气是否高涨?

(4) 个股走势是否强劲?

1.6.3　不打无准备之仗

有备胜无备,有算胜无算。股市如战场,投资者仓促上场的话,很容易考虑不周、准备不足,一旦行情稍有起伏就会手足无措,做出错误的判断和决策。而准备充分的投资者,因为对行情发展的各种可能性都进行了事先的准备,无论行情如何变化,他们都可以从容做出应对。

短线投资者在交易之前,做的最主要的准备工作就是制订交易计划,尤其是对于股市新手来说,更应如此。交易计划应该大致包含以下内容:对行情和热点的大致判断;拟买入股票的名称以及买入理由;何时入场,分几次买,每次买入的仓位如何分布;止损位在哪里;止盈位在哪里等。

如果投资者在每次交易前都能够静下心来做出自己的交易计划,相信会减少很多盲目的交易,降低交易失败的风险。此外,投资者还应注意,交易计划一经制订,不得轻易修改。尤其要避免在盘中一看到股价大幅波动,就控制不住情绪进行冲动型交易。

1.6.4　绝不恋战,绝不贪心

有的短线投资者,股价涨了舍不得抛,觉得还能再涨;股价走弱了也舍不得抛，觉得还能再起一波。这样做的结局往往是，短线做成了中线，而中线又做成了长线。

短线交易，捕捉的是股价上涨最快速的那一段，并不是要把行情从头吃到尾。短线投资者需要把握一个"快"字。看准机会，快速入场，一旦达到获利目标，或是达到止损止盈条件，就马上卖出，毫不手软。

以下两个短线交易原则，可以供投资者参考。

（1）三日原则。如果股价连续三天不涨，立即卖出。

（2）十日原则。持有一只股票的时间不要超过十天。一般来说，一只股票的强势行情很难持续超过十天。

1.6.5　学会空仓，懂得休息

第一，短线投资做的是趋势，当大势向好、人气高涨时，投资者可以大胆选择有机会的股票进行交易，以获取短线利润。但是，当市场大势趋弱、人气低迷时，投资者应该学会空仓持币等待，等待市场回暖、趋势转强时再进场交易，切不可逆势盲目操作，以免遭受惨重损失。

第二，投资者在连续三次失败交易后，应该暂时停止交易，静下心来好好总结，也给自己释放一下压力。所谓"退一步海阔天空"，暂时的停顿，可以使我们保持冷静的头脑，平衡的心态，远距离地观察市场和最近的操作，更加有利于找出失败的原因。

第三，没有十八般武艺样样精通的投资者，投资者总有看不懂、捉摸不透行情的时候。在这个时候，与其盲目出击，不如暂时"躲"一会儿，等看明白了、有把握了再进场也不迟。

有时候，休息也是一种变相的投资，是为了使投资更加有效的一种精神释放。所以投资者应该懂得休息，学会适时空仓。

实战经验

交易纪律能够告诉投资者什么该做、什么不该做，能够使投资者避免受心理弱点的负面影响，能够使投资者避免完全被行情牵着鼻子走，是投资者征战股市的护身利器。由于每个投资者的性格不同，适合自己的交易纪律也会有所不同。大家应该在实战中不断总结、不断完善，建立起属于自己的交易纪律。

第 2 章

看透 K 线图

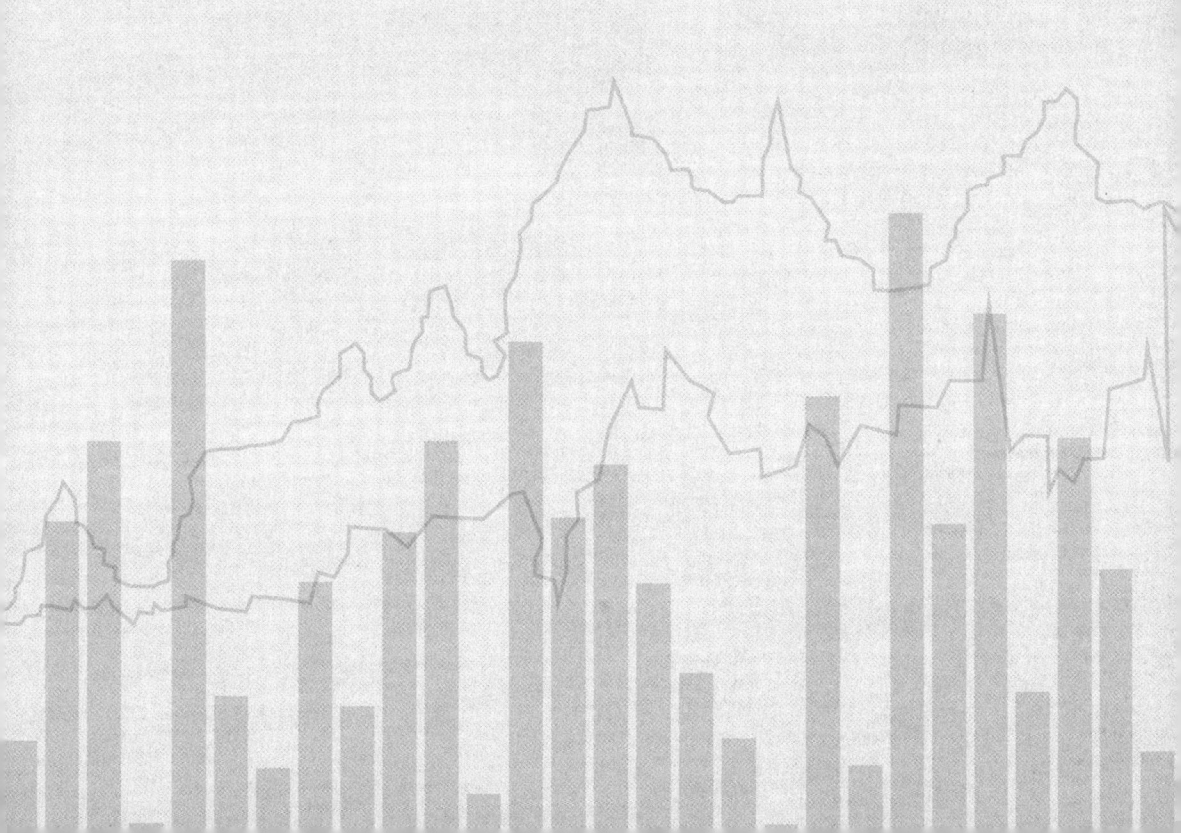

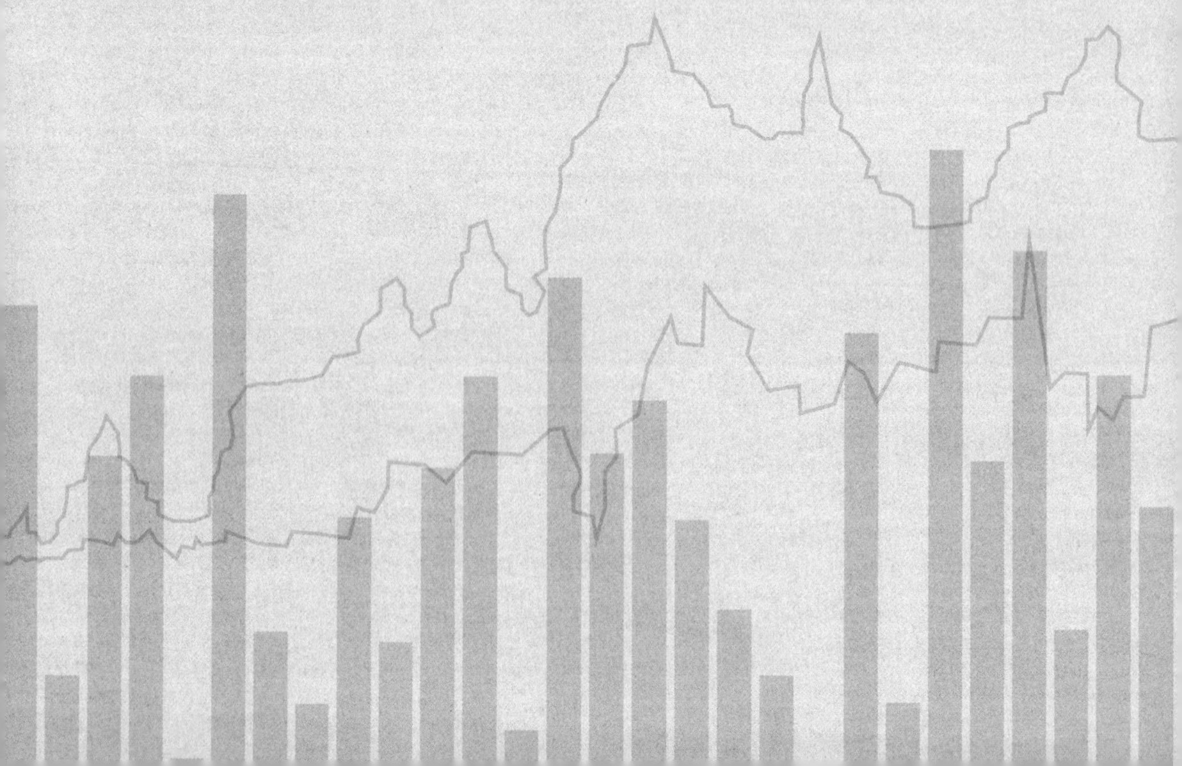

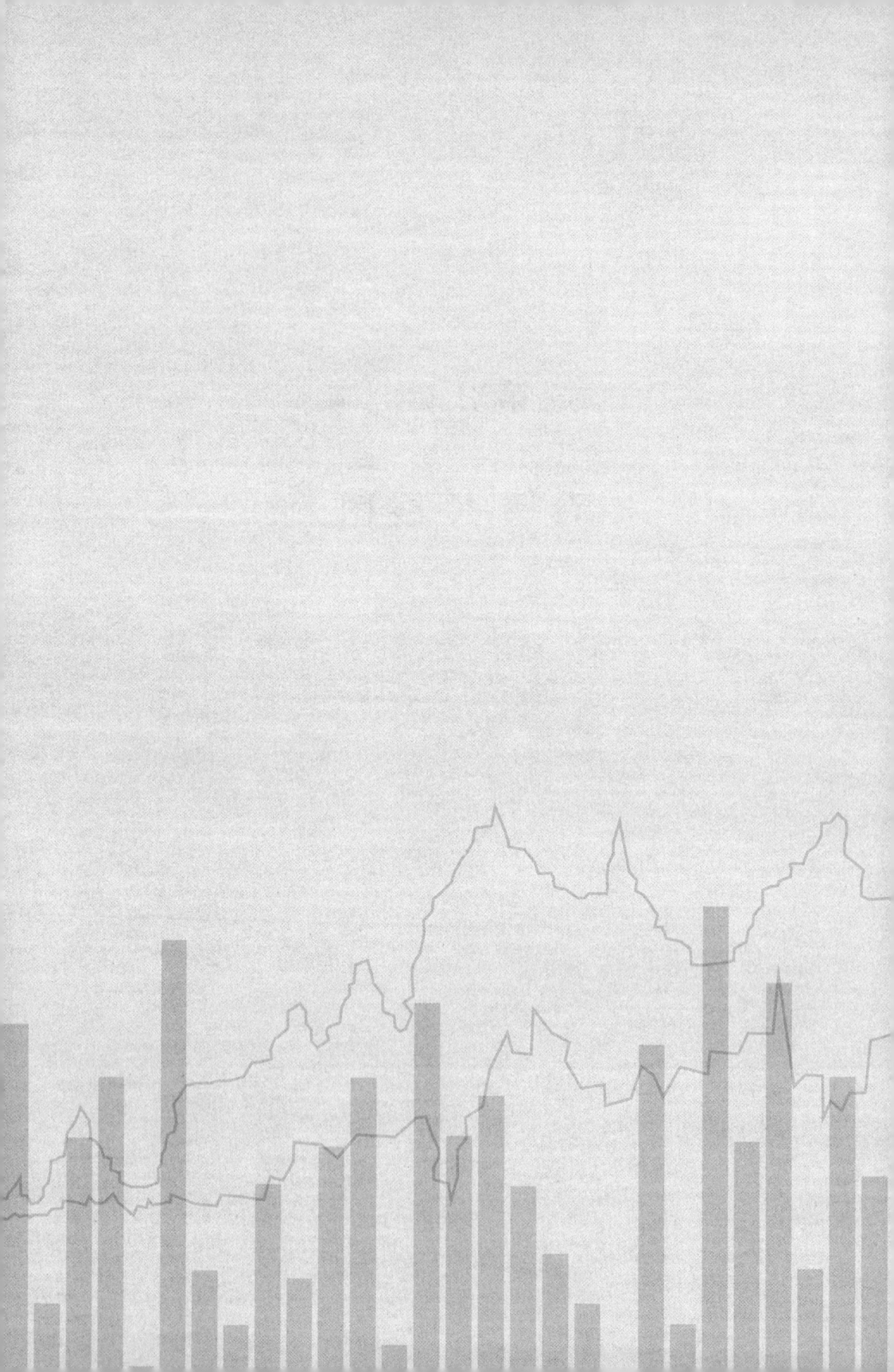

2.1 K线图的买点

2.1.1 锤子线与倒锤子线

1. 锤子线

锤子线是形态类似于一把锤子的K线，其形态特征如下。

实体部分较小，且位于K线的上部；有着长长的下影线，其长度至少要达到实体部分的两倍以上；没有上影线或者上影线很短。锤子线可以是阴线也可以是阳线，如图2-1所示。

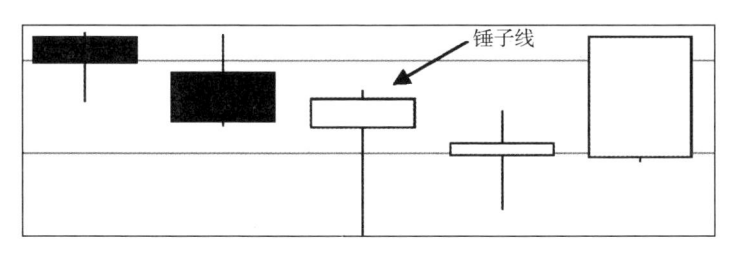

图 2-1 锤子线

锤子线发出看涨信号。在一波下跌趋势中，空头持续占据优势。在某个交易日，出现了一根锤子线，说明当天虽然空方曾将股价打压至当天的较低位置，但是多方发动了反击，并将收盘价推至当天的较高位置。多方的反击预示着下降趋势即将结束。

锤子线出现后，投资者可以开始密切关注走势。后市当股价越过锤子线实体时，锤子线的看涨信号得到验证，买点出现。

如图2-2所示，2022年8月4日，经过了一波下跌走势后，海泰发展（600082）收出一根锤子线，发出看涨信号。下一个交易日，该股股价越过锤子线的实体，买点出现。

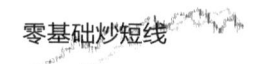

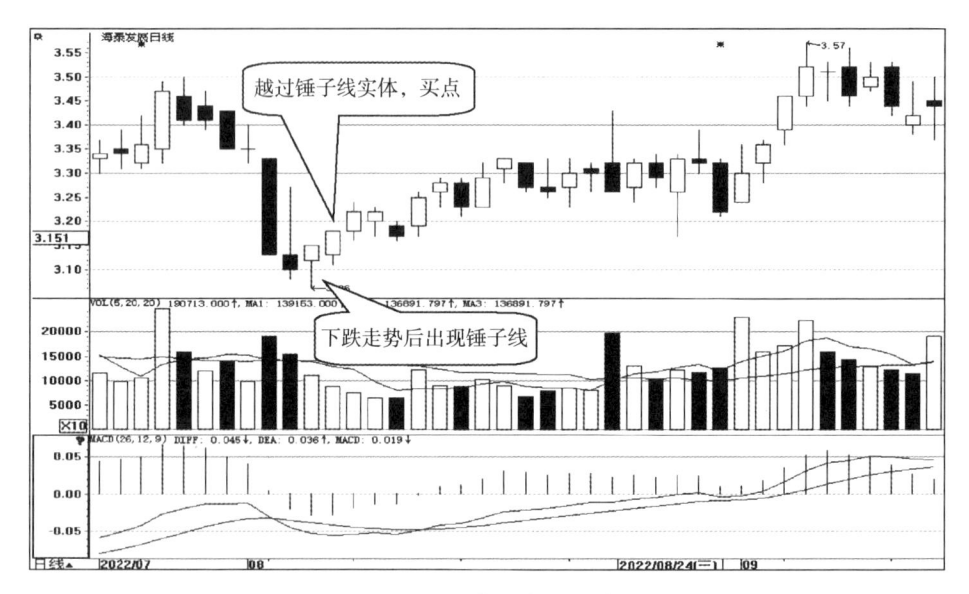

图 2-2 海泰发展日 K 线

2. 倒锤子线

倒锤子线的形态与锤子线相反,其特征如下。

实体较小,且位于 K 线的下端;实体部分阴阳均可;上影线较长,其长度至少要达到实体部分的两倍以上;没有下影线,或者下影线很短,如图 2-3 所示。

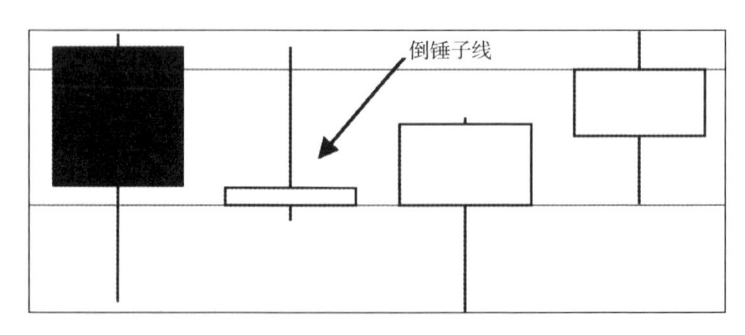

图 2-3 倒锤子线

在一段下降趋势中,倒锤子线的出现,说明多方开始发动反击,虽然在收盘时空方又将股价打压下来,但是多方力量已经开始增强,行情出现反转迹象。不过，从收盘回落来看，整体上空方仍然占据优势，因此与锤子线相比，倒锤子线的看涨意味并不十分浓厚，非常需要后市走势来进行验证。

倒锤子线出现后，如果后市股价能够超越倒锤子线的最高价，那么投资者可进行买入操作。

如图 2-4 所示，2022 年 8 月 3 日，仁东控股（002647）在经过一波下跌走势后日 K 线形成倒锤子线形态。

当天仁东控股小幅高开后大幅反弹向上，随后空方力量反攻，股价再次下跌，到收盘时股价涨幅并不大，而且还略有下跌，在 K 线图上留下一条带有长上影线的小阳线。

在这条小阳线的形成过程中，虽然股价最终受到空方的打压回落，但空方力量也已经消耗严重。

在倒锤子线形态完成后，该股股价在倒锤子实体上方徘徊，这说明股价受到底部多方力量的强烈支撑。8 月 5 日，股价上涨，最终收盘价越过倒锤子线上影线的高点。这时看涨信号已经确立，投资者可以在 8 月 5 日开盘后积极买入。

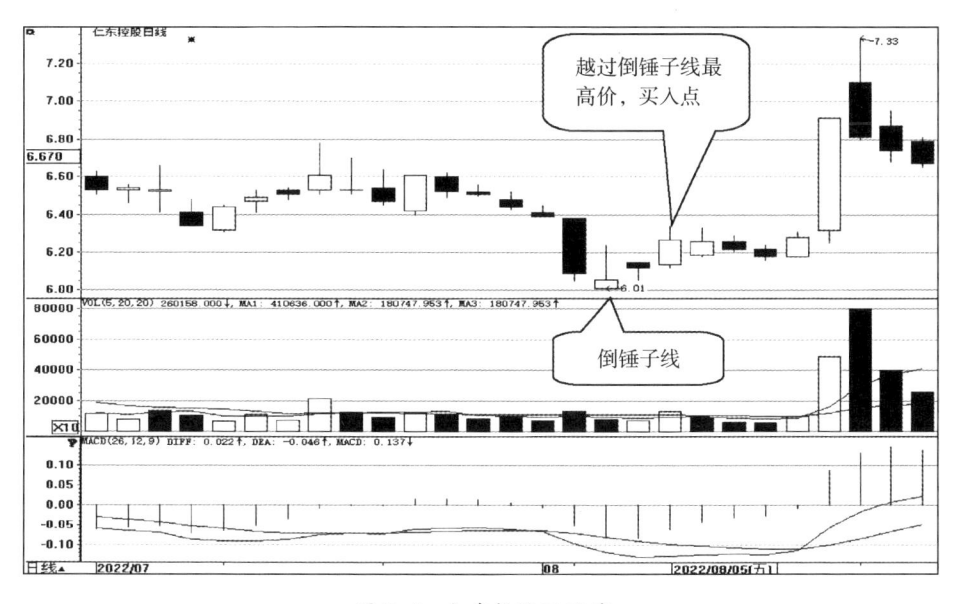

图 2-4　仁东控股日 K 线

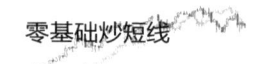

> **实战经验**
>
> 投资者在应用锤子线与倒锤子线时要注意,不宜在锤子线与倒锤子线出现时买入,而应观察其后续的股价走势。如果后续股价继续上涨,则买点出现,否则不可入场。

2.1.2 看涨吞没与曙光初现

1. 看涨吞没

看涨吞没形态出现在一段下跌趋势中,由两根 K 线组成。第一根是小阴线,第二根则是一根大阳线,同时后面的阳线实体将前面阴线的实体完全包住,或者说"吞没"了,如图 2-5 所示。

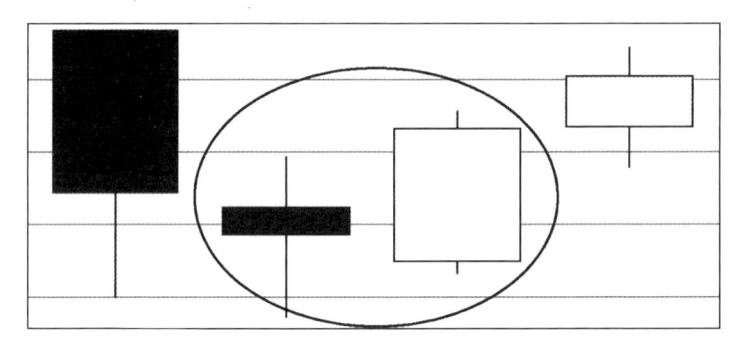

图 2-5 看涨吞没

看涨吞没形态,具有非常强烈的看涨含义。在下跌趋势中,原本空方一直占据优势,但是在某个交易日,形势突然发生了变化。多方奋起反击,并收复了前一个交易日的失地,多方力量开始压倒空方力量,发出了看涨反转信号,构成了投资者的买入时机。

如图 2-6 所示,2022 年 10 月 31 日至 11 月 1 日,三钢闽光(002110)日 K 线图上出现看涨吞没形态。

10 月 31 日,股价低开后虽一度反弹向上但最终依然低走,收出一根实体为阴线的锤子线。11月1日，股价再次低开后被大幅拉升，最终收出一根大阳线。这根大阳线完全吞没前一根阴线的实体部分。二者组成看涨吞没形态，为股价反转上涨的信号。

11月2日，三钢闽光高开，反转信号得到确认。此时投资者可以积极买入股票。

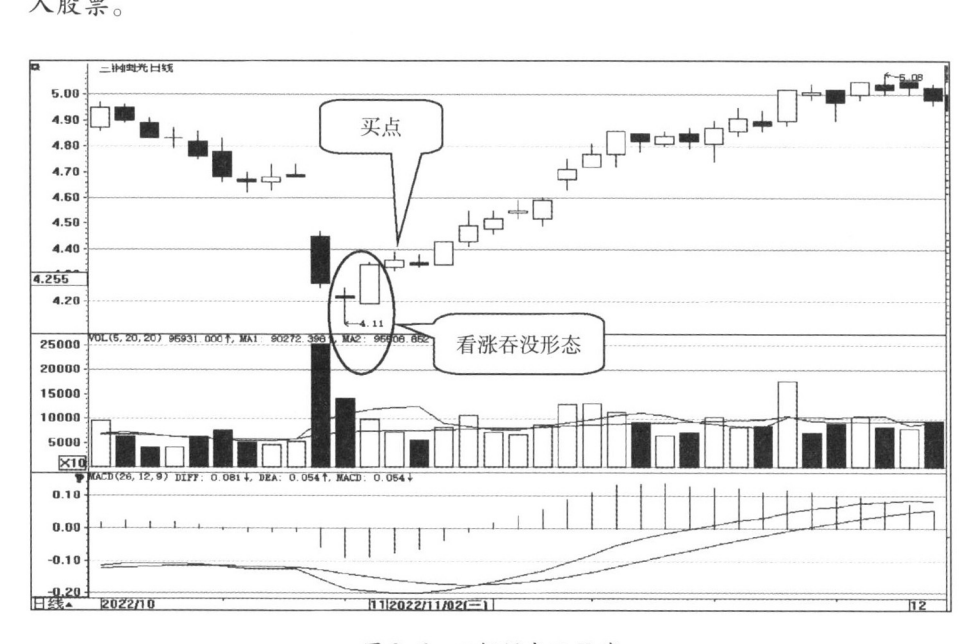

图 2-6 三钢闽光日 K 线

2. 曙光初现

曙光初现形态与看涨吞没形态类似，都是由前阴后阳两根 K 线组成。不同之处在于，在看涨吞没形态中，后面阳线的实体要将前面阴线的实体完全"吞没"，而在曙光初现形态中，后面阳线的实体只是进入前面阴线实体的一半以上，并没有将其"吞没"，如图 2-7 所示。

在曙光初现形态中，虽然多方开始发动了反击，但是反击力度要小于看涨吞没形态，因此其看涨含义要稍弱于看涨吞没。曙光初现意味着太阳还没有完全升起，投资者应继续保持关注，如果后市股价继续走强，说明天色转亮，买点出现。

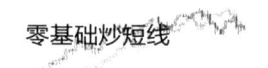

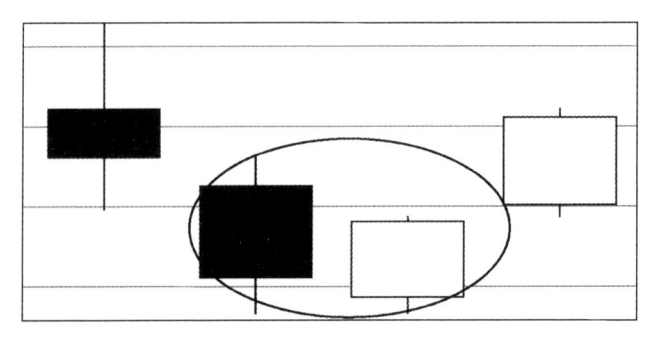

图 2-7　曙光初现

如图 2-8 所示，2023 年 4 月 25 日至 26 日，华银电力（600744）的日 K 线图上出现曙光初现形态。

4 月 25 日，股价持续下跌，最终下跌幅度接近 2%，在 K 线图上留下一根中阴线。

4 月 26 日，华银电力虽然低开，但之后股价明显上涨，最终以 1.51% 的涨幅收盘，在 K 线图上留下一条中阳线，阳线实体深入阴线实体的 1/2 之上，曙光初现形态完成。

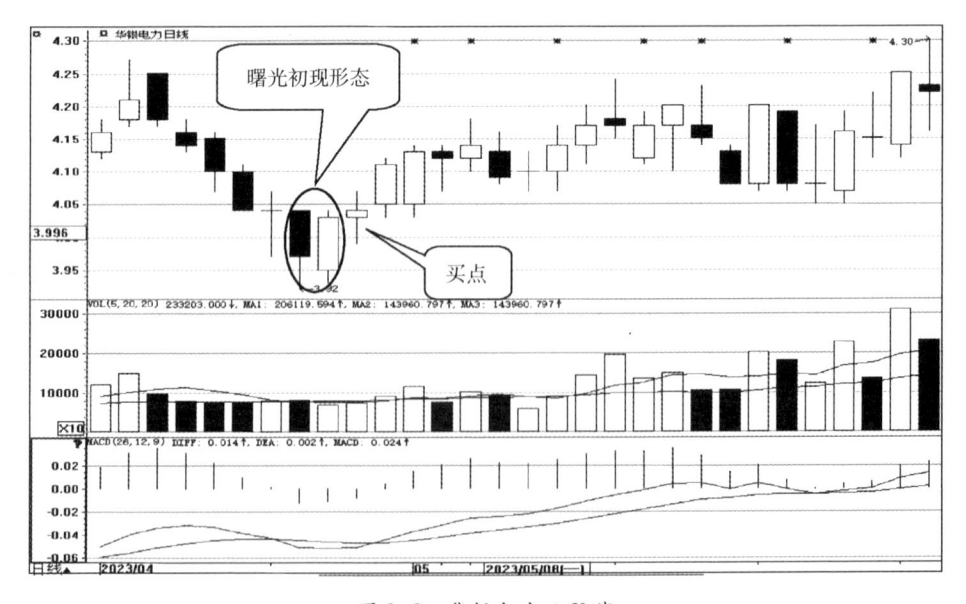

图 2-8　华银电力日 K 线

曙光出现形态的出现表示，经过长期下跌后，空方力量衰竭，多方重新占据主动，股价即将反弹。在4月27日开盘后，投资者应该积极买入股票。

实战经验

如果在出现看涨吞没（曙光初现）形态的同时，成交量也能同步放大，则见底信号会更加强烈。

2.1.3 启明星

启明星又称早晨之星，由三根K线组成。第一根是阴线，第二根是个小实体的阳线或者阴线，第三根是阳线，第三根阳线的实体要进入第一根阴线的实体内或将其覆盖，如图2-9所示。

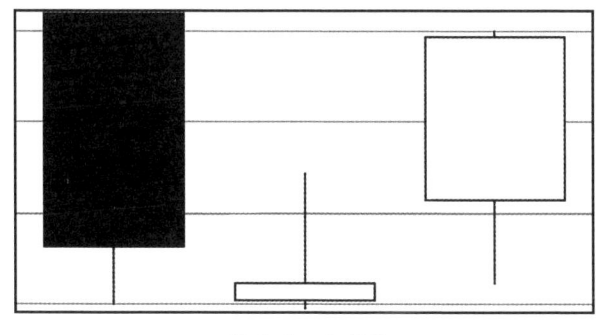

图2-9 启明星

启明星发出见底反转的信号。形态中的第一根阴线说明空方占据主导地位，第二根小实体的K线说明多空双方开始陷入僵持，第三根阳线说明多方力量开始超越了空方力量，后市看涨。

如图2-10所示，2021年10月27日至29日，福光股份（688010）的K线图中出现启明星形态。这个反转形态结束了此前的短线下跌走势。11月1日，股价没有明显下跌的信号，说明后市仍将延续上涨走势，买点出现。

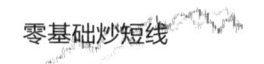

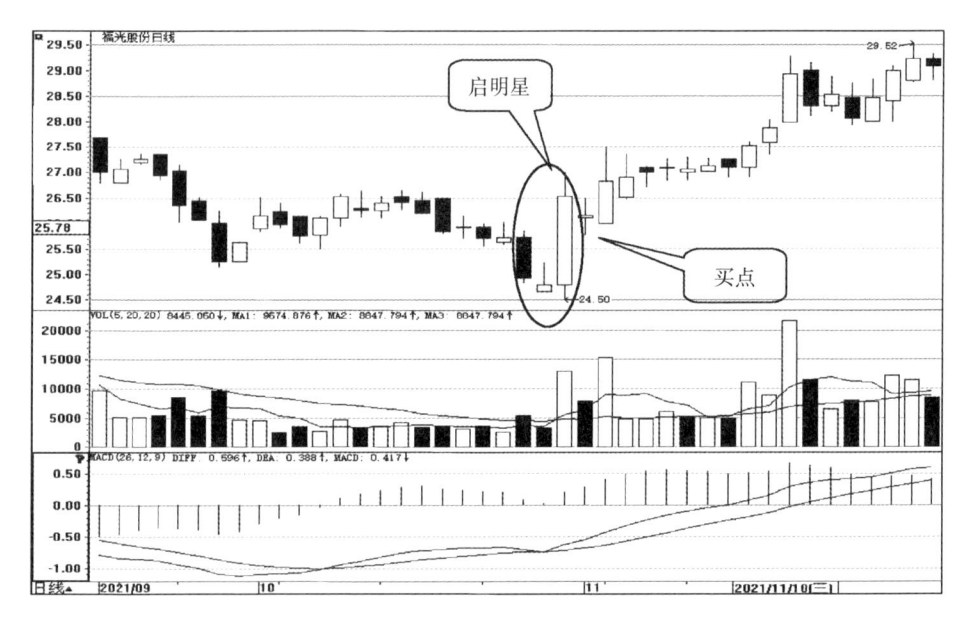

图 2-10　福光股份日 K 线

实战经验

启明星形态发出强烈的见底信号。如果在启明星形态中还包含着其他的 K 线见底形态，那么该形态的见底信号将更加强烈。

2.1.4　低位孕线

孕线形态由两根 K 线组成。第一根 K 线有着长长的实体，第二根 K 线的实体则比较小，并"孕育"在第一根 K 线的实体之内。在孕线形态中，两根 K 线的颜色可以是相反的，也可以是相同的。

如果孕线形态出现在一段下跌趋势后，就称为低位孕线，发出看涨信号。图 2-11 中的孕线，就是低位孕线形态。

形态中的第一根阴线表明，空方占据着绝对优势，但是第二根 K 线"藏在了"第一根阴线的实体内，表明空方开始犹豫不决，不敢继续向下打压股价。空方的犹豫，使得行情出现反转可能。

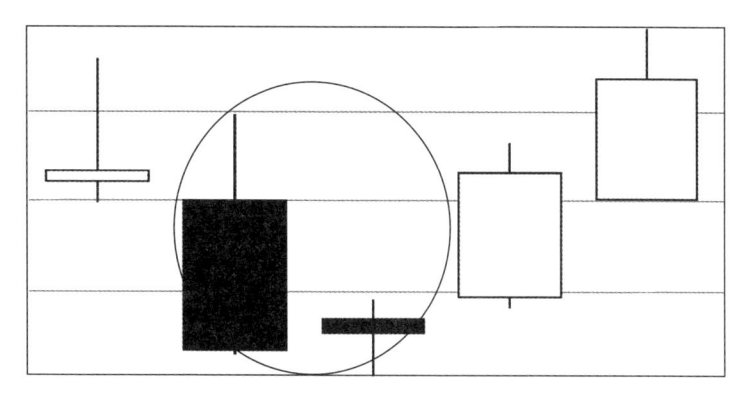

图 2-11 低位孕线

孕线，表示"正在孕育新生命"，不过由于新生命正在"孕育"中，其反转信号要弱于看涨吞没和启明星。投资者看到孕线形态后，可以保持密切关注。如果后市股价开始走强，投资者可入场。

如图 2-12 所示，2022 年 10 月 28 日至 31 日，经过一段下跌走势后，沙河股份（000014）的 K 线图中出现了孕线形态，发出看涨信号。孕线形态出现后，11 月 1 日，该股股价跳空高开，逐步走强，孕线的看涨信号得到验证，买点出现。

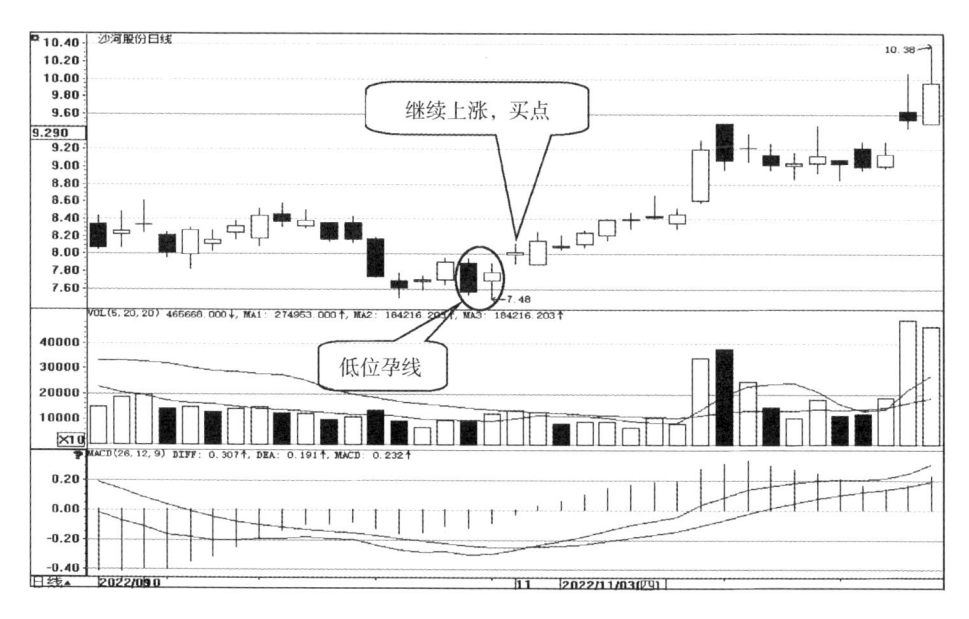

图 2-12 沙河股份日 K 线

实战经验

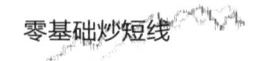

孕线的反转信号比较弱，因此该形态出现后，投资者需要继续观察后续走势，不要急于开始交易。

2.1.5 平头底部

平头底部也称平底，是指前后两根 K 线的最低点相同或者非常接近。这个最低点，可以是实体的最低点，也可以是下影线的最低点。另外，构成平底形态的两根 K 线，可以是相邻的，也可以在二者中间间隔几根 K 线。如图 2-13 所示，图中的平底形态中间，间隔了一根 K 线。

平底发出看涨信号，说明股价连续两次在同一价位获得支撑，那么这个价位成为底部的可能性较高。不过，与低位孕线相同，平底的看涨信号并不十分强烈。当后市股价能够进一步走强或者出现其他看涨形态时，投资者方可入场。

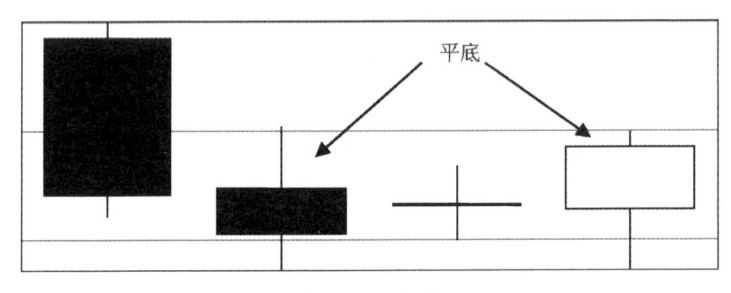

图 2-13 平底

如图 2-14 所示，2022 年 12 月 30 日至 2023 年 1 月 3 日，深康佳 A (000016) 日 K 线图上出现平底形态 K 线组合。

2022 年 12 月 30 日，深康佳 A 经过一段时间下跌后再创新低，当天收出一个小阴线，最低价 4.47 元。

2023 年 1 月 3 日，深康佳 A 再次低开，但很快开始上涨，最终收出一根阳线。这一天的最低价仍然是 4.47 元。

深康佳 A 连续两天的最低价均为 4.47 元，表示在这个价位上多方会支撑股价，是看涨信号。同时 1 月 3 日的阳线低开高走，与前一个交易日的小阴线形成看涨吞没形态，这使看涨信号的强度大大增强。投资者可以在 1 月 4 日开盘后买入股票。

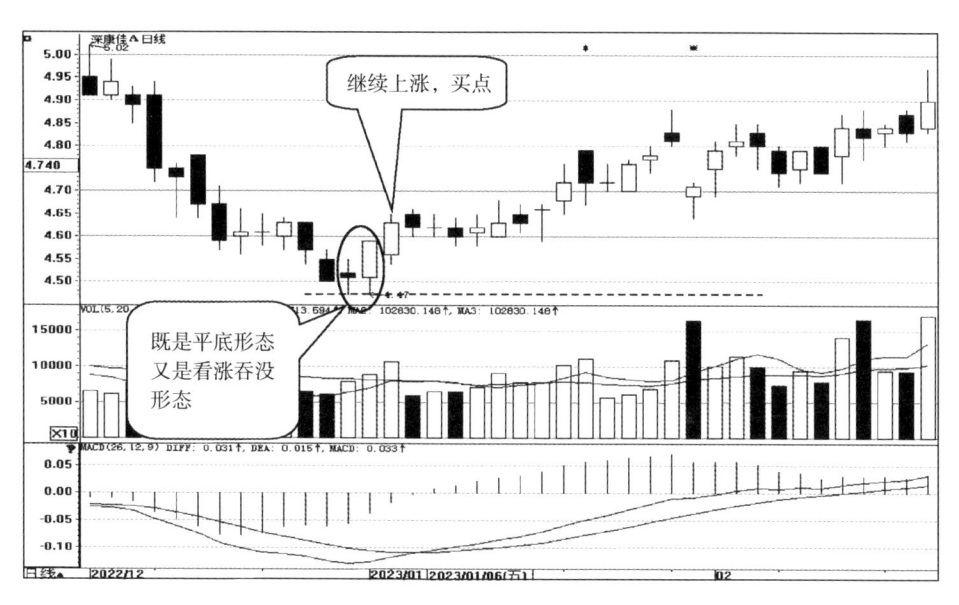

图 2-14　深康佳 A 日 K 线

实战经验

与启明星形态类似，如果平底形态出现的同时，还出现其他 K 线见底形态，则见底信号会有所加强。

2.1.6　红三兵

红三兵形态是由三根阳线组成的。每根阳线的开盘价均处于前一根阳线的实体内，或者相距不远，其收盘价呈现依次上升的态势，如图 2-15 所示。

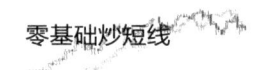

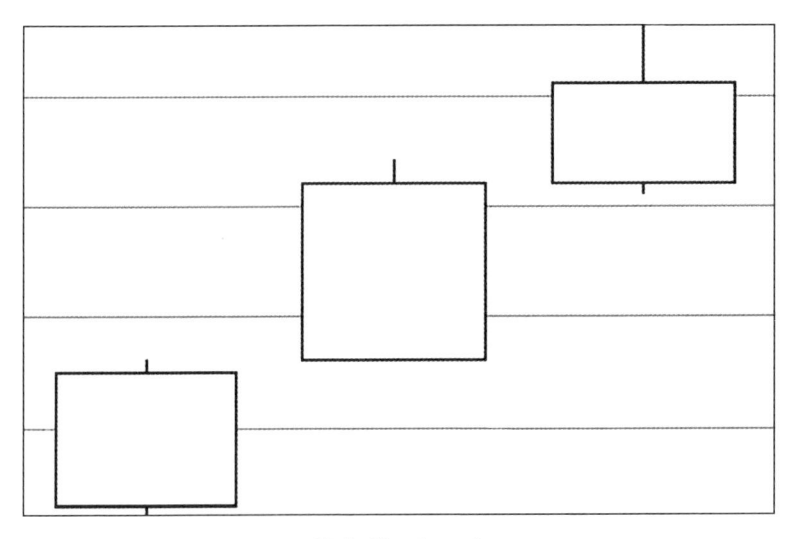

图 2-15　红三兵

红三兵形态的出现，表明多方连续进攻，并占据优势，发出"上涨仍将继续"的信号。

如图 2-16 所示，2021 年 11 月 9 日至 11 日，敏芯股份（688286）的日K线图上出现红三兵形态。

从 2021 年 10 月底开始，敏芯股份持续上涨。11 月 9 日至 11 日，该股连续 3 个交易日内收盘价均高于前一交易日收盘价，形成红三兵形态。这表示多方力量开始占据主动，推动股价向上攀升，市场趋势即将反转，形成看涨买入信号。11 月 12 日，股价继续上涨，投资者可以积极买入。

在红三兵形态中，投资者需要重点关注第三根阳线的形态。如果第三根阳线的实体过长，那么股价可能短期内涨势过猛，容易出现回调走势。如果第三根阳线有着长长的上影线，就说明上方有着较大的阻力。在以上这两种情况下，投资者应继续观察后市走势，不用急于入场。

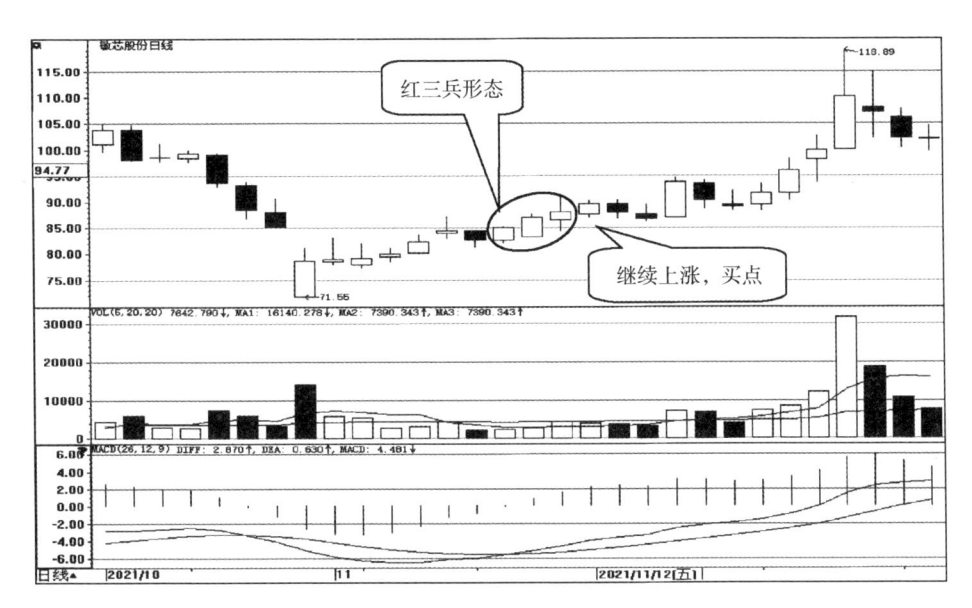

图 2-16 敏芯股份日 K 线

实战经验

红三兵形态属于持续形态，该形态出现时，股价往往已经有所上涨，因此该形态适合作为加仓买点来使用。

2.1.7 上升三法

在上升三法形态中，第一根 K 线是一根实体较长的阳线，随后是一些逐步下跌的小实体 K 线（往往是三根，阴阳均可以），同时这些小实体 K 线的实体需要在第一根阳线的范围内。形态的最后仍是一根阳线，并且其收盘价要高于形态中第一根阳线的收盘价，如图 2-17 所示。

上升三法形态中的第一根大阳线表明多方占据优势。后面的这几根小阴线藏在第一根大阳线的范围内，说明空方的反击效果并不理想，更像是多方的一次主动回撤。最后的这根创出形态新高的阳线表明多方重新掌控了局势。因此上升三法形态预示着行情仍可看高一线，发出买入信号。

如图 2-18 所示，在经过前期一波上涨走势后，2022 年 6 月 14 日至 24

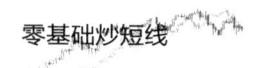

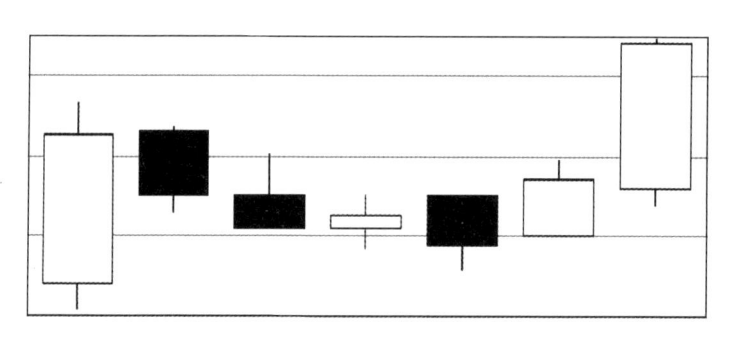

图 2-17 上升三法

日，国际实业（000159）出现上升三法形态。

6月14日，股价放量上涨，形成一根大阳线。随后6个交易日，该股缩量阴跌，形成4个小阴小阳线和2个十字星。6月23日，股价再次放量上涨，形成一根中阳线，但没有突破前期高点，次日股价再次放量上涨，突破6月14日大阳线的最高点，形成上升三法形态。这表明上涨动能依然占据优势，市场加速启动后仍将延续之前的上涨行情。

6月27日，上升三法形态后，股价没有跌破前一根K线最低价，买点出现。

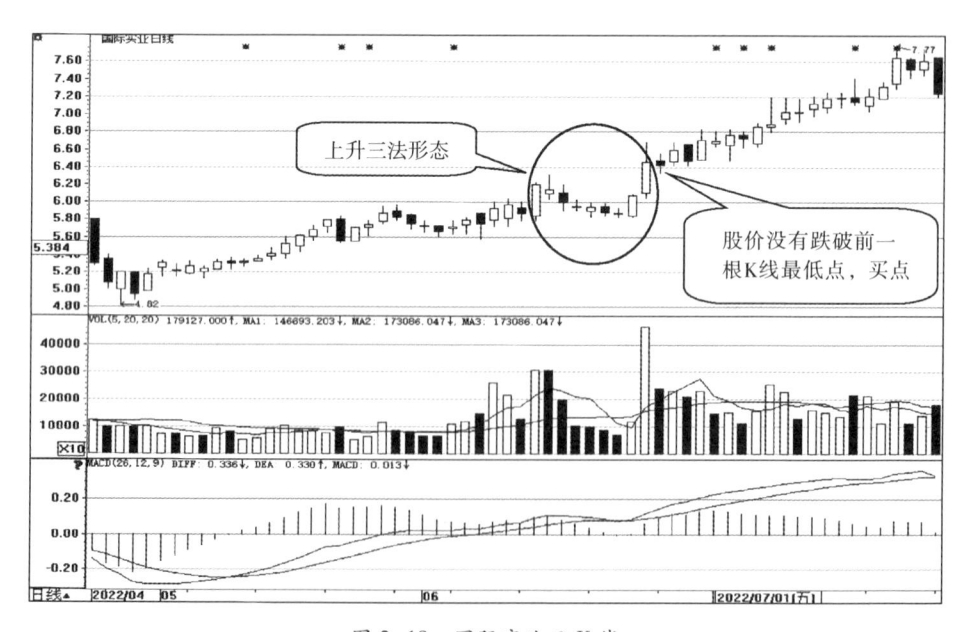

图 2-18 国际实业日 K 线

实战经验

如果上升三法出现的同时成交量也先放大、后缩减、再放大，那么该形态的看涨信号会更加强烈。

2.2　K线图的卖点

2.2.1　上吊线与流星线

1. 上吊线

上吊线与锤子线的形态相同。二者的区别在于，出现在下降趋势中的是锤子线，而出现在上涨趋势中的是上吊线，如图 2-19 所示。

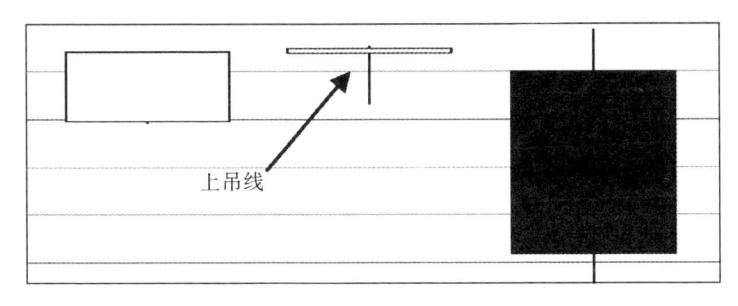

图 2-19　上吊线

上吊线发出看跌信号。在一段上涨趋势中，多方持续占据优势。但是如果在某个交易日出现了上吊线，就说明在当天空方曾经一度反击，将股价打压至较低的位置。虽然尾市多方重新收复了失地，但是空方力量跃跃欲试，预示着上涨行情即将结束。

不过由于在上吊线中，多方仍然占据着优势，投资者要提高警惕，但是不必急于卖出。如果后市股价开始走软，并跌破上吊线的实体部分，就说明空方已经压倒多方，投资者要注意进行卖出操作。

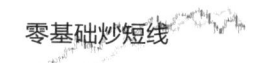

如图 2-20 所示，2023 年 3 月 27 日，云鼎科技（000409）日 K 线图上出现了上吊线。

2023 年 3 月，云鼎科技持续上涨。3 月 27 日，该股高开后一度冲击涨停，但遇到强大阻力大幅下跌，盘中最低价一度达到 8.82 元。虽然股价最终被托回开盘价附近，但这一交易日的 K 线还是形成了上吊线形态。这个形态说明股价上涨遇到强大阻力，是看跌信号。

3 月 28 日，股价低开，这说明多方力量枯竭，投资者需要尽快将手中的股票卖出。

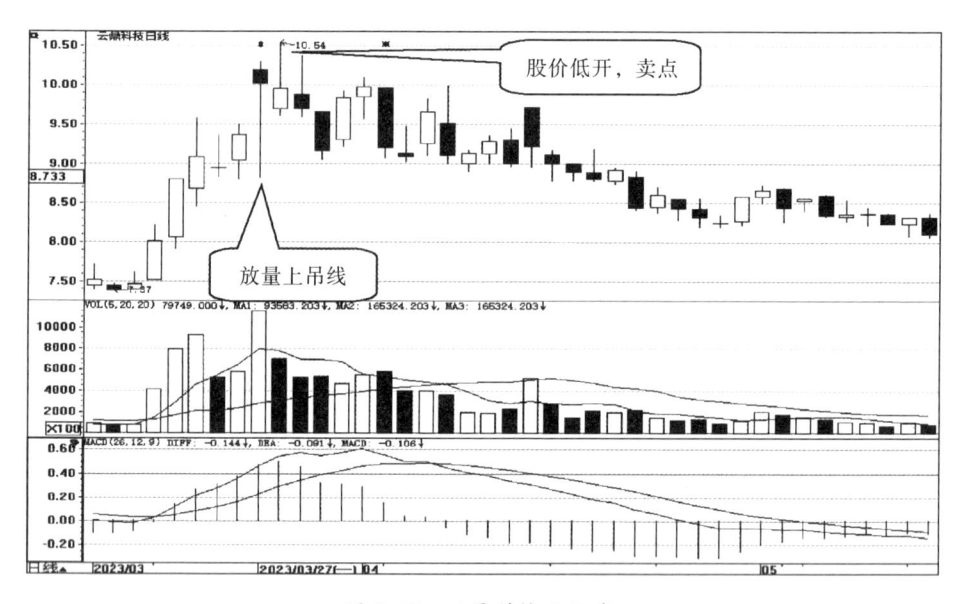

图 2-20 云鼎科技日 K 线

2. 流星线

流星线与倒锤子线具有相同的形态。出现在下跌趋势中的是倒锤子线，而出现在上涨趋势中的是流星线，如图 2-21 所示。

在上升趋势中流星线的出现，说明当天多方曾一度将股价推至高处，但是遭到了空方的猛烈反击，到收盘时股价又回到了开盘价附近。多方没有守住当天的战果，行情存在转势的可能。

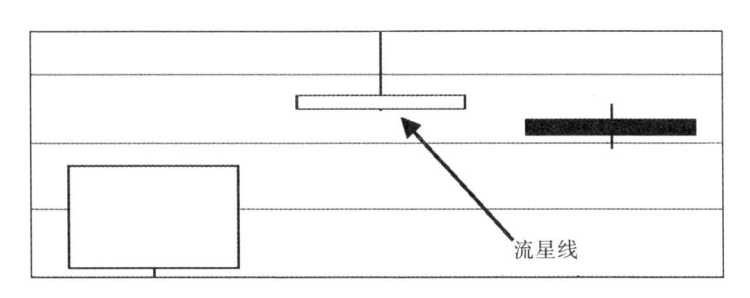

图 2-21　流星线

流星线出现时，为规避风险，投资者可以先减仓。如果后市股价继续走弱，并跌破流星线的实体，投资者再进行清仓。

如图 2-22 所示，在 2023 年 3 月 24 日，南华生物（000504）收出一根流星线。这根流星线上影线很长，同时成交量较大，前一个交易日形成了放量上吊线。鉴于这根流星线出现时具备了多个信号加强的形态特征，投资者可以减仓，卖点 1 出现。这根流星线的下一个交易日，股价直接低开低走，无法超越流星线，看跌的验证信号出现，此时投资者可以将股票全部卖出。

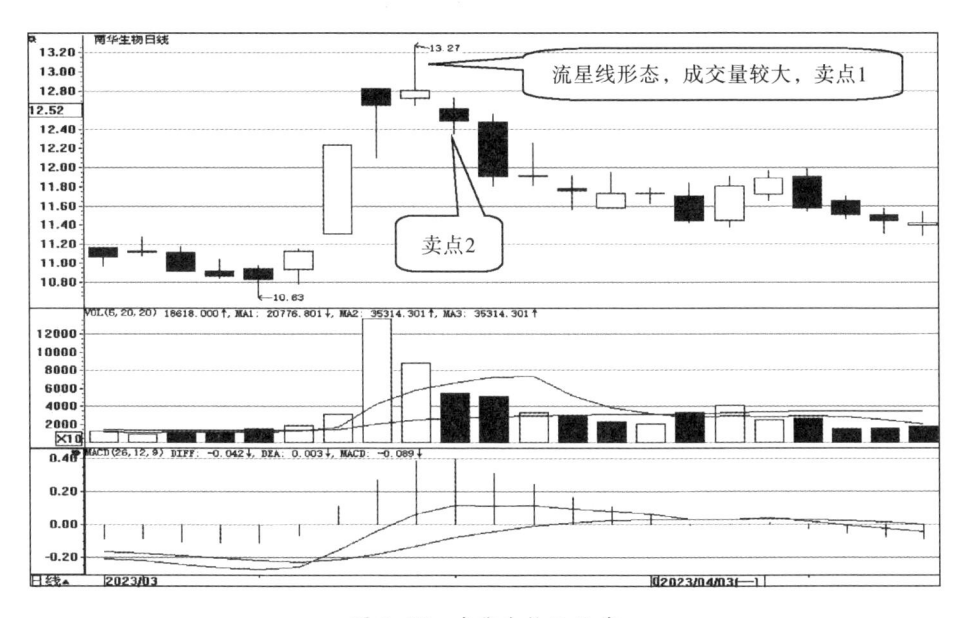

图 2-22　南华生物日 K 线

实战经验

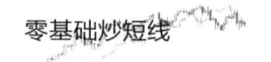

虽然上吊线与流星线的看跌意味不是非常强烈，但是短线投资者仍然要慎重对待这两个形态。为规避风险，在上吊线、流星线出现时进行减仓操作是比较合适的做法。

2.2.2 看跌吞没与乌云盖顶

1. 看跌吞没

看跌吞没形态出现在上升趋势中，由两根 K 线组成。第一根是实体较小的阳线，第二根是实体较长的阴线，这根阴线的实体将前面阳线的实体从上到下全部包住，如图 2-23 所示。

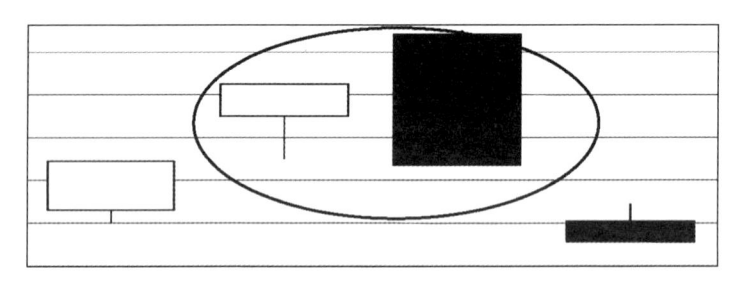

图 2-23　看跌吞没

看跌吞没发出强烈的看跌信号。阴线实体将阳线实体完全包住，说明多空形势迅速发生了扭转，空方已经彻底压倒了多方。在股价大幅上涨之后出现的看跌吞没形态，其卖出信号尤其强烈。

如图 2-24 所示，2022 年 2 月 11 日至 14 日，皖通高速（600012）的股价涨至 8.5 元上方后，在其日 K 线图上出现看跌吞没的顶部反转形态。该反转形态的出现，说明多空形势反转，空方已经彻底压倒了多方，之后该股持续下跌。投资者要注意及时卖出。

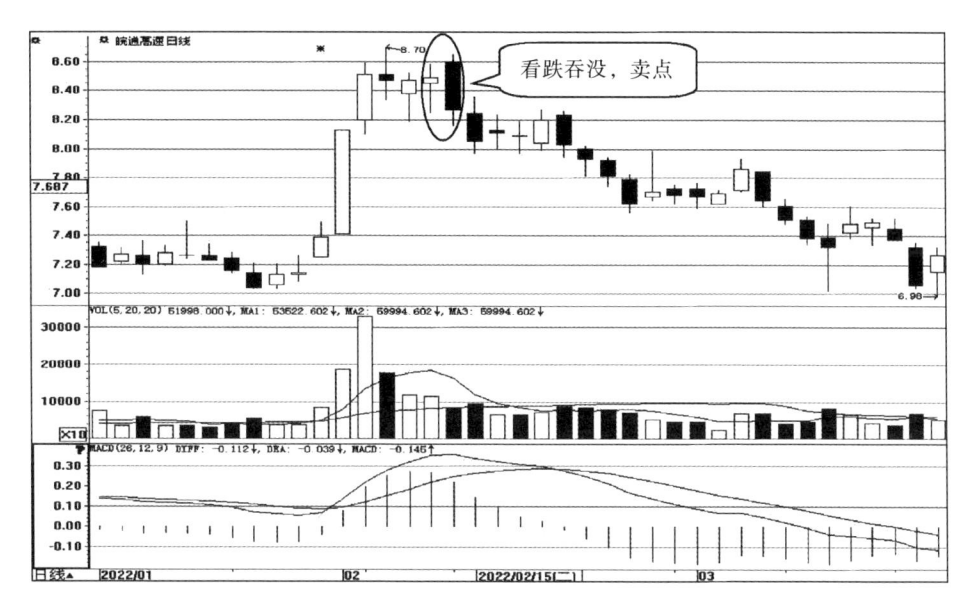

图 2-24 皖通高速日 K 线

2. 乌云盖顶

与看跌吞没形态类似，乌云盖顶形态也是由前阳后阴两根 K 线组成的。不同的是，在乌云盖顶形态中，后面阴线的实体下端只是进入到前面阳线的实体内（最好超过一半），而不是将其全部包住，如图 2-25 所示。

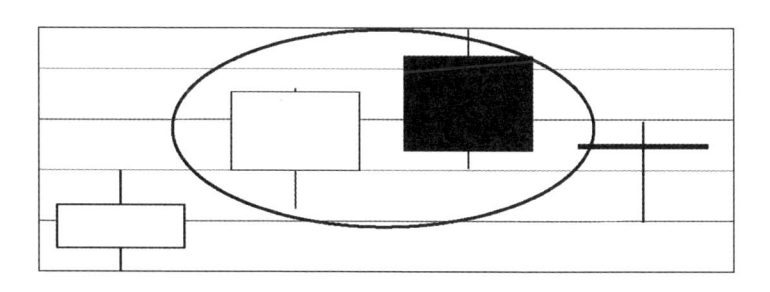

图 2-25 乌云盖顶

乌云盖顶形态表示"天空已经被乌云笼罩"，发出看跌信号。如果股价此前已经有了很大的涨幅，那么该形态的看跌信号会更加强烈。

如图 2-26 所示，2023 年 2 月 15 日至 16 日，海王生物（000078）日 K

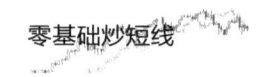

线图上出现乌云盖顶形态。

2月15日，海王生物在一波上涨走势中收出中阳线，这表示多方继续强势。

2月16日，股价小幅高开后持续下跌，至收盘时收出中阴线。这根阴线深入到前一根阳线超过1/2，说明股价面临明显的抛盘压力，这种压力很可能是前期获利的投资者卖出股票造成的。

2月17日，股价低开，之后虽有上涨但无法突破前期高点，说明上涨动能不足。此时投资者应该尽快将手中的股票卖出。

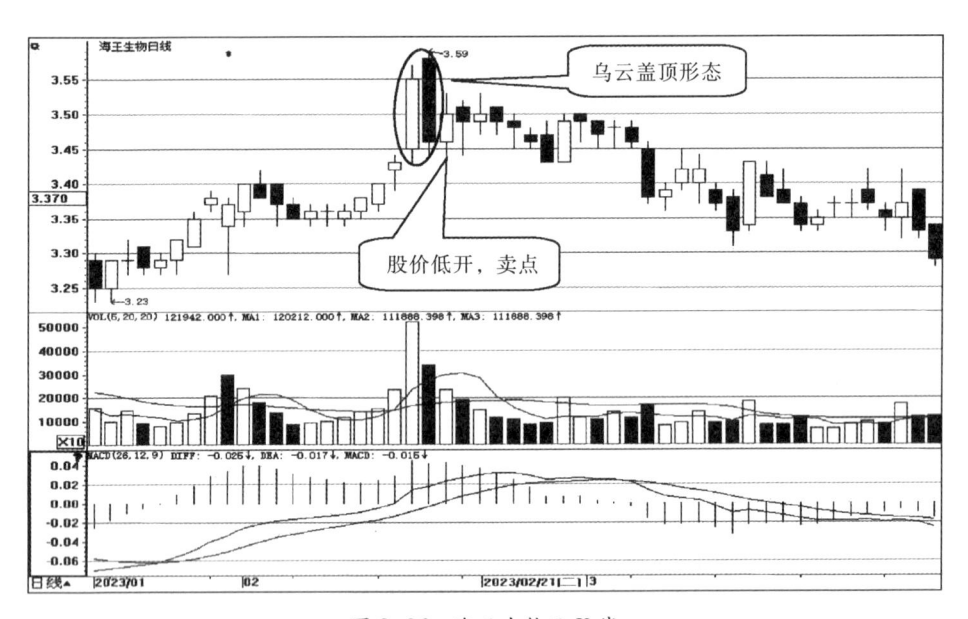

图2-26 海王生物日K线

实战经验

看跌吞没和乌云盖顶都发出强烈的短线卖出信号。尤其是在形态中阴线成交量放大的情况下，更是如此。

2.2.3 黄昏星

黄昏星形态由三根 K 线组成。第一根是阳线，第二根是跳空高开的小阳线或小阴线，第三根为阴线，第三根阴线的实体下端进入第一根阳线的实体之内，如图 2-27 所示。

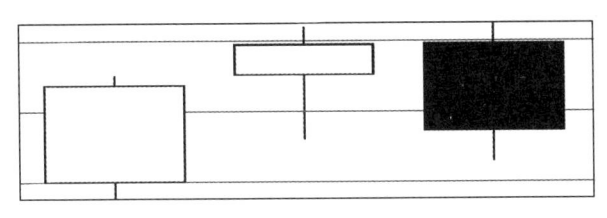

图 2-27 黄昏星

前边已经介绍过，启明星是底部的看涨形态，相应的，黄昏星是顶部的看跌形态。第一根阳线说明多方控制局势；第二根小实体的 K 线说明多空双方开始陷入僵持；而第三根阴线则表明空方开始占据优势，发出看跌信号，此时投资者需注意把握卖出时机。

如图 2-28 所示，2021 年 2 月 1 日至 3 日，处在滞涨状态中的深天马 A

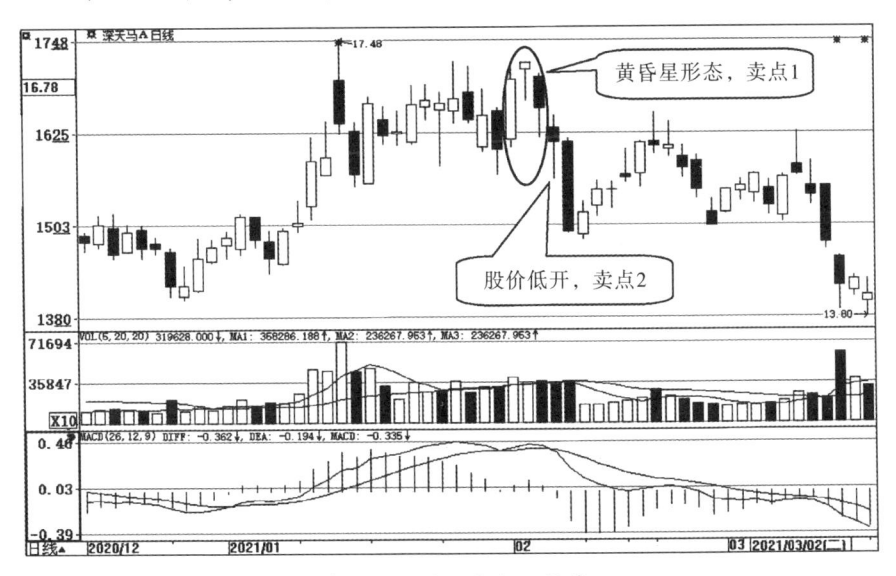

图 2-28 深天马 A 日 K 线

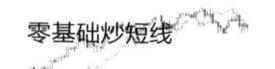

（000050）出现了黄昏星的 K 线形态，预示着市场中多空双方力量的转变已经完成，股价有可能进一步走弱，卖点 1 出现，投资者要注意把握。次日，股价低开，仍持有股票的投资者要注意及时出场。

2.2.4 高位孕线

如果孕线形态出现在一段上升趋势之后，就称为高位孕线。高位孕线形态至少由两根 K 线组成，第一根是阳线，第二根是小实体的 K 线，可以是阳线也可以是阴线，同时第二根 K 线的实体"孕育"在第一根阳线的实体内，如图 2-29 所示。

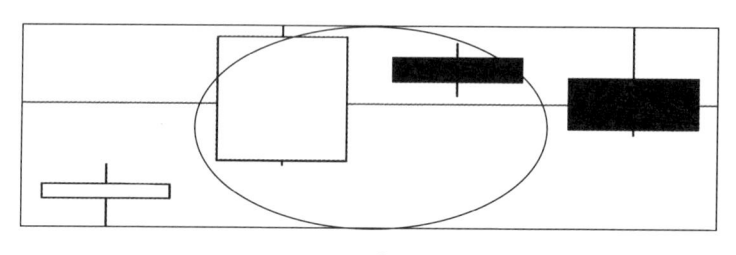

图 2-29 高位孕线

高位孕线形态中的第一根阳线表明多方控制着局势，但是紧随其后出现的"孕育"的小实体 K 线，表明多方开始处于犹豫之中，甚至不敢离开已有的阵地，行情出现反转的可能性较大。

如图 2-30 所示，2022 年 11 月 30 日，胜利股份（000407）出现一根放量大阳线，显示出极强的上涨动能。但随后 6 个交易日里，该股出现几根小阴线、小阳线，与 11 月 30 日的放量大阳线形成高位孕线形态，预示着股价即将下跌。12 月 9 日，股价持续下跌，跌破 11 月 30 日大阳线的最低点，卖点出现。

2.2.5 平头顶部

平头顶部，也称平顶，是指前后两根 K 线的最高点相同或者非常接近。

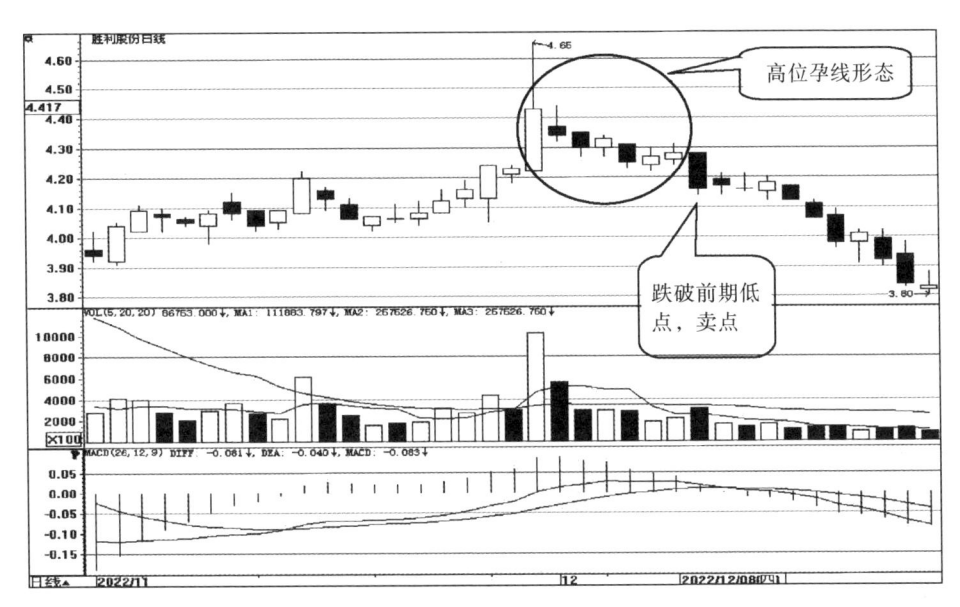

图 2-30　胜利股份日 K 线

这个最高点可以是 K 线的实体，也可以是上影线。另外，构成平顶形态的两根 K 线可以是相邻的，也可以中间间隔几根 K 线，如图 2-31 所示。

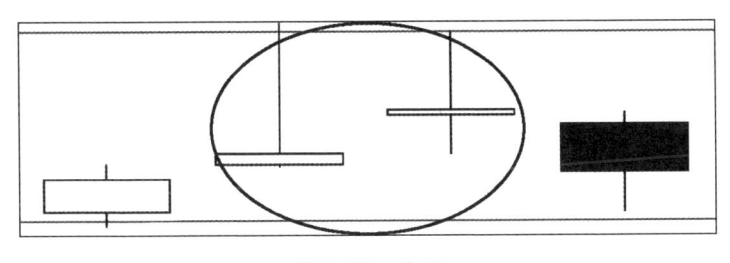

图 2-31　平顶

平顶发出看跌信号，说明股价连续两次在同一价位遇到阻力，那么这个价位成为顶部的可能性就比较高。不过，平顶的看跌信号并不强烈。当后市股价继续走弱，或者出现其他看跌形态时，投资者可以进行卖出操作。

如图 2-32 所示，2023 年 5 月 11 日至 12 日，东望时代（600052）日 K 线图上出现平顶形态。

5 月 11 日，东望时代上涨 3.67%，收出一根中阳线。12 日，该股小幅震荡，收出一根小阴线。盘中有一段上涨行情，使这根 K 线的最高价与 11 日阳线最高价相同，形成平顶形态。这样的 K 线组合表示股价上涨受阻，趋势有较大可能反转。5 月 15 日开盘后股价继续下跌，投资者应该尽快将手中的股票卖出。

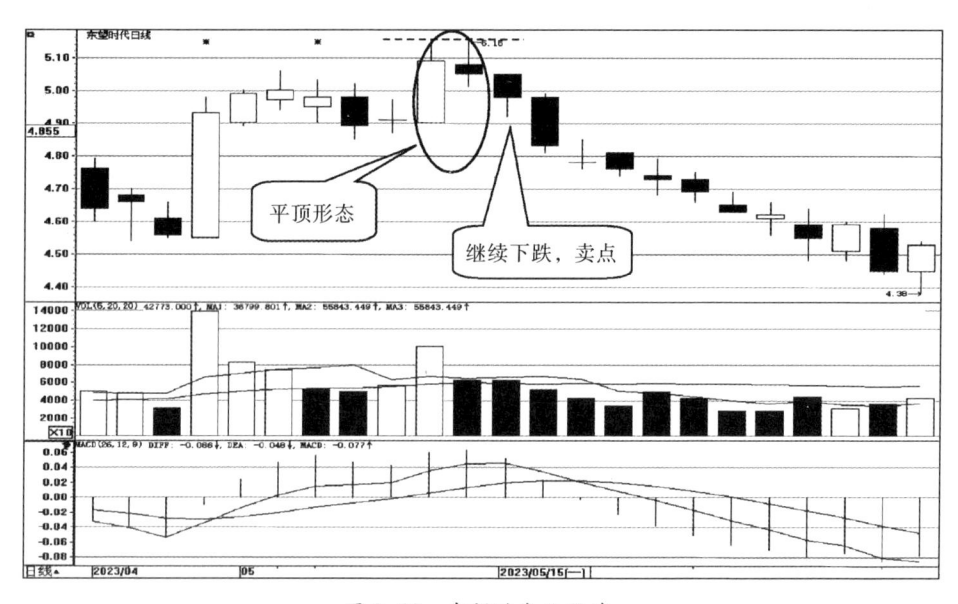

图 2-32　东望时代日 K 线

2.2.6　三只乌鸦

三只乌鸦形态是由三根连续下跌的阴线构成的。如果该形态出现在一段大幅度的上升走势之后，那么该形态又称为"三只乌鸦站枝头"，如图 2-33 所示。

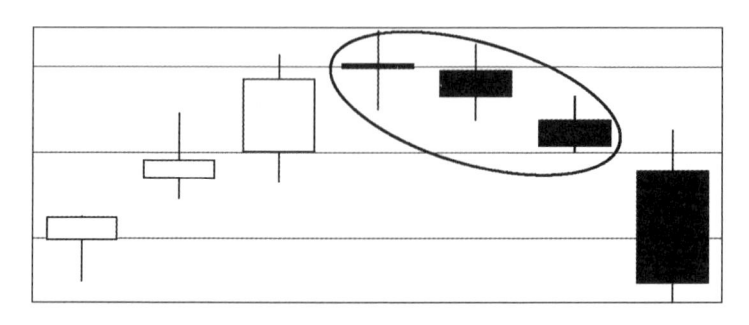

图 2-33　三只乌鸦

三只乌鸦站枝头是非常重要的见顶下跌信号，投资者要注意把握卖出时机。

如图 2-34 所示，2023 年 2 月 15 日至 17 日，古越龙山（600059）日 K 线图上出现三只乌鸦形态。这三根连续的阴线组合出现在股价上涨趋势之后，形成三只乌鸦挂枝头的形态，预示后市将要下跌。2 月 20 日，三只乌鸦之后股价欲振乏力，投资者应尽快卖出股票。

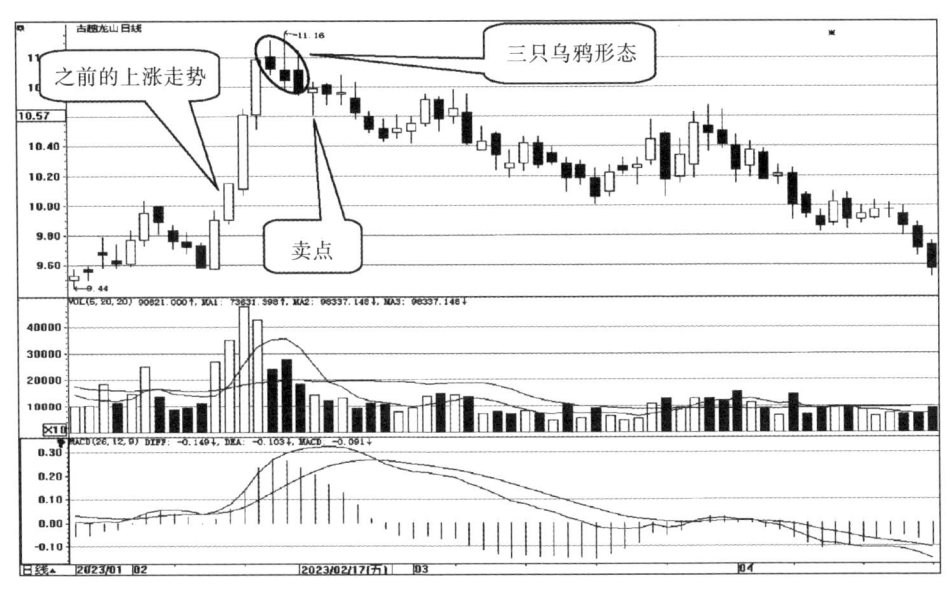

图 2-34　古越龙山日 K 线

2.2.7　下降三法

在下降三法形态中，首先出现一根实体较长的阴线；随后出现几根（通常为 3 根）小实体 K 线，这些小实体 K 线的实体都处于第一根阴线的实体范围内，可以是阳线也可以是阴线；最后又出现一根阴线，同时这根阴线的实体下端要低于第一根阴线的实体，如图 2-35 所示。

在下降三法形态中，第一根阴线出现后，多方发动了反击，但是反击效果并不理想。最后一根创新低的阴线说明空方仍然牢牢掌控着局势。因此，

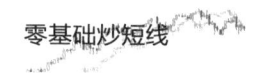

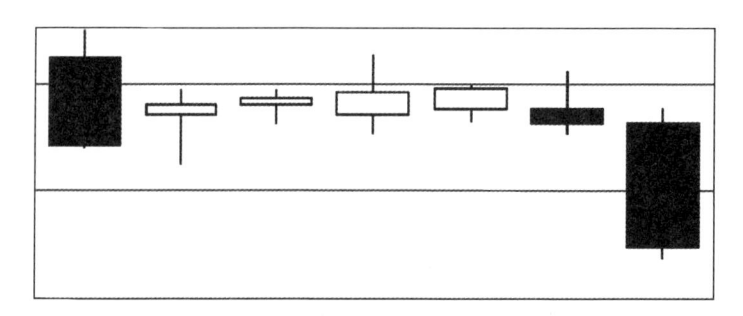

图 2-35　下降三法

下降三法形态预示着行情仍可看低一线，发出卖出信号。

如图 2-36 所示，2023 年 2 月 17 日至 27 日，处在下降趋势中的维科技术（600152）出现下降三法 K 线组合形态。

2 月 17 日，该股出现一根中阴线，之后连续 5 个交易日，该股以小阴线、小阳线的形式持续震荡。2 月 27 日，股价再次大幅下跌，它表明股价在经过短时间的反弹走势后再次遭到空方打压，将要延续之前的跌势继续运行。2 月 28 日，股价反弹乏力，投资者要注意把握这个卖点。

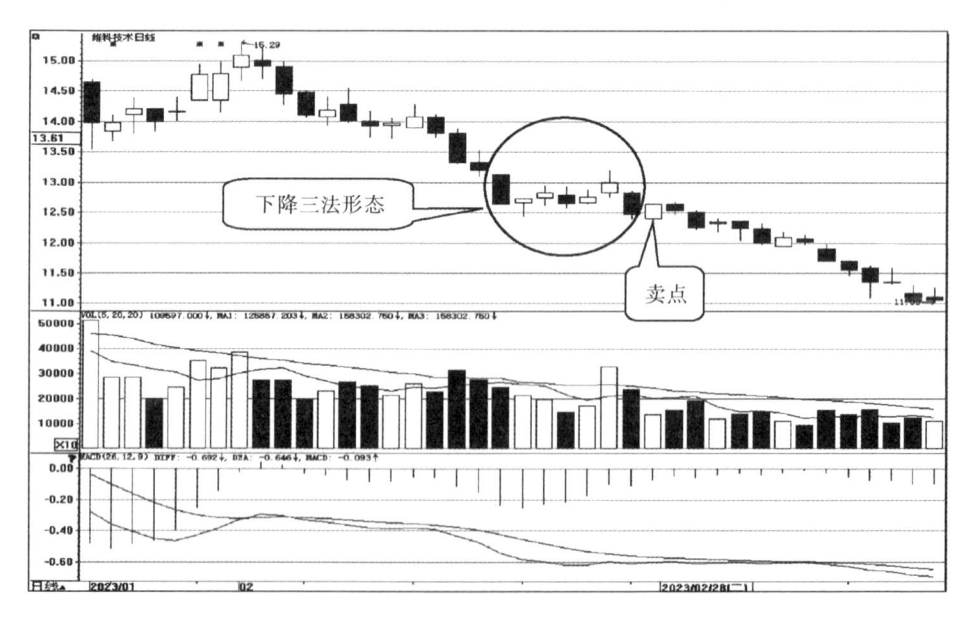

图 2-36　维科技术日 K 线

2.3 缺口的买卖点

缺口是指在前后两根K线之间出现了交易的空白地带。也就是说，股价直接"跳过了"某个价格区间，没有在这个区间产生交易。根据方向的不同，缺口可以分为向上跳空缺口和向下跳空缺口，如图2-37所示。

在缺口出现后，如果股价回到缺口的位置，那么就称为回补缺口。如果股价将缺口的空白地带全部覆盖，就称为完全回补；如果只是部分覆盖，就称为部分回补。

缺口表明交易的一方严重缺乏交易意愿，例如，向上跳空缺口表明空方在缺口的空白地带出现严重的厌战情绪，而多方则趁机大举进攻。因此，缺口的出现意味着趋势将沿着缺口的方向继续发展。

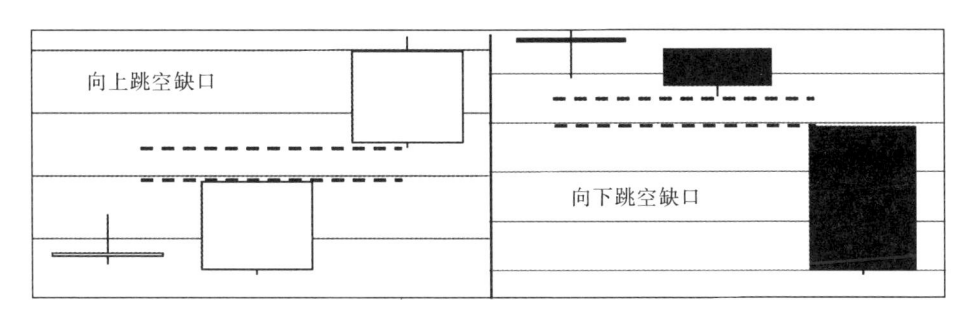

图 2-37 缺口

2.3.1 突破性缺口

如果股价以缺口的形式突破了某个重要的阻力位，那么该缺口就称为突破性缺口，是投资者最需要注意的缺口形态。

当股价运行到某个阻力位时，作为空方重要的防线，该阻力位被多方以缺口的形式突破，只能说明要么是多方力量突然大增，要么是空方变得不堪一击，趋势继续沿着缺口方向发展的概率非常大。

重要的阻力位，包括前期高点、前期放量区间、近期震荡区间的上沿等。当股价以缺口的形式突破这些阻力位时，投资者要注意把握买入时机。

如图 2-38 所示，经过一段时间的横盘震荡后，2022 年 7 月 15 日，巨化股份（600160）以缺口的形式突破了此前的阶段性高点。这个突破性缺口预示着股价仍将继续走高，买点出现。

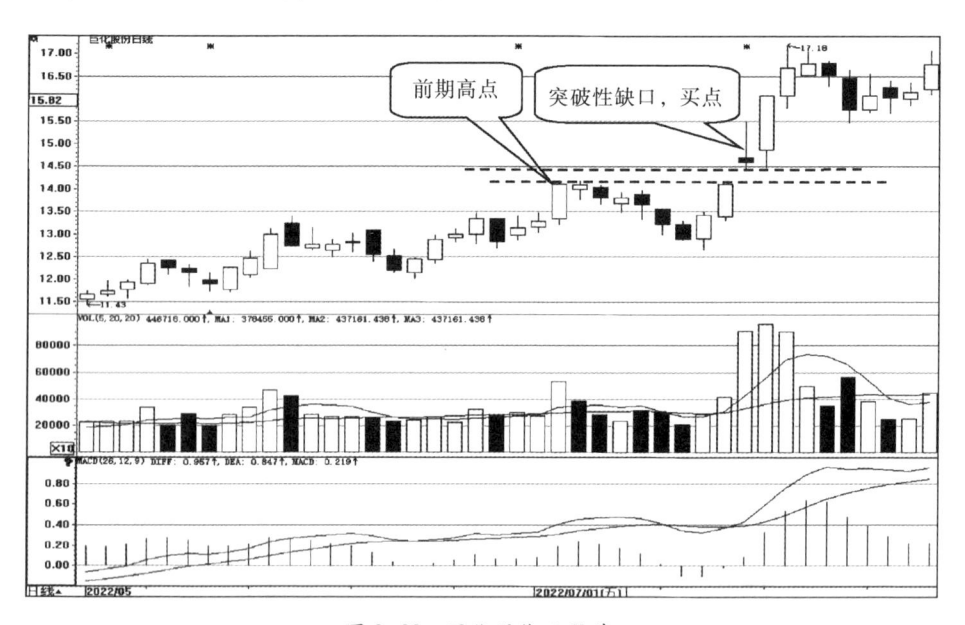

图 2-38　巨化股份日 K 线

2.3.2　缺口的支撑与阻力

很多时候，在缺口出现后的一段时间内，股价会再次回到缺口位置附近，此时缺口往往会对股价构成明显的支撑作用（对于向上跳空缺口而言），或者阻力作用（对于向下跳空缺口而言）。

当股价回落至向上跳空缺口位置时，如果股价开始缩量企稳，或者出现一些看涨的 K 线形态，就说明缺口对股价构成了支撑，买点出现。

如图 2-39 所示，2022 年 11 月 11 日，伊力特（600197）在经过短暂震荡后以突破性缺口的形式加速向上。之后，股价冲高回落，11 月下旬在缺口附近受到明显支撑。11月28日，K线图形成看涨吞没形态，两个看涨信号叠加，看涨意义大幅增加，买点出现。

当股价回升至向下跳空缺口位置时，如果股价开始出现滞涨走势，或者出现一些看跌的K线形态，就说明缺口对股价构成了阻力，卖点出现。

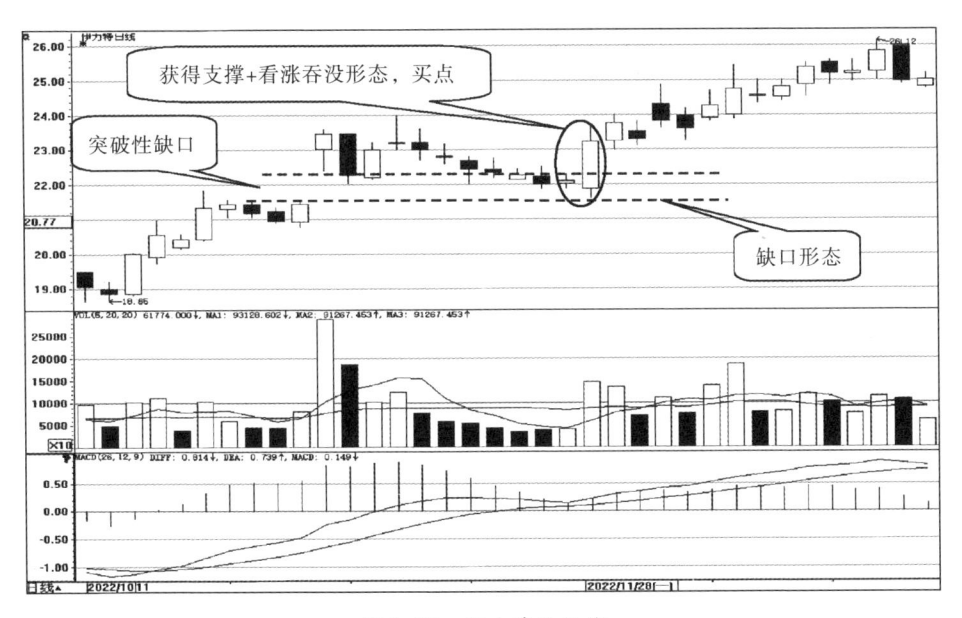

图 2-39　伊力特日K线

如图2-40所示，在2023年4月的下跌走势中，有研新材（600206）出现了一个向下跳空缺口。在缺口出现之后，股价两次对缺口位置进行了回升试探，但是缺口对股价产生了明显的压制，之后股价出现了明显的加速下跌走势，还没有出场的投资者要注意及时卖出。

2.3.3　三跳空，气数尽

传统的日本技术分析理论认为：在一个连续的上涨（下跌）趋势中，如果已经出现了三个向上（向下）的缺口，那么市场即将形成顶部（底部）的

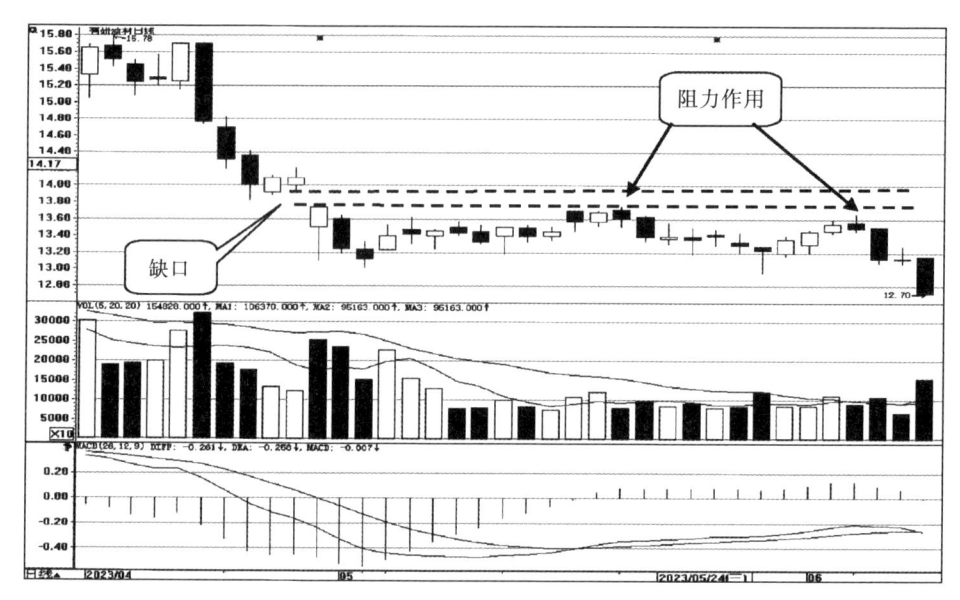

图 2-40　有研新材日 K 线

概率非常大。特别是在第三个缺口之后，如果出现某种反转性的 K 线形态（如看跌吞没、乌云盖顶、启明星等），那么市场见顶（见底）的概率会更大。

当投资者发现，在一段上升行情中已经出现了三个跳空缺口，而且这三个缺口都没有被回补，那么就应该保持高度警惕。一旦出现 K 线的看跌反转形态，投资者应立即进行卖出操作。

如图 2-41 所示，在 2022 年 6 月的上涨趋势中，安彩高科（600207）先后出现了三个向上的跳空缺口（如图中缺口 1、缺口 2、缺口 3 所示）。紧随缺口 3 出现的，是 6 月 27 日的高位放量流星线，股价随即反转，投资者可在流星线出现后的次日卖出。

在下降趋势中，当三跳空出现后，投资者可在 K 线的看涨形态出现后，进行买入操作。

如图 2-42 所示，2022 年 4 月，亚星化学（600319）处于一段连续的下跌走势中。在这个过程中，共出现了三个向下的跳空缺口。当缺口 3 出现后，

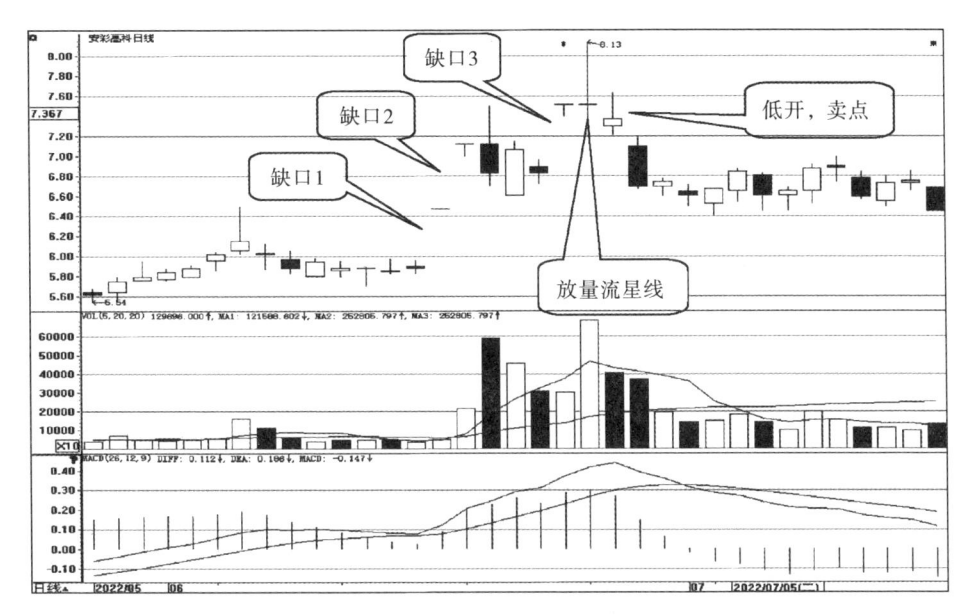

图 2-41 安彩高科日 K 线

该股转为横盘震荡走势,并出现了低位孕线的反转形态,之后不久该股反转向上,投资者要注意把握该买点。

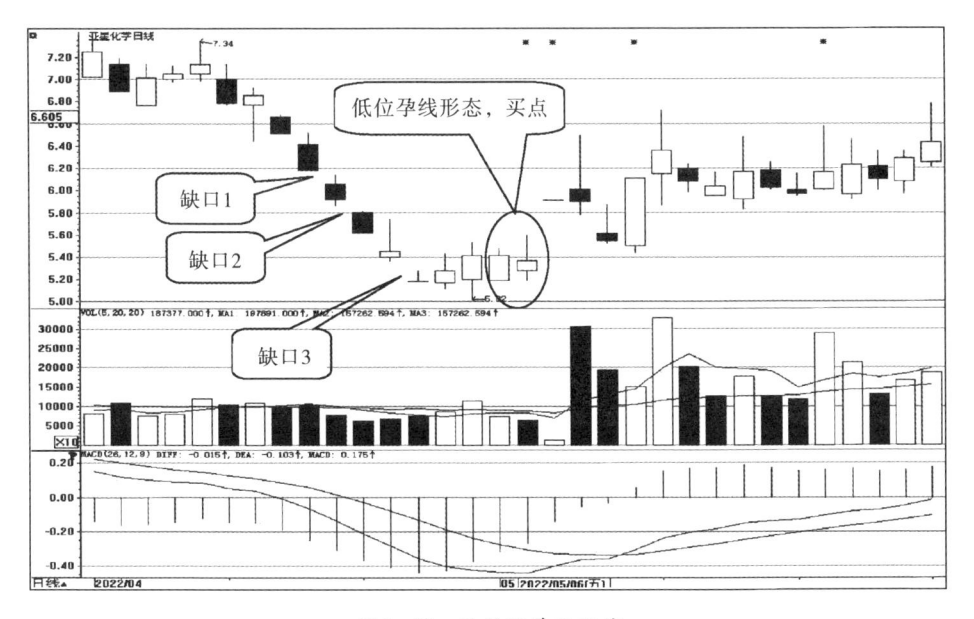

图 2-42 亚星化学日 K 线

实战经验

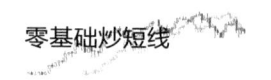

作为市场一种极端情况的体现，缺口的实战意义非常重要。不过投资者需要注意的是，在横盘震荡以及频繁出现缺口的行情中，缺口并无实战意义。

2.4 技术形态的买卖点

K线的技术形态，是指在一段时间内许多根K线所构成的技术图形，是技术分析的重点内容之一。

股价在某些特定的运行区域，例如底部、顶部或者整理区域，往往会呈现一些具有特殊特征的K线形态。例如，在底部往往呈现双底、头肩底、三重底等形态；在顶部往往呈现双顶、头肩顶等形态；而在整理区域，会呈现三角形、旗形、矩形和楔形等形态。

下面我们在各种底部形态、顶部形态和整理形态中，选取比较有代表性的形态，介绍其买卖点。

2.4.1 底部形态及其买点

1. 双底

双底又称W底，是指股价的底部由两个低点构成，这两个低点的价位大致相同，形态上类似一个"W"。通过第一个底部之后的反弹高点，画一条水平线，就得到双底的颈线。

当股价突破双底的颈线位时，双底形态完成，此时是投资者的买入时机。很多时候，股价在突破颈线位后，对颈线位会有一个回抽的动作。当股价在颈线位获得支撑并重新上涨的时候，说明双底形态得到最终的确认，底部构筑完毕，此时是投资者的又一次买入时机。

需要注意的是，有些时候股价突破颈线位后并没有回抽确认的过程，而是直接上涨。

如图 2-43 所示，在经过前期一波下跌走势之后，从 2021 年 11 月到 2022 年 1 月，靖远煤电（现甘肃能化，000552）出现双底形态。2021 年 11 月底，当双底形态的第二个底形成时，表明多方力量再次反攻。此时投资者可以重点关注后市行情。

2021 年 12 月 16 日，该股股价放量突破颈线，这表明上涨动能强劲，股价彻底由下跌趋势转为上涨趋势。此时投资者可以积极买入股票。

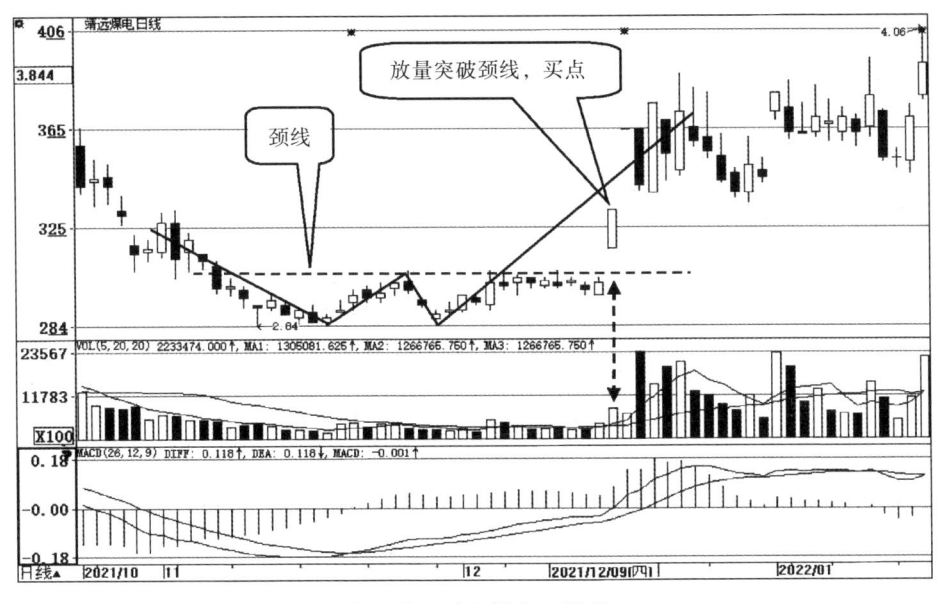

图 2-43 靖远煤电日 K 线

2. 头肩底

头肩底是指股价在构筑底部的过程中，先是跌至某低点后开始反弹，形成左肩。之后继续下跌并创出新低，构成头部。经过反弹后再次回落，但此次回落的低点要高于头部位置，形成右肩。将左肩与右肩的高点相连，就得到头肩底的颈线。

与双底形态相同，当股价突破颈线时，意味着头肩底形态最终完成，是投资者的买入时机。有时股价在突破颈线位后，对颈线位会有一个回抽的动作，此时是投资者的又一次买入时机。需要注意的是，对颈线位回抽确认的动作，并不是每次都有。

如图2-44所示，2021年7月至9月，泸州老窖（000568）日K线图上出现头肩底形态。

9月27日，股价以缩量涨停的态势向上突破颈线，表明上涨动能强劲，上方抛压已经很弱，此时投资者可以积极买入股票，之后股价迅速冲高，上涨趋势彻底确认。

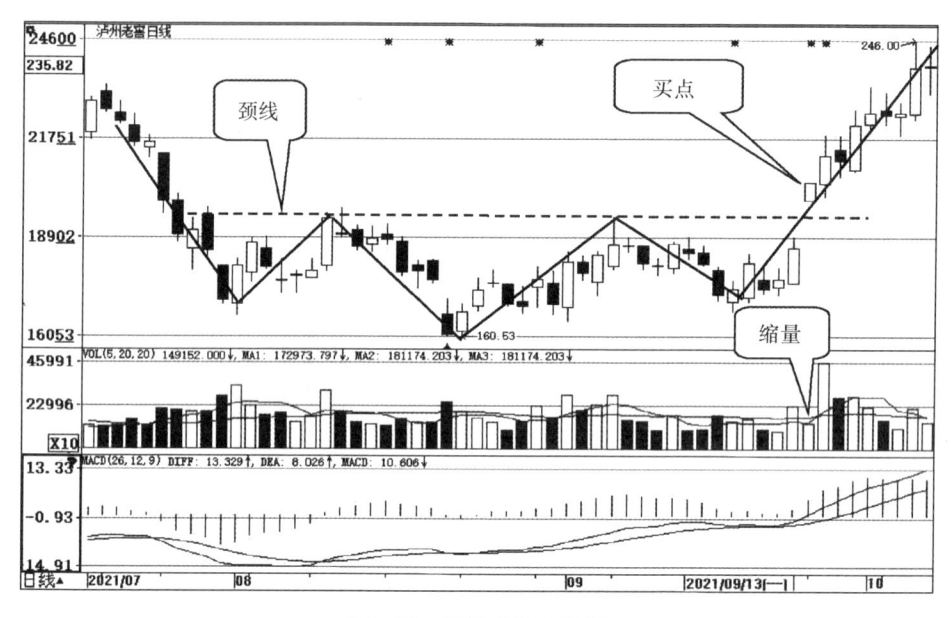

图2-44　泸州老窖日K线

3. V形底

V形底又名尖底，是指股价在底部的走势形态就像一个"V"。股价先是持续地下跌，在跌至某个价位后，股价开始反转并持续上涨。

V形底出现一般有两种原因：其一是在市场恐慌气氛影响下，股价持续下跌，出现严重的超卖现象。因此股价一旦开始反转，多方力量会不断进场买入，使得股价持续上涨，形成V形底。其二是在股价下跌过程中，有突发性的利好消息，如重组事宜或其他利好政策，使得股价连续上涨，形成 V 形底。

如图 2-45 所示，2022 年 4 月下旬至 5 月上旬，金冠电气（688517）出现一波"急剧下跌—急剧上涨"的走势，形成 V 形底形态。从 5 月中旬开始，股价冲高回落，但没有再创新低，而是企稳回升，这是新一波上涨趋势形成的标志，投资者可以逢低买入。

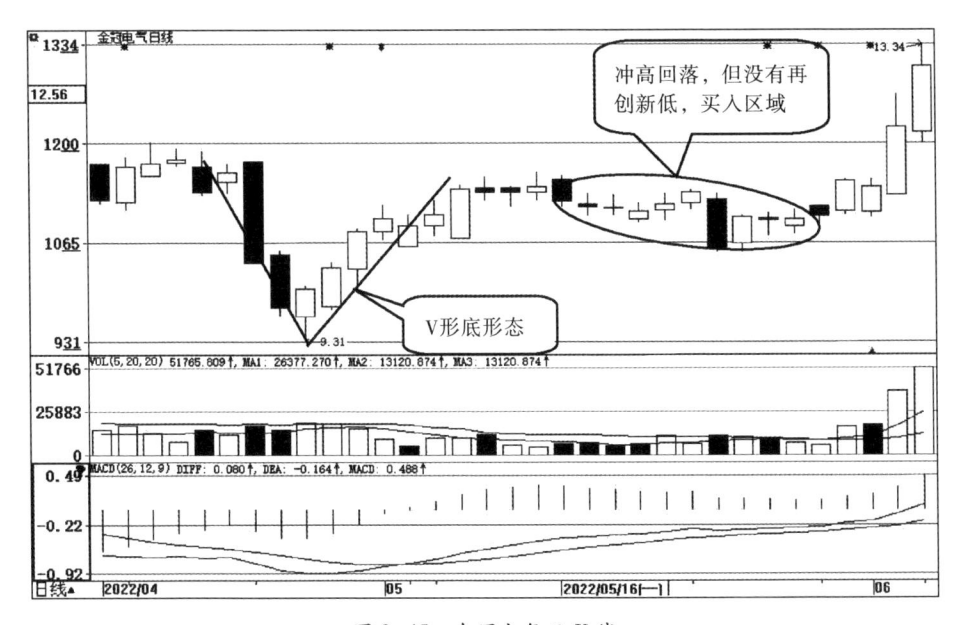

图 2-45 金冠电气日 K 线

由于 V 形底出现后，股价往往连续上涨，投资者往往不容易把握买入时机。另外，熊市反弹也常常呈现 V 形走势，因此投资者单从形态上很难分辨此次的 V 形上涨到底是反弹还是反转。因此，投资者遇到 V 形走势时，要冷静分析，分仓买入，不要盲目地急于追涨。

4. 三重底

三重底形态是指股价在筑底过程中形成三个大致相同的低点，也就是在双底的基础上又多了一次下跌、回升的过程。将三重底中间的两次反弹的高

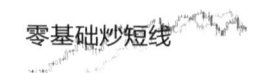

点连接，就得到了三重底的颈线。

股价在突破颈线后，三重底形态完成。与双底形态一样，股价在突破颈线后会有两种走势：一种是突破后直接上扬；另一种是突破后回踩颈线，获得支撑后再次上攻。

如图2-46所示，在经过一波下跌走势之后，2022年1月到5月，中兵红箭（000519）出现三重底形态，发出看涨信号。5月27日，该股股价向上放量突破三重底形态的颈线，表明上涨趋势已经形成，买点出现。

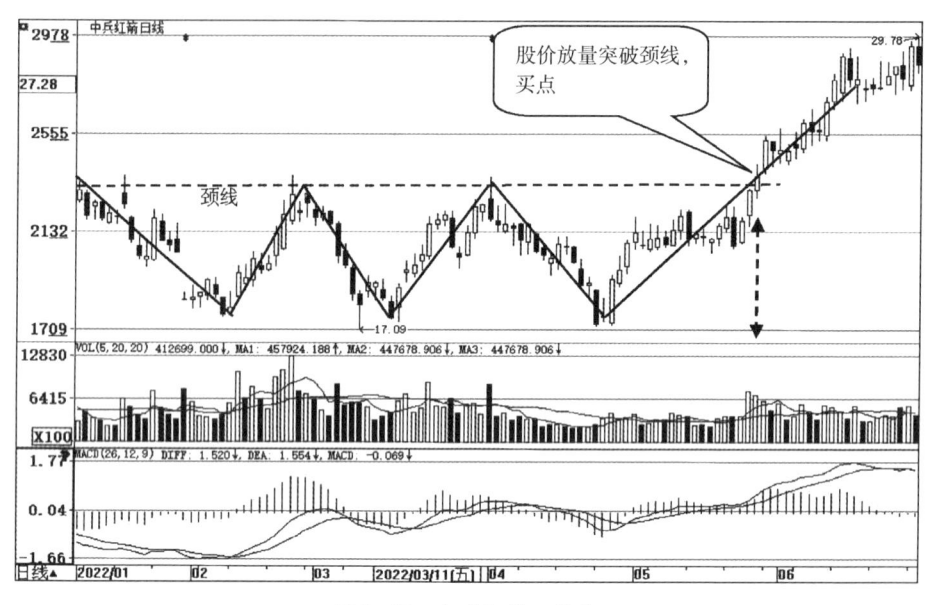

图 2-46 中兵红箭日 K 线

2.4.2 顶部形态及其卖点

1. 双顶

双顶又称 M 头，指股价在上涨过程中连续两次到达同一个价格区间后均遇阻回落，形成两个高点，K 线走势上构成一个"M"形状。沿两个高点之间的回落低点画一条水平直线，就构成了双顶的颈线。

股价在跌破颈线位后，双顶形态正式完成，这是投资者的卖出时机。很多时候，股价在跌破颈线位后，对颈线位会有一个回抽动作。当股价在颈线位遇到阻力并重新下跌的时候，说明双顶形态得到最终确认，顶部构筑基本完毕，这是投资者的另一个卖出时机。

需要注意的是，有时股价在跌破颈线位后并没有回抽确认的过程，而是继续下跌。

如图2-47所示，2021年3月至4月，杭华股份（688571）股价走势形成一个双顶形态。通过回调低点画出一条水平线，即双顶的颈线。4月27日，股价一路下滑，并一举放量跌破双顶颈线，双顶形态得到确认，股价将要进入下跌趋势，卖点出现。

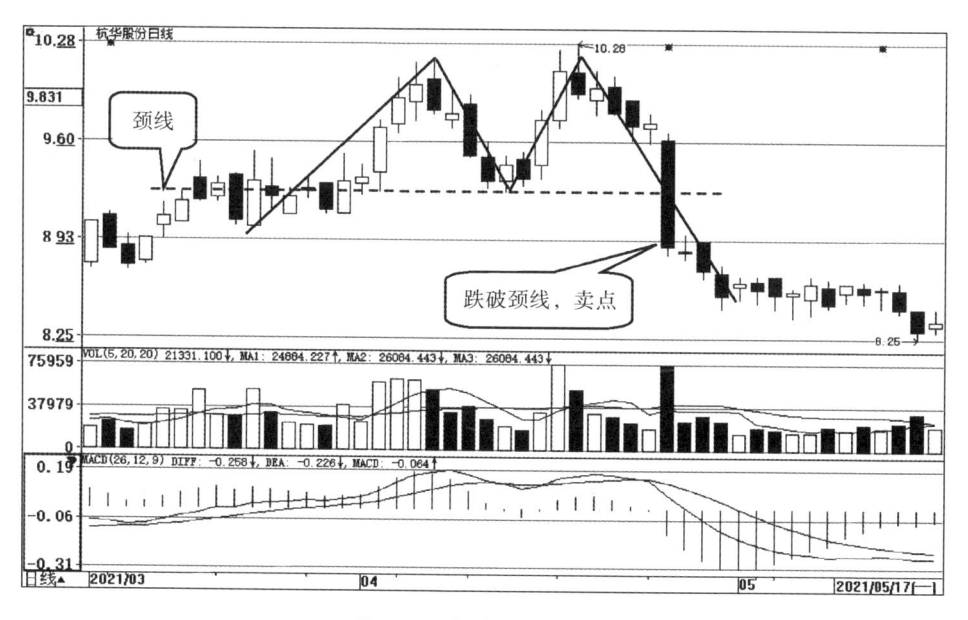

图2-47　杭华股份日K线

2. 头肩顶

头肩顶指股价在构筑顶部过程中，共形成三个高点，就像人的头部和肩部一样，中间的头部最高，两侧左右肩的价位基本相同。将左肩低点与右肩低点相连，就得到了头肩顶的颈线。

当股价跌破颈线位置时，头肩顶形态成立，投资者需把握卖出时机。当股价对颈线位回抽之后，头肩顶形态得到确认，这是投资者的另一个卖出时机。对颈线位进行回抽确认的动作，并不是每次都有。

如图 2-48 所示，2021 年 10 月至 2022 年 1 月，渤海租赁（000415）在 2.84 元附近震荡，K 线走势构筑了一个头肩顶形态。2022 年 1 月 25 日，股价跌破颈线位置，头肩顶成立，第一个卖点出现。此后该股回抽反弹，2022 年 2 月初在颈线处遇阻回落。本次对颈线位的回抽确认，宣布头肩顶形态得到最终确认，第二个卖出点出现。

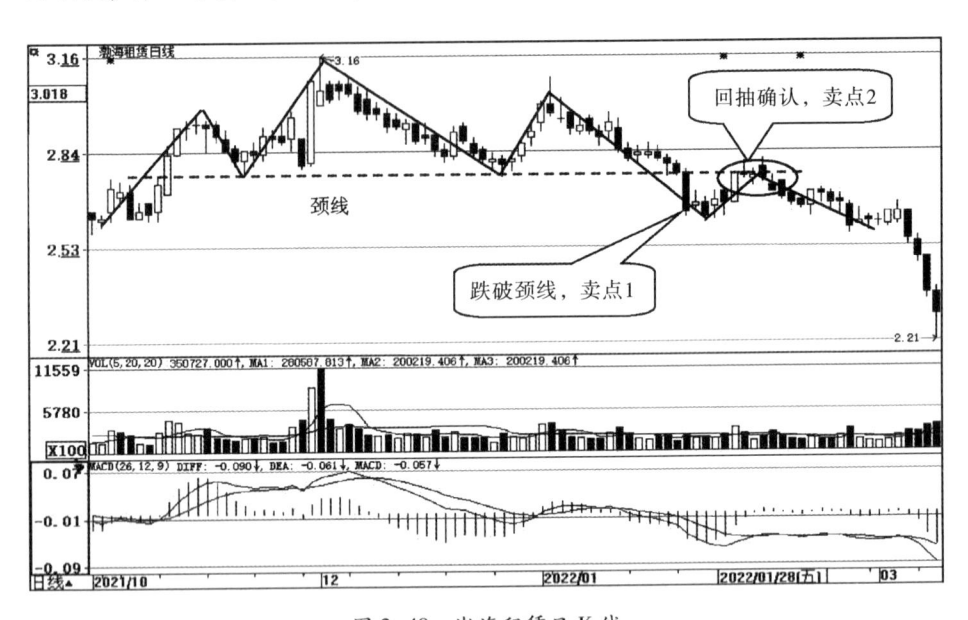

图 2-48　渤海租赁日 K 线

3. 倒 V 字顶

倒 V 字顶又叫尖顶，其形成过程是，股价先是连续上涨，当涨至某价位后，或是由于重大利空，或是由于主力开始集中卖出，股价突然反转，开始下跌，其 K 线形态非常像一个倒置的"V"字。

尖顶形态往往出现在市场操作气氛很热烈、投资者普遍看多的时候，这种顶部的突然转折，通常会使得投资者措手不及，来不及作出正确的卖出反应。另外，尖顶形态往往出现得非常突然，在下跌的初段基本没有像样的反弹，所以卖点的选取比较难把握。

如图 2-49 所示，2022 年 7 月下旬，运行在震荡走势中的佛山照明（000541）开始快速上涨，在不到一个月的时间里最大涨幅超 50%。8 月中旬之后，股价在顶部快速回落，初步形成了倒 V 形顶。8 月 31 日，股价略有反弹后出现看跌吞没形态，说明短期内下跌动能占据优势，卖点出现。之后该股持续下跌，还没有清仓的投资者要注意尽快出场。

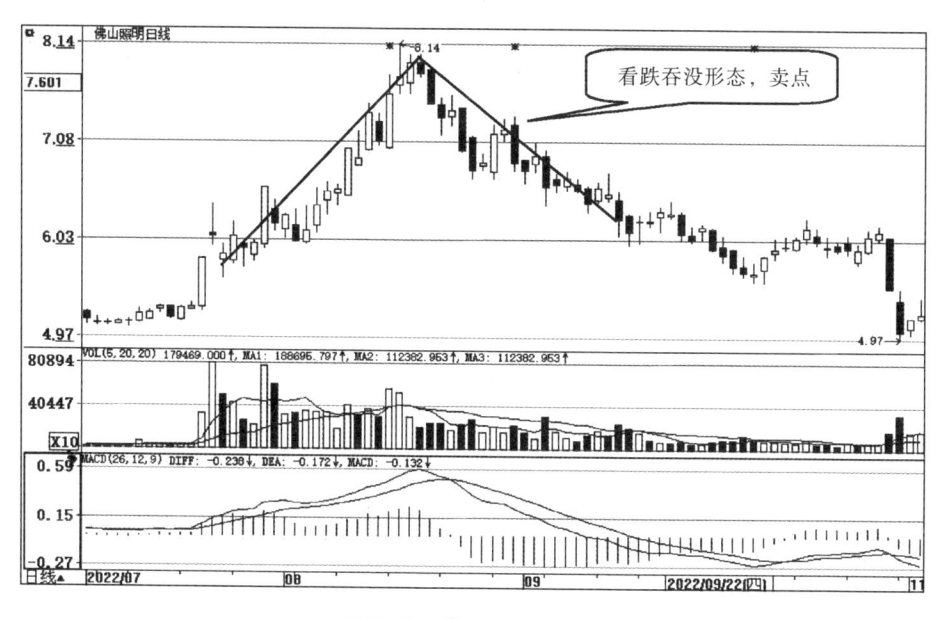

图 2-49　佛山照明日 K 线

4. 三重顶

三重顶形态，是指股价在上涨过程中连续三次在同一个价格区域遇阻回落，形成了三个高点。将中间的两个回落低点相连，就得到三重顶的颈线。

与双重顶一样，三重顶也有两个卖点。

卖点 1：股价跌破颈线时，此时三重顶形态基本成立。

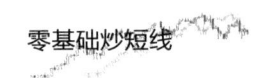

卖点2：股价跌破颈线后，对颈线位置进行回抽确认时。此时三重顶形态得到最终确认。

投资者需要注意，有时并不会出现卖点2。

如图2-50所示，2022年7月至10月，原来运行在上涨趋势中的冰山冷热（000530）K线走势图中出现三重顶走势，将其在高位回调产生的两个低点相连得到三重顶形态的颈线。9月30日，该股跳空低开，盘中一举跌破该形态的颈线，三重顶形态得到确认，卖点出现。随后股价彻底转势。

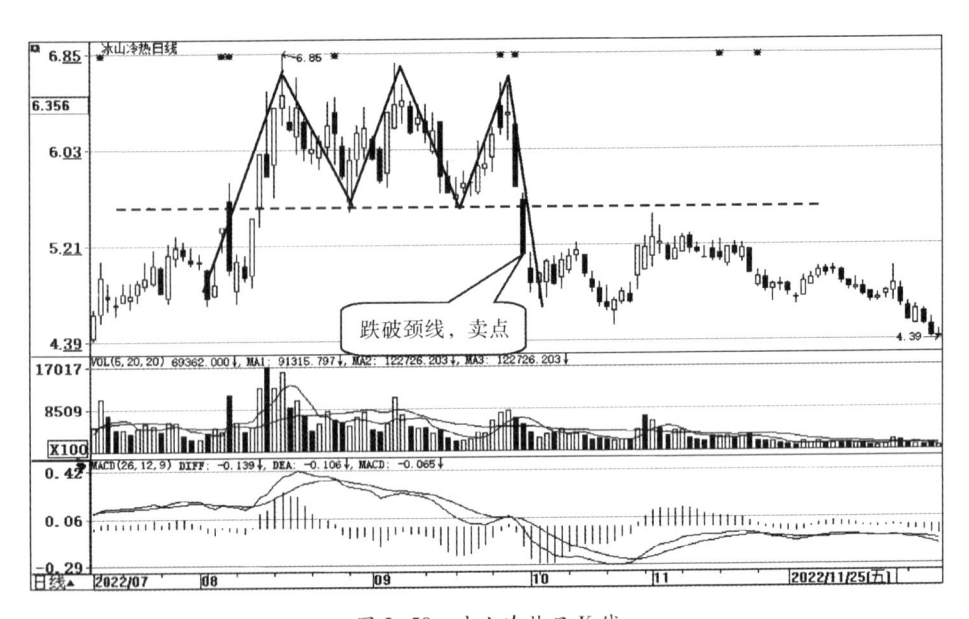

图2-50　冰山冷热日K线

2.4.3　整理形态及其买卖点

1. 旗形

旗形整理形态，是指股价在整理过程中，将波动的高点和低点分别进行连线后，两条连线呈现向上或者向下倾斜的平行形态，和此前的上升或者下跌走势连在一起，很像一面旗帜，因此称为"旗形"。

在升势中出现，形态向下倾斜的旗形称为上升旗形；在跌势中出现，形态向上倾斜称为下降旗形。

整理形态的意思就是"暂时休整"，等形态完成后，股价仍将延续整理形态之前的方向继续发展。对于上升旗形来说，当股价突破旗形的上边线时，投资者可进行买入操作。对于下降旗形来说，当股价跌破旗形的下边线时，投资者可进行卖出操作。

如图2-51所示，从2022年11月下旬开始，电科数字（600850）进入调整震荡走势。在调整震荡过程中，K线走势呈现旗形形态。

2023年1月18日，股价放量向上突破旗形的上边线，预示着调整结束，买点出现。这时投资者可以注意把握买入时机。

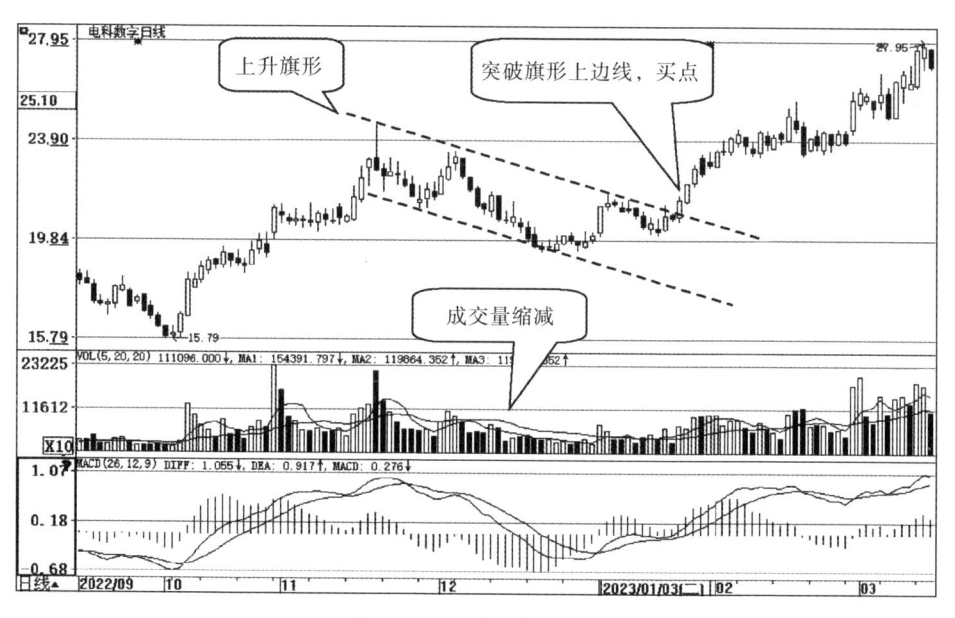

图2-51 电科数字日K线

如图2-52所示，2021年2月初至5月下旬，长虹美菱（000521）日K线图上出现下降旗形。这是庄家制造多头陷阱、伺机出货的形态。看到这个形态后，投资者应该保持谨慎。

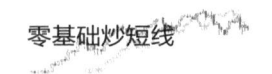

5月31日，股价跌破下降旗形的下边线，支撑位被破，此时投资者应该尽快将手中的股票全部卖出。

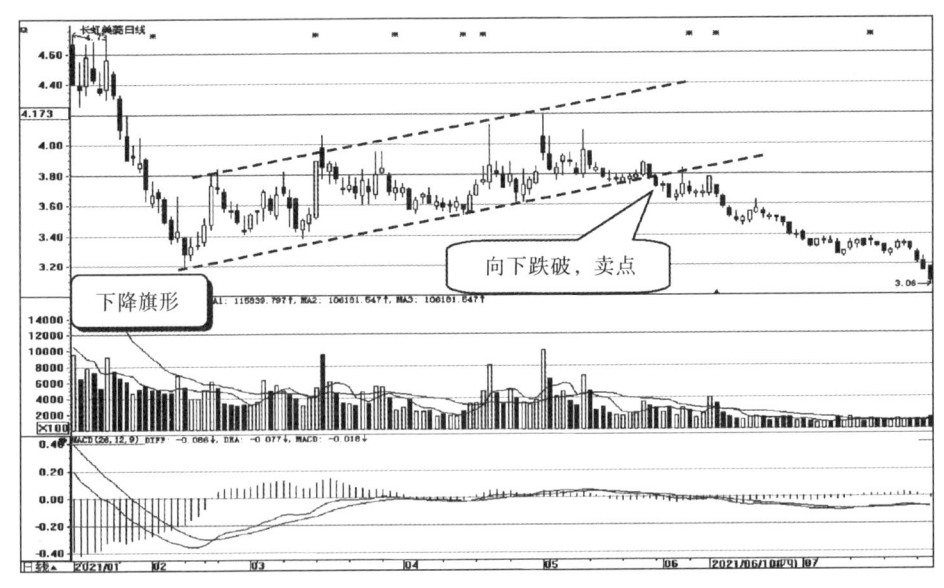

图 2-52　长虹美菱日 K 线

2. 三角形

三角形是一种比较常见的整理形态，分为对称三角形、上升三角形和下降三角形三种。

当股价运行至某价格区间后开始震荡，如果震荡的高点不断地降低，低点也在不断地抬高，此时将各个高点和低点分别进行连线，就形成了对称三角形；如果震荡的高点始终保持在一个水平线上，而低点不断抬高，那么就形成了上升三角形；如果震荡的低点保持在一个水平线上，而高点则不断地降低，那么就形成了下降三角形。

一般来说，三角形整理形态结束后，股价仍将延续形态开始之前的趋势。但是个别情况下，三角形也会作为顶部或是底部的反转形态出现。为稳妥起见，不论是哪种三角形，当股价向上突破三角形上边线时，就是买入时机；当股价向下跌破三角形下边线时，就是卖出时机。

如图 2-53 所示，2021 年 4 月底至 6 月初，宗申动力（001696）日 K 线图上出现三角形形态。

在 1 个多月中，宗申动力股价连续多次在一个几乎相同的价位遇到阻力回调，但每次回调的低点越来越高，形成上升三角形。

2021 年 6 月 10 日，股价放量向上突破压力位，形成买入信号。此时投资者可以买入股票。之后股价回抽确认，也是一个买点，投资者要注意把握。

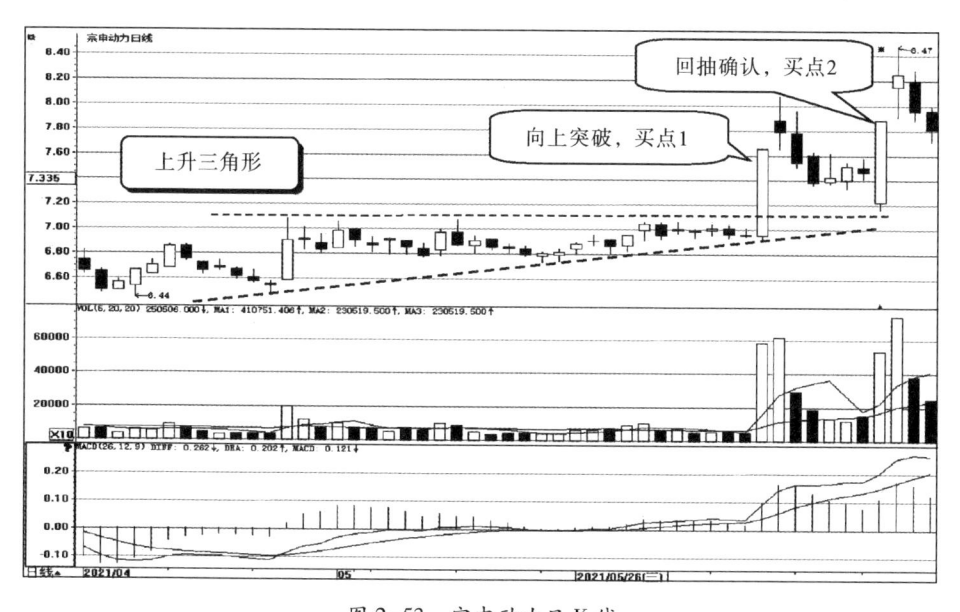

图 2-53　宗申动力日 K 线

如图 2-54 所示，2022 年 3 月中旬至 4 月下旬，盈峰环境（000967）日 K 线图上出现下降三角形。

在反复震荡的行情中，盈峰环境股价多次在同一价位获得支撑，但获得支撑后反弹的高点却越来越低。这表示多方力量不足，已经渐渐无力支撑股价。如果此时投资者手中持有股票，虽然不必急于卖出，但应该密切关注股价变化。4 月 21 日，股价放量跌破支撑位，下降三角形完成。此时投资者应该尽快将手中的股票卖出。

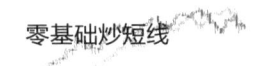

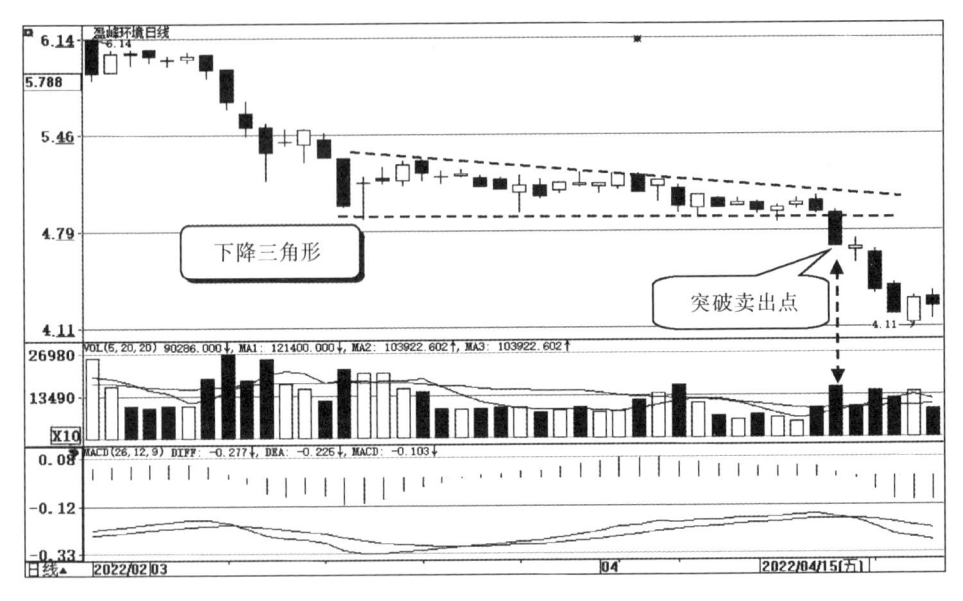

图 2-54　盈峰环境日 K 线

3. 矩形

矩形整理形态，是指股价呈现横向的上下波动，将高点和低点分别进行连线后，形成矩形形态。

当股价突破矩形上边线时，买点出现；当股价跌破矩形下边线时，卖点出现。

如图 2-55 所示，2021 年 11 月中旬至 2022 年 1 月中旬，天源迪科（300047）以矩形形态不断地震荡。1 月 17 日，该股股价放量突破矩形上边线，发出看涨信号，投资者要注意及时买入。

如图 2-56 所示，2022 年 4 月底至 7 月中旬，锡业股份（000960）自高位下跌后进入矩形整理区间，经过两个多月的震荡整理后，7 月 15 日，该股向下跳空跌破矩形整理区间的下边线，预示着整理形态结束，股价将要继续延续之前的下跌走势运行，卖点 1 出现。之后，该股反弹确认，卖点 2 形成，此时投资者应该及时止损出局，避免出现更大的损失。

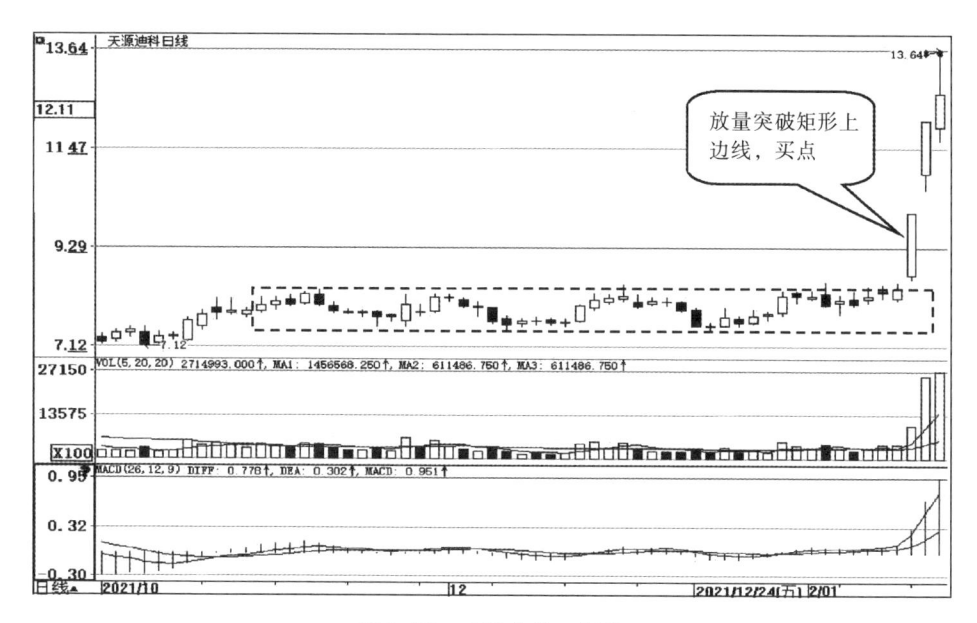

图 2-55 天源迪科日 K 线

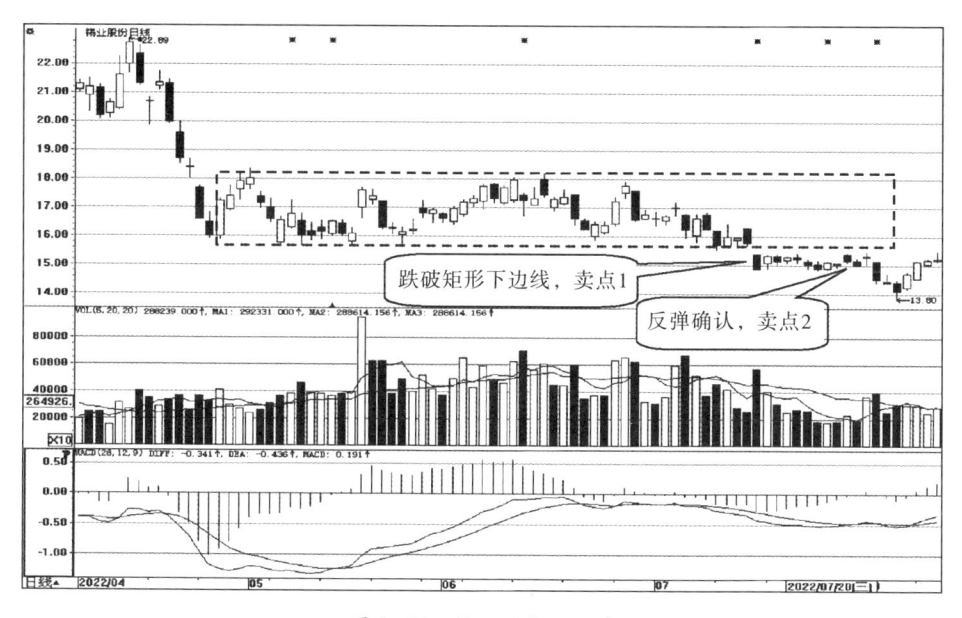

图 2-56 锡业股份日 K 线

4. 楔形

楔形整理形态，是指股价在整理过程中，将高点和低点分别进行连线后，两条线的方向相同，但是距离逐渐变小，就像一个楔子一样。股价逐步升高的楔形整理形态，称为上升楔形；股价逐步下降的楔形，称为下降楔形。

当股价向上突破楔形上轨时，买点出现；当股价向下跌破楔形下轨时，卖点出现。

如图2-57所示，2022年10月初，魅视科技（001229）股价经过一波大幅下跌走势后出现回调震荡，且回调走势中产生的阶段性高点和低点都在不断升高，用直线将高点和低点分别连线后形成一个上升楔形形态。11月21日、22日，该股股价还未运行至楔形的上边线附近就遇阻回落，表明股价短期内将要出现下跌走势。11月24日，股价向下跌破楔形形态下边线，卖点出现，投资者要注意把握。

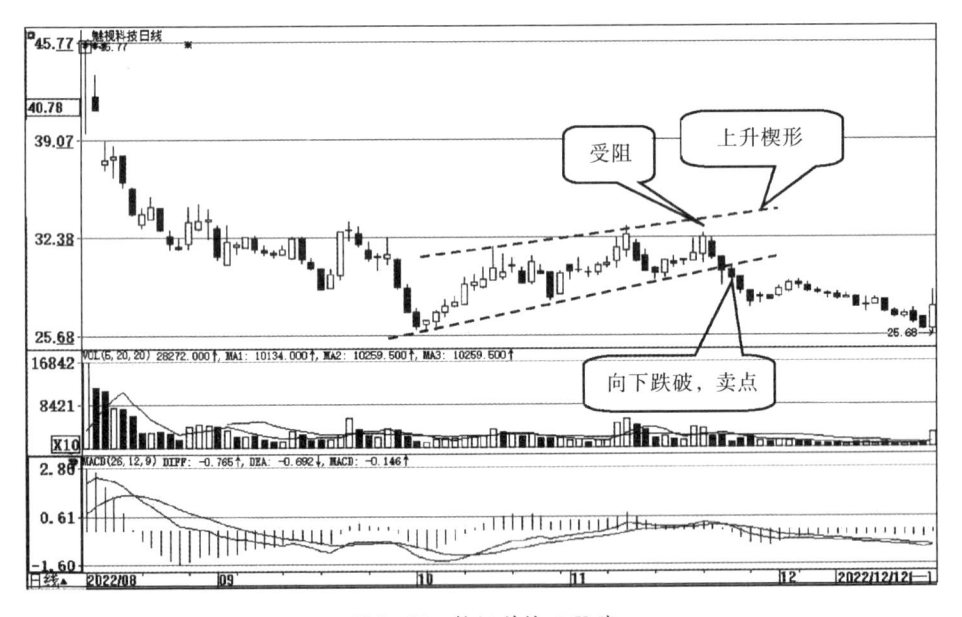

图2-57 魅视科技日K线

如图2-58所示，在经过一波上涨走势之后，2022年6月至7月，上海机电（600835）以下降楔形的形态不断震荡。2022年7月27日，该股股价放量向上突破下降楔形上边线，买点出现。

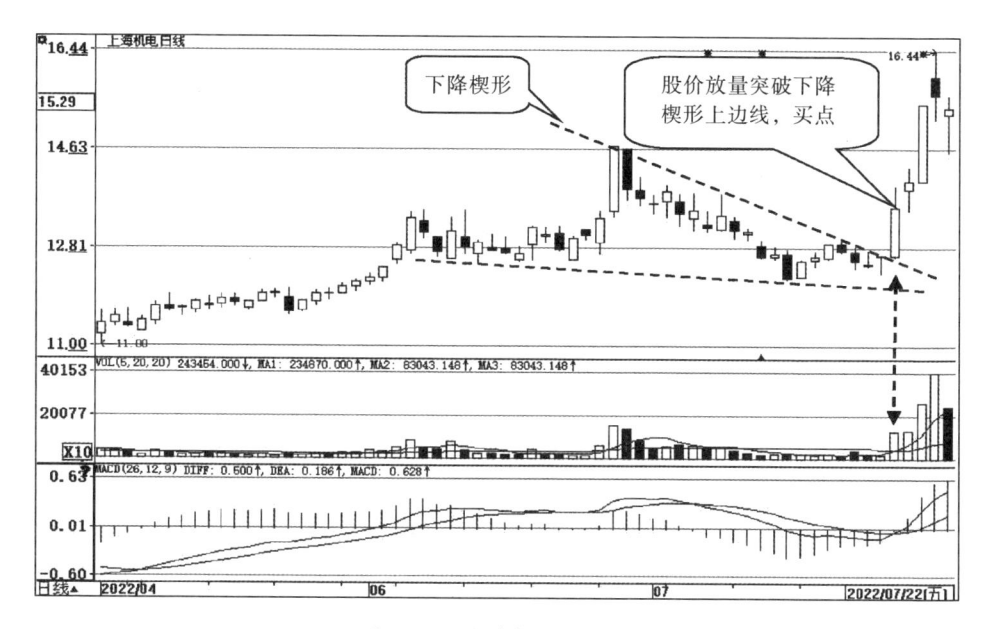

图 2-58 上海机电日 K 线

第 3 章

看懂价量关系

成交量分析在股票分析中的地位仅次于价格分析（也就是趋势分析）。成交量代表了股价变动的内在动力，因此会有"量是因，价是果""量在价先"等股市谚语。

3.1　成交量实战解读

3.1.1　如何判断换手率的高低

由于个股的流通股本并不相同，无法用某个固定的成交量数值来衡量交易的活跃程度。例如，同样是 1000 万股的成交量，如果是中国石油的成交量，就说明当天的成交非常低迷；但是如果是某个小盘股的成交量，则说明当天的成交非常活跃。

用换手率指标就可以很好地解决这个问题。

换手率是指某个交易日（或交易时段）的成交量与流通股本之间的比值。例如，一只股票当日成交量为 1000 万股，其流通股本为 2 亿股，那么该股票当日的换手率为 5%。

换手率反映了股票交易的活跃程度。一只股票的换手率越高，说明该股票的交易越活跃，市场关注度越高，就越可能成为热点股。换手率越低，说明该股票的交易越清淡，市场关注度不高，很可能是冷门股。

判断换手率高低，主要有以下标准（以下为日换手率）。

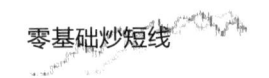

（1）换手率低于3%，说明成交清淡。如果换手率低于1%，则说明成交极度萎缩。

（2）换手率在3%~10%，说明成交活跃。

（3）换手率在10%~20%，说明成交高度活跃。

（4）换手率超过20%，说明成交极度活跃。如果股价已经出现了较大的涨幅，投资者需要警惕机构借机出货。

对于短线操作而言，过高的、突然出现的高换手率，往往意味着风险的来临。当某只股票在大量换手之后股价反而开始走软，短线投资者应立即出局，规避风险。

如图3-1所示，2022年11月18日，京城股份（600860）在前一个交易日放量涨停后出现一根巨量流星线，当天换手率达到8.95%，属于活跃放量，此时短线投资者应该提高警惕。11月21日，该股跳空继续下跌，卖点出现。

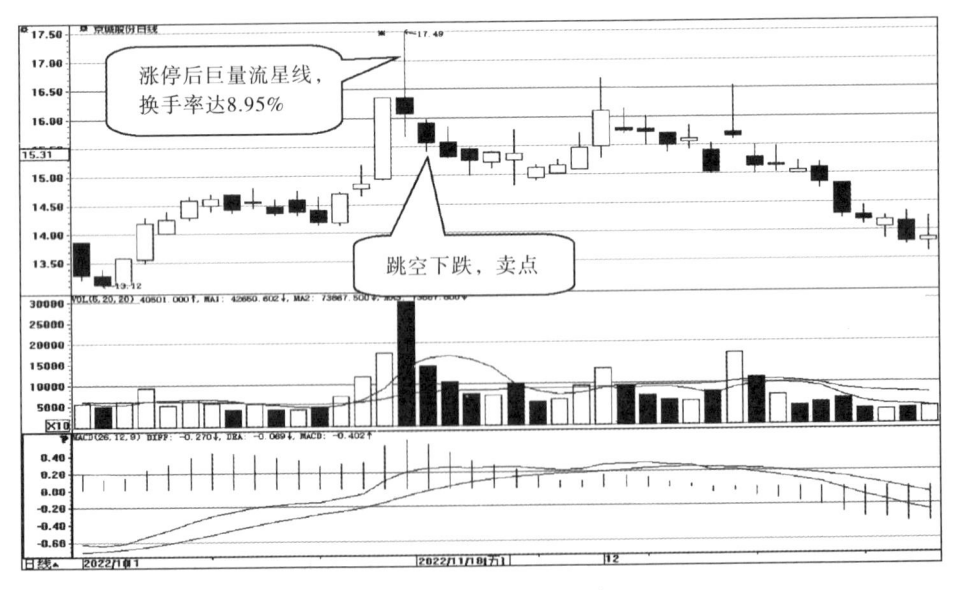

图3-1 京城股份日K线

3.1.2 如何判断天量与地量

投资者在股市中经常会听到或者看到"放出天量""天量见天价""地量成交"等词语，但是何为天量？何为地量？到底多大的成交量才算天量呢？多小的成交量才算地量呢？

对于天量和地量，有以下两个判断标准。

（1）绝对量。如果某个交易日创下了历史上的最大成交量，那么就可称之为天量；如果某个交易日创下了历史上的最小成交量，那么就可称之为地量。

（2）相对量。如果某个交易日创下了这轮行情或者某段较长时间（如一年）以来的最大成交量，这个成交量就可以称为天量；如果创下了这轮行情或者某段较长时间以来的最小成交量，就可以称为地量。

一般来说，大幅上涨后的天量，预示着股价即将见顶；大幅下跌后的地量，预示着股价可能已经见底。

不过在实战中，投资者应注意，在牛市中，见到天量可以暂时卖出，规避风险。如果后市股价能够继续走强，可以再次入场。但是在熊市中，见到地量最好不要急于买入，而应等待进一步的见底信号。这是因为在熊市中，往往是地量之后还有地量，投资者过早入市的话，很容易被套在半山腰上。

关于天量与地量的实战技巧，我们在后面的章节中将进行详细解读。

3.1.3 密集成交区的支撑与阻力

密集成交区是指在股价的上涨或下跌过程中，成交量相对比较集中的区间或者价位。

密集成交区的形成有两种方式：一种是一个价位出现了巨量成交，即靠"量"堆积出来的；另一种是股价在一个区间出现了较长时间的盘整，即靠

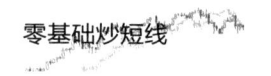

"时间"堆积出来的。

一般来说，密集成交区对股价有强烈的支撑或者阻力作用。当股价处于密集成交区上方时，密集成交区对股价构成支撑；当股价处于密集成交区下方时，密集成交区对股价构成阻力。

如图3-2所示，2023年2月上旬，汇通能源（600605）在涨至12元附近时在一定时间内放量震荡，形成了一个密集成交区。3月下旬，该股股价突破前期高点后出现回落，当价格回落至这个密集成交区时，获得明显支撑，构成了一次买入时机。

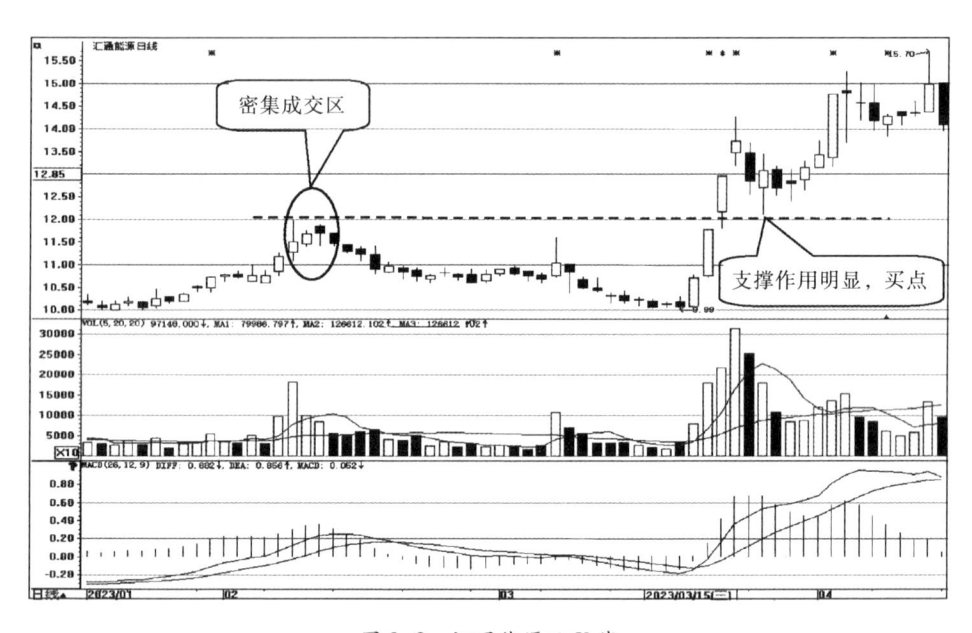

图3-2 汇通能源日K线

如图3-3所示，2022年4月下旬，外服控股（600662）形成一个密集成交区（股价继续下跌后成为套牢区）。5月30日，该股股价回升至这一区域时，受到明显阻力。这一密集成交区也成为投资者判断卖点的重要依据。

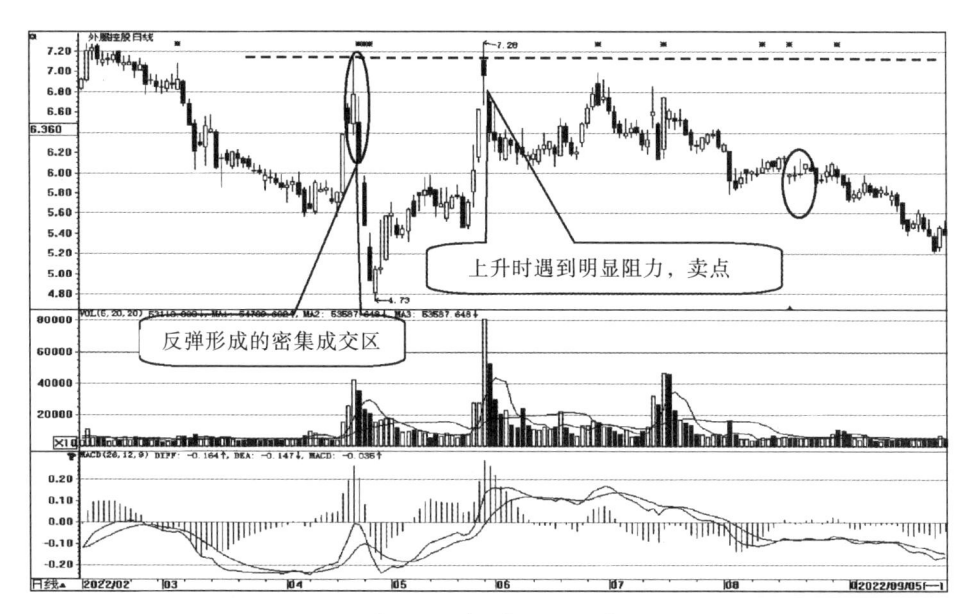

图 3-3　外服控股日 K 线

实战经验

短线重"势",而成交量就是"势"的直接体现。凡事过犹不及,成交量放大是好事,但是如果过度放大(或高位放量),投资者就要小心可能的变盘。另外,投资者需要注意,价格的变化更重要,成交量只能作为重要的辅助指标来使用。

3.2 发出买入信号的价量关系

3.2.1 价升量增

价升量增,是指在股价上升的同时,成交量也逐步放大。价升量增多出现在上涨行情的初期。当股价结束筑底并开始回升时,虽然卖盘逐步增多,但是买盘更加踊跃,并推动股价不断上涨。

价升量增是非常健康的量价配合走势。如果将成交量比作汽车的油门，那么价升量增就好比汽车在行驶中，油门也在不断加大，汽车跑起来动力十足。尤其在股价长期下跌之后出现的价升量增走势，是非常强烈的买入信号。

如图3-4所示，2021年2月初，大西洋（600558）的股价创下了新低。之后，该股市场人气逐步积聚，换手逐渐活跃，该股出现了价升量增的走势，表明资金开始持续入场。

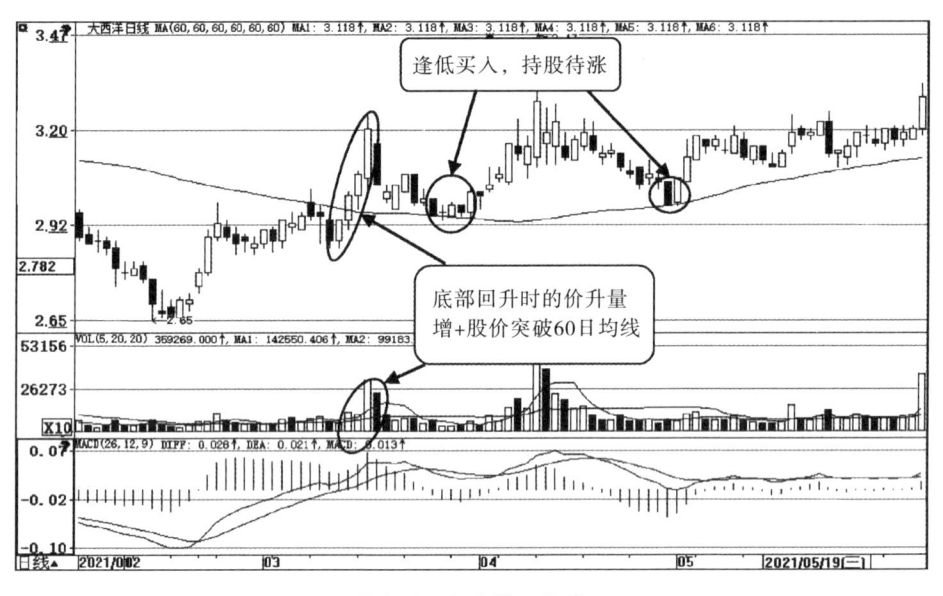

图3-4　大西洋日K线

3.2.2　价跌量减

价跌量减是指在股价下跌的同时，成交量也在逐步缩减。

如果此前市场的整体趋势是向上的，此时的价跌量减往往是价量配合的理想表现，说明投资者普遍看好后市，惜售心理明显，筹码锁定良好，一旦调整到位，股价将继续此前的上涨趋势。

如图3-5所示，从2022年12月下旬至2023年3月初，恒源煤电（600971）的股价处于上涨趋势中。2023年2月2日，该股股价在达到阶段性高点之后开始回调，同时成交量也逐步缩减，形成了上涨趋势中的价跌量减走势。2月20日，该股在短暂回调之后再次放量上涨，延续原来的上涨走势。投资者可以积极买入。

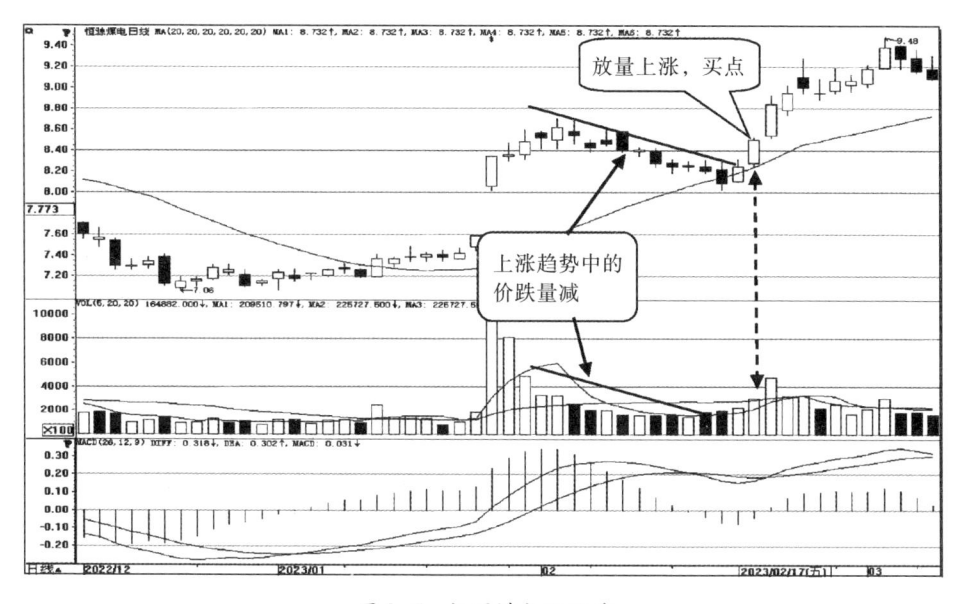

图 3-5　恒源煤电日 K 线

投资者需要注意的是，在熊市中，随着股价的不断下跌，被套牢的投资者不愿割肉，而空仓资金不愿入场，也会出现价跌量减的走势。此时的价跌量减，是熊市的正常量价特征，并非买入信号。

3.2.3 地量地价

上文中提到，大幅下跌后的地量，预示着股价可能已经见底。在股市中，也有"地量见地价"的股谚。不过投资者需要注意，并不是一出现地量就意味着出现了地价，有时地量之后还有地量，地价之后还有地价。

因此，投资者应该等地量真正成为地价时再入场。在出现地量之后，如果股价开始回升，成交量开始温和放大，或者其他技术指标也出现了看涨信号，此时投资者可以逐步买入。

如图3-6所示，2021年12月，华能水电（600025）的股价持续下跌并创出了新低，同时成交量不断缩减也创出了新低，形成了"地量见地价"的走势。它表明熊市的下跌动能已经得到了相当的释放，股价接下来有可能进入熊市筑底阶段。之后的4个月里，该股股价在底部不断震荡筑底，投资者可以逢低买入。

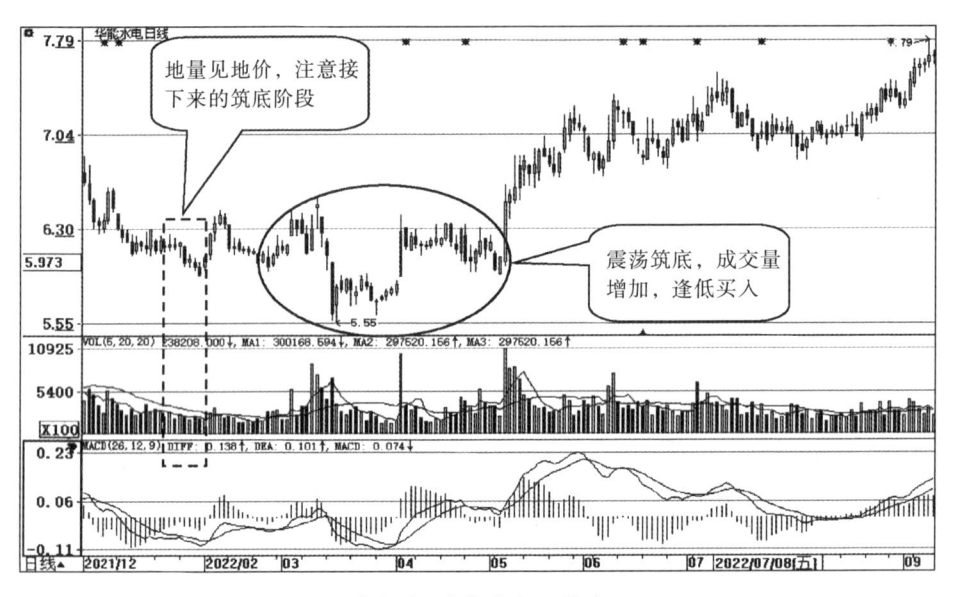

图3-6 华能水电日K线

实战经验

良好的量价关系，反映了股价走势健康。当成交量发出买入信号时，投资者面对的往往是一个比较宽泛的买入区域，此时就需要投资者结合盘面、K线形态、技术指标等工具，来把握具体的买入时机。

3.3 发出卖出信号的价量关系

3.3.1 价升量减

价升量减，是指股价在上升的同时，成交量却在不断缩减。价升量减多

第 3 章 看懂价量关系

出现在上涨行情的末期。当股价有了很大涨幅后，投资者普遍比较惜售，都在持仓等待更高的价位。而此时买盘也日益减少，股价的上涨更多的是依靠惯性。

价升量减，是价量背离的重要表现形式。就好比汽车在行驶中，油门不断减小。尤其在股价长期大幅上涨之后出现的价升量减走势，是非常强烈的见顶信号。

当股价经过大幅上涨后，出现价升量减的走势时，投资者可以不必急于卖出，因为目前股价毕竟仍在惯性上涨。一旦股价出现滞涨等见顶情形，投资者应立即卖出离场。

如图 3-7 所示，从 2022 年 6 月中旬到 8 月下旬，深天马 A（000050）的股价总体持续上涨，但成交量却呈现出不断缩减的态势，形成价升量减态势。它预示着股价正在构筑中长期顶部，上涨动能逐步削弱，投资者要保持警惕，注意及时出场。2022 年 8 月 19 日，K 线在高位形成看跌吞没形态，卖点出现。

图 3-7　深天马 A 日 K 线

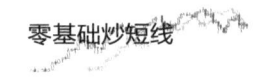

3.3.2 价跌量增

价跌量增，是指在股价下降的同时，成交量反而在不断放大。价跌量增也是价量背离的一种表现形式。根据其出现的不同位置，价跌量增有两种不同的应对方法。

1. 股价高位时的价跌量增

当股价处于高位区域时，尤其是当股价处于明显的滞涨状态后，一旦走势出现价跌量增的情形，往往是强烈的看跌信号。它表明获利筹码开始疯狂杀跌出局，仍然持股的投资者要注意立即出场。

如图3-8所示，从2022年2月21日开始，海螺水泥（600585）的股价在高位滞涨一段时间后下跌，而成交量却不断增加，形成了高位价跌量增的走势，同时股价跌破60日均线。这表明获利筹码开始杀跌出局，投资者要注意立即出场。

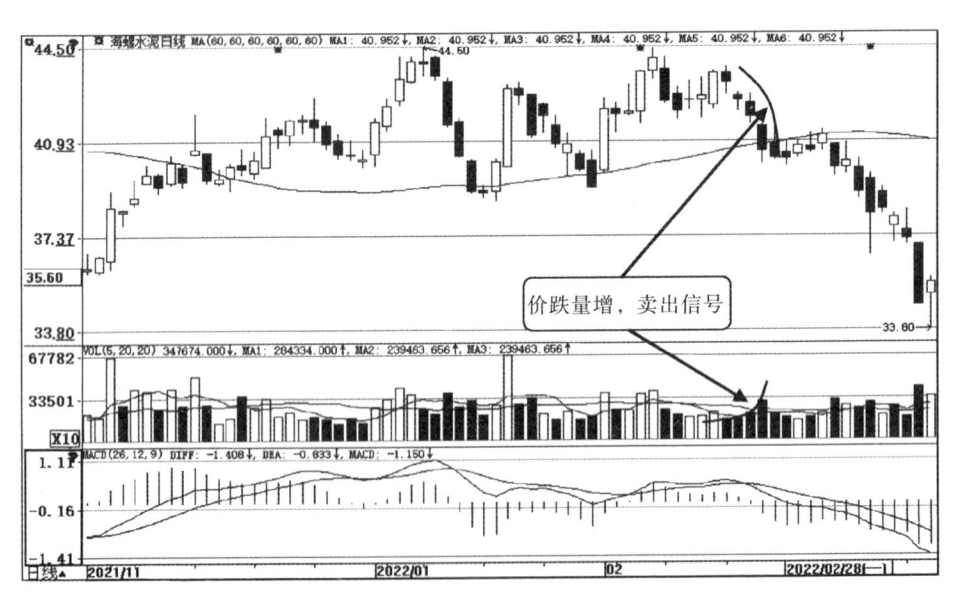

图3-8 海螺水泥日K线

2. 股价低位时的价跌量增

当股价处于低位时，尤其是经过了长期大幅度的下跌之后，出现价跌量增的走势，说明虽然此时空方实力仍然强大，但是已经有资金开始在下跌中逢低买入，多方已经开始准备反击。此时的价跌量增，可能是空方力量的最后释放，这是股价见底的信号之一。投资者可以保持密切关注，如果后市股价出现明显的企稳走势，可以择机入场。

如图3-9所示，2022年10月，广汇物流（现ST广物，600603）的股价持续下跌，成交量持续放大，形成价跌量增的态势。这表明市场此时空方实力仍然强大，但是已经有资金开始在这种下跌中逢低买入，多方已经开始准备反击。之后一个月里，股价在底部逐渐企稳，投资者可以伺机买入。

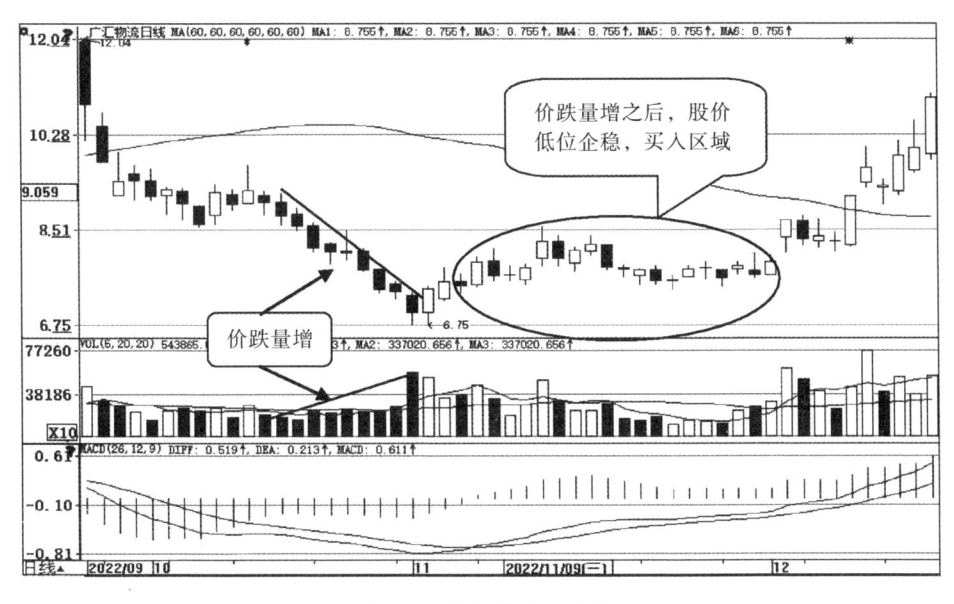

图 3-9 广汇物流日 K 线

3.3.3 放量滞涨

放量滞涨，是指在成交量明显放大的同时，股价走势却没有相应大涨，反而比较疲软。对于短线投资者来说，放量滞涨是一个非常明显的卖出信号。

股价经过大幅上涨后，尤其是在出现利好消息的情况下，放量滞涨往往是主力出货造成的。因此，当投资者看到股价在高位出现放量滞涨时，应尽早离场。

如图 3-10 所示，2022 年 5 月，长春一东（600148）放量上涨，但股价在经过一波上涨走势之后，在高位开始放量滞涨。6 月 13 日，成交量再创单日新高，但价格明显欲振乏力。之后两个交易日，K 线再次形成两根阴线。与此同时，MACD 指标形成死叉。这表明市场下跌动能正在积聚，股价接下来有较大可能出现一波下跌走势。投资者要注意果断卖出。

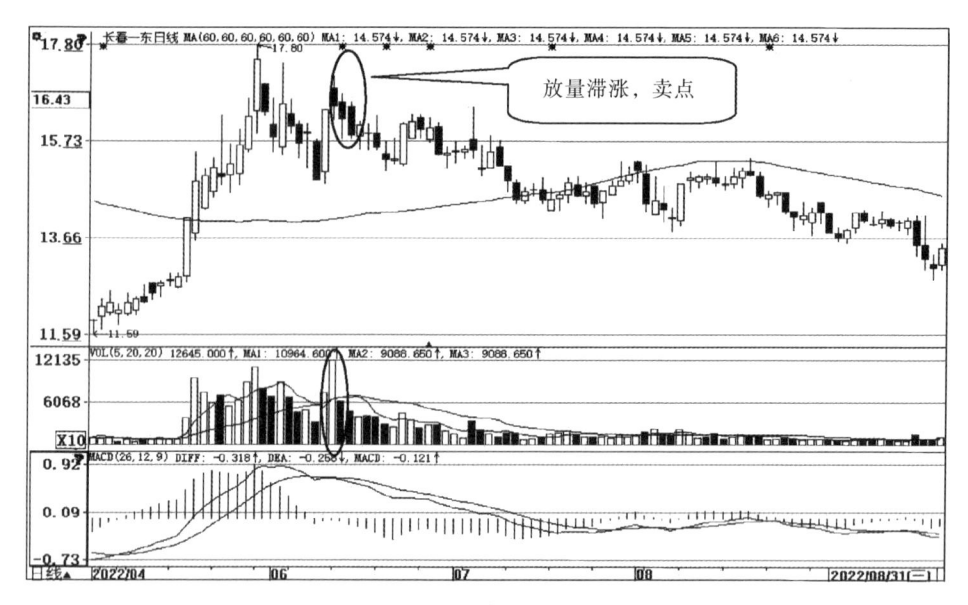

图 3-10 长春一东日 K 线

在某些时候，例如股价阶段性涨幅不大，尤其是突破某个重要阻力位时，也会出现放量滞涨的情况。此时主力出货概率不大，更可能是在利用震荡清洗浮筹，洗盘结束后股价仍将继续上涨。不过对于短线投资者来说，这种震荡洗盘的走势，也是应该规避的。这种情况下，投资者应该先卖出观望，等洗盘结束、股价重新走强时，可以再次入场。

3.3.4 天量天价

天量天价，是指股价在创出新高的同时，成交量也创下了天量。一般来说，股价放量创出新高，往往说明上涨动力充沛，意味着股价还可以看高一线。不过，如果成交量放得太大，尤其是突然放出天量，这时的天量天价就需要引起投资者的高度警惕。

如果天量天价出现在一段大幅上涨行情之后，那么此时的天量意味着股票的大量换手，机构出货可能性很大。短线投资者应在天量出现日将股票全部卖出。如果后市股价无法上涨至天量价位，即"天量见天价"，就说明机构出货得到确认，股价已经到达顶部。

如图 3-11 所示，2022 年 11 月 30 日，大龙地产（600159）的股价创出了新高，同时其成交量也创出了新高，二者形成"天量见天价"的大阴线。这样的形态表明主力正在集中出货，投资者要注意及时出场。

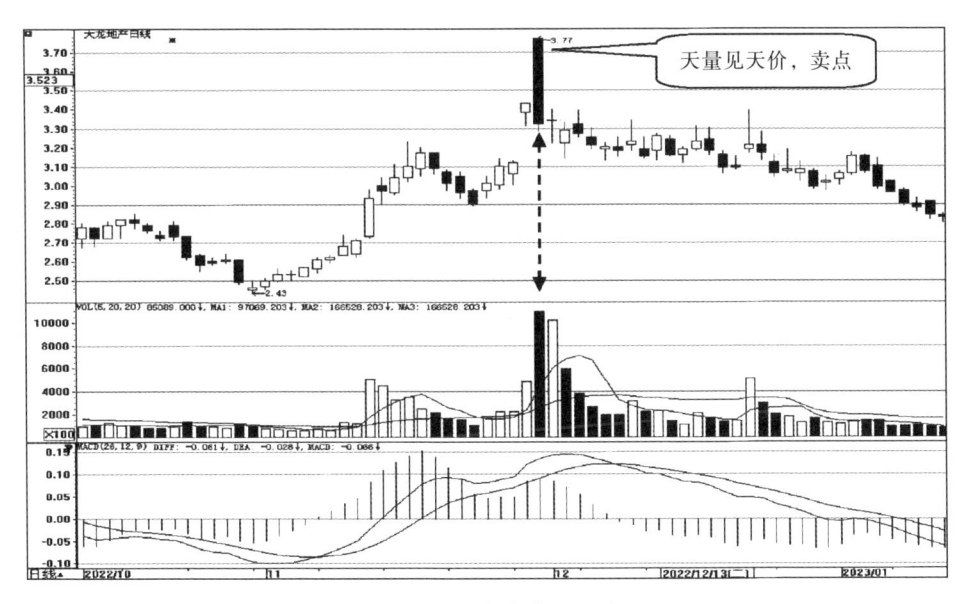

图 3-11　大龙地产日 K 线

另外，即使机构并没有出货，短线投资者仍应在天量出现时进行减仓操作。这是因为，天量意味着筹码不稳定，同时有很多短线资金进入，机构需要在洗盘之后才会进行再次的拉升。

第 4 章

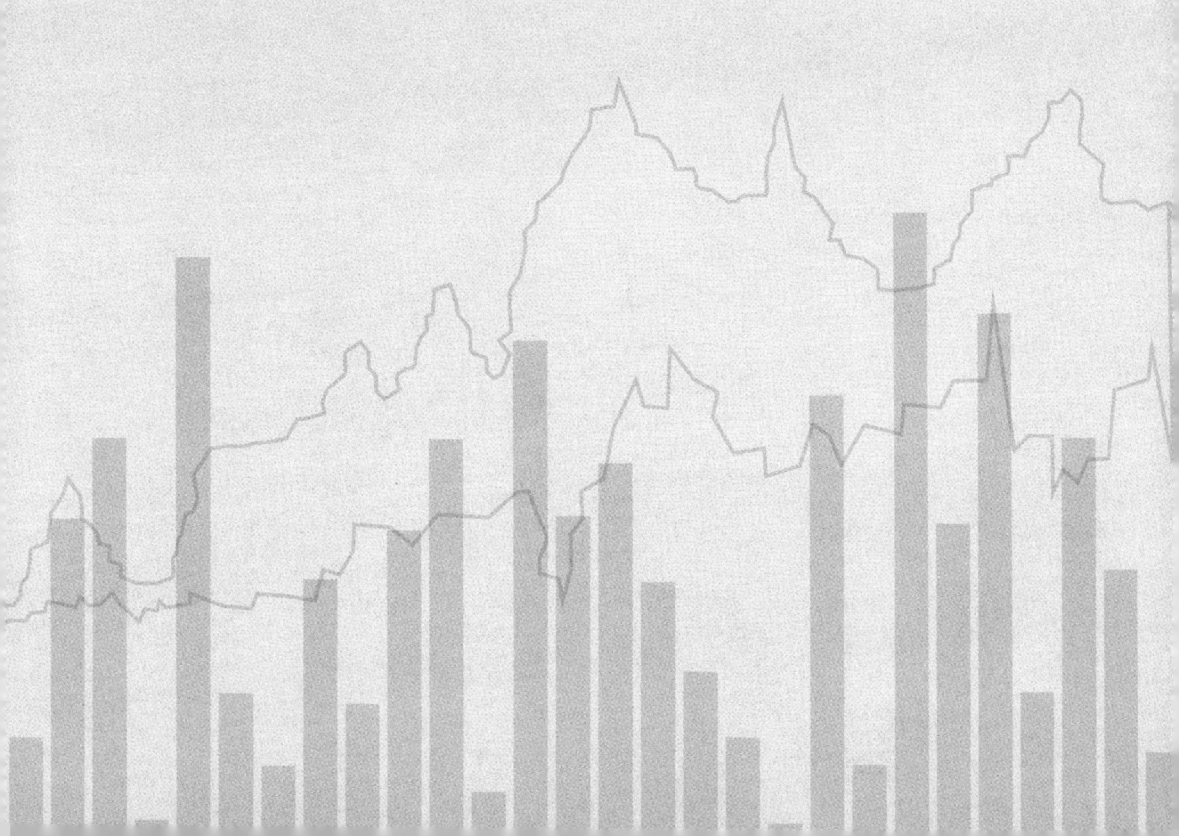

看清技术指标

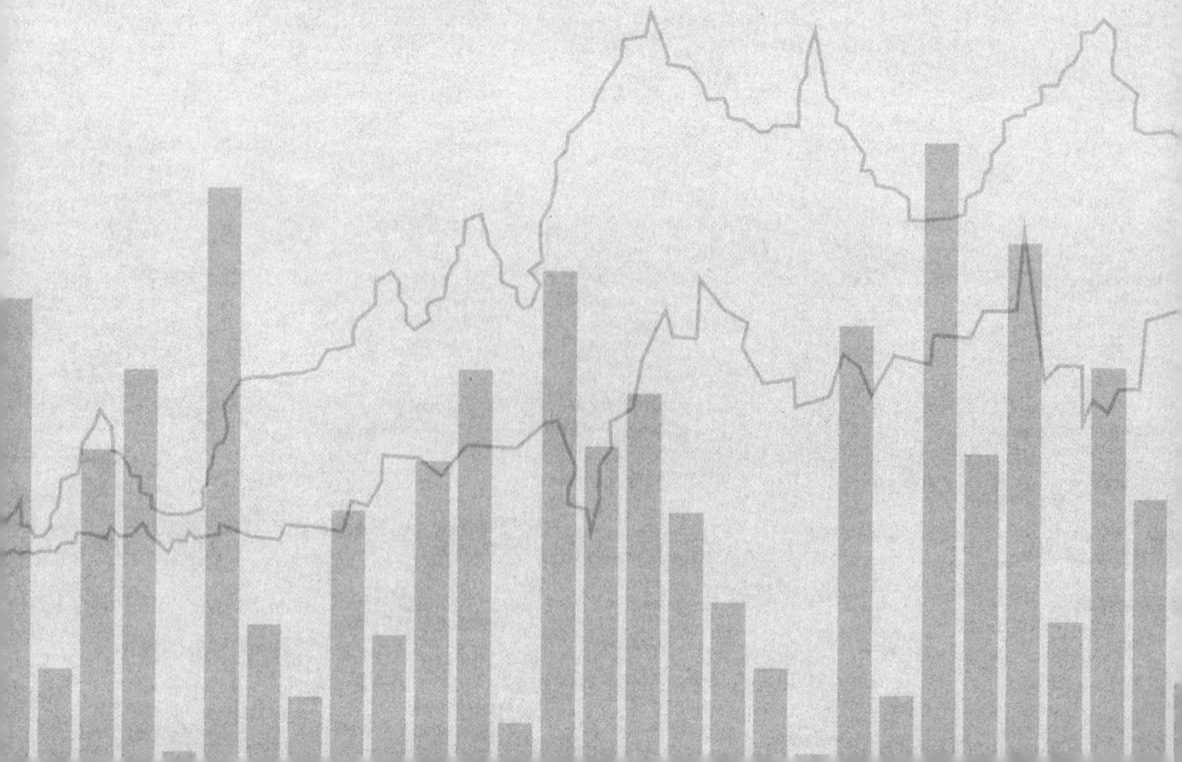

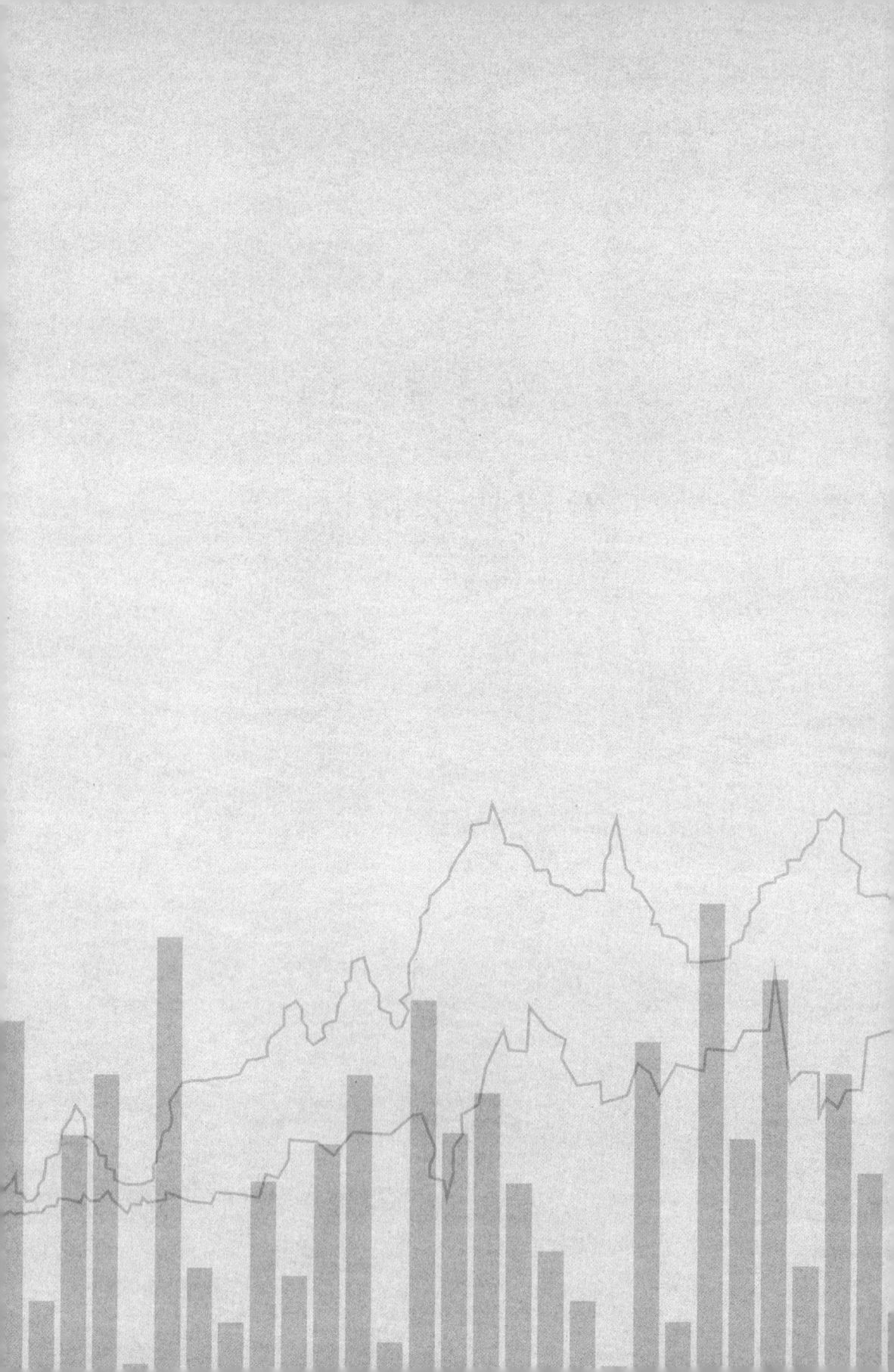

4.1 移动平均线的买卖点

移动平均线（MA）简称均线，是最常用的技术指标，其计算方法非常容易理解。例如，5日线，就是将当日收盘价与此前4个交易日的收盘价作为计算对象，计算这5个交易日收盘价的平均值，就得出当日的5日均价。每个交易日均重复这一计算过程，然后将这些均价连起来，就构成了5日线（当日开盘后收盘前的5日线中的收盘价格，按照当时的实时价格计算）。

其他诸如10日线、20日线、10周线等均线，其计算过程与5日线相同。只要设定好时间段，炒股软件都会自行画出相应的均线。

4.1.1 均线对股价的支撑与阻力

1. 均线对股价的支撑

一般来讲，当股价运行在均线上方时，均线会对股价产生一定的支撑作用，如果股价在回调至均线处时止跌回升，说明支撑有效，买点出现，此时投资者可以抓住时机积极跟进。

如图4-1所示，2022年11月25日和28日，泉阳泉（600189）股价冲高回落到30日均线附近，都形成锤子线形态。该形态说明30日均线对股价形成了有效的支撑，未来股价还会继续上涨。11月29日，股价高开高走，上涨动能启动，投资者要注意及时买入。

如图4-2所示，2023年2月底至3月初，锦州港（现ST锦港，600190）的股价短暂回落到30日均线附近，但随后获得了支撑，缓缓平移。这样的形态说明30日均线对股价形成了有效的支撑，未来股价还会继续上涨。3月7日，股价放量上涨，印证了之前的判断，投资者要注意趁机买入。

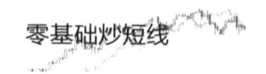

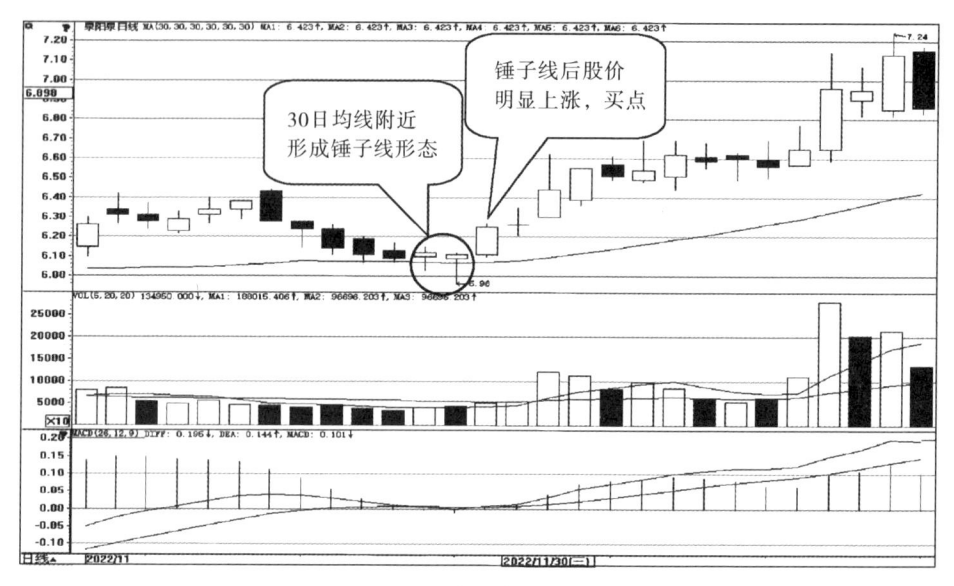

图 4-1　泉阳泉日 K 线

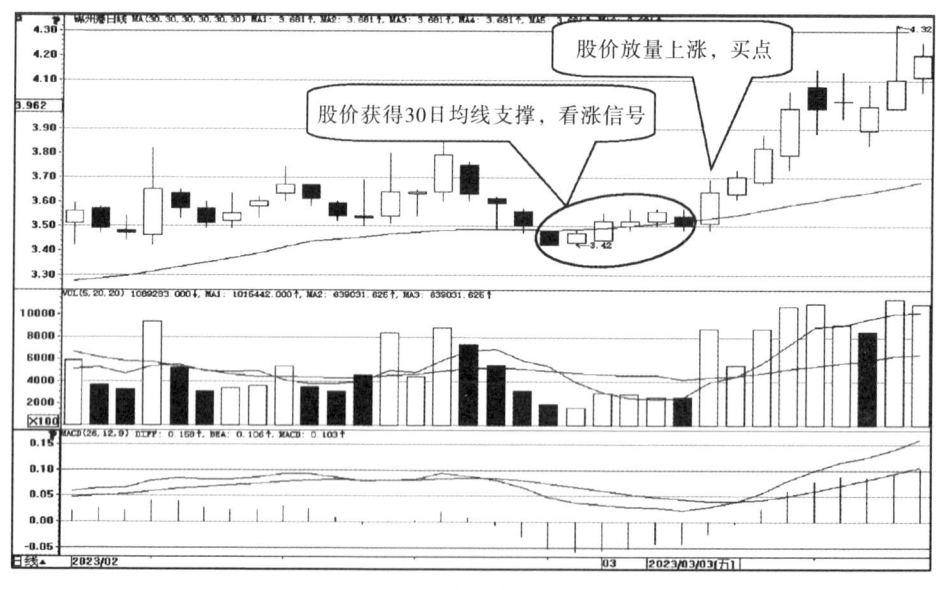

图 4-2　锦州港日 K 线

2. 均线对股价的阻力

当股价运行在均线下方时，均线对股价具有一定的阻力作用。如果股价上升至均线处遇阻回落，说明阻力有效，投资者应该抓住时机及时卖出。

如图4-3所示，2023年4月初，伊力特（600197）股价反弹到30日均线后遇到明显阻力。4月4日，股价在均线附近形成孕育形态。这样的形态说明多方无力继续拉升股价，未来股价将在空方的打压下持续下跌。4月6日，股价低开继续下跌，卖点出现，投资者要注意把握。

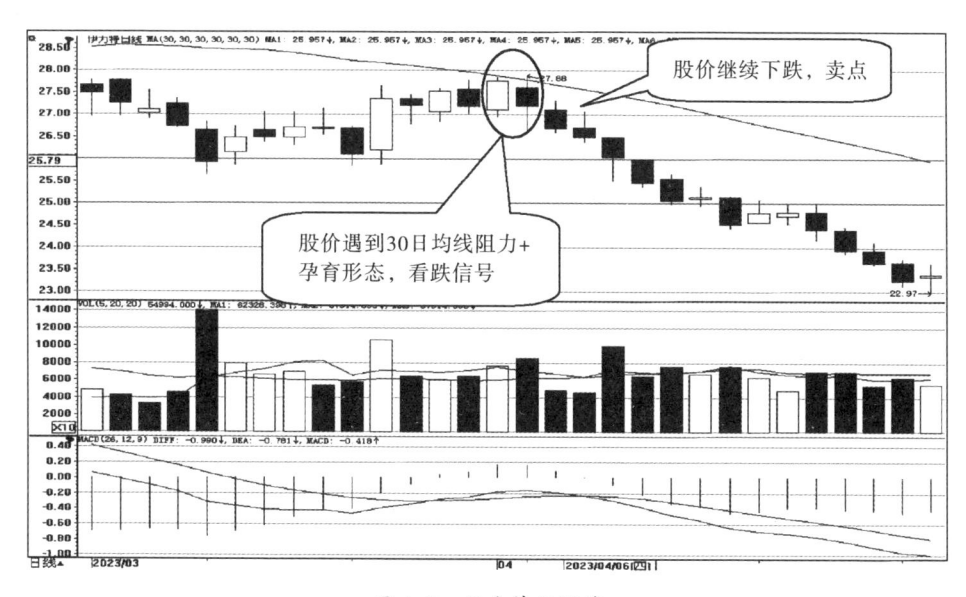

图 4-3 伊力特日 K 线

短线投资者在根据均线选择买卖点时，可以根据自己的喜好和经验进行均线指标的选择。一般来说，周期越长的均线对股价的支撑与阻力作用越明显。

4.1.2 股价对均线的上下突破

1. 向上突破均线

当股价自下而上穿过某条均线时，预示着股价趋势开始向上，发出买入信号。股价所突破均线的周期越长，看涨信号就越强烈。

在突破均线后，股价有时会回落至均线附近。此时如果股价获得均线支撑继续上涨，就称为"回调确认突破的有效性"。因此，股价向上突破均线

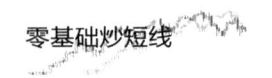

时，包含以下两个买点。

买点1：股价向上突破均线时。

买点2：股价对均线回调确认完毕。

如果股价突破均线后持续上涨，没有出现回调确认的过程，那么此时就只有买点1，而没有买点2。

如图4-4所示，2023年3月22日，福日电子（600203）的股价突破其30日均线。这个形态是看涨买入信号，此时是第一个买入时机。

3月31日，股价回抽到30日均线后获得明显支撑，在均线上方形成锤子线形态。这次回抽是对之前突破形态的确认，此时第二个买入时机出现（谨慎一些的投资者可在锤子线形成的次日买入）。

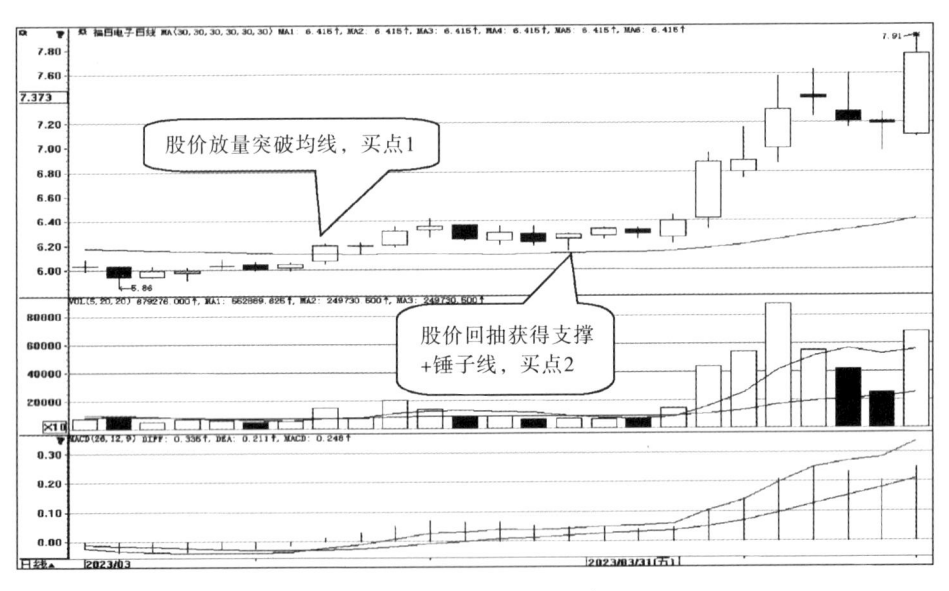

图 4-4　福日电子日 K 线

2. 向下跌破均线

当股价自上而下跌破某条均线时，就预示着股价趋势将要向下，发出卖出信号。与股价向上突破类似，股价所跌破均线的周期越长，其看跌信号就越强烈。

与向上突破均线相同，股价跌破某条均线后，有时会向均线处靠拢。如果股价遇到阻力继续下跌，就称为"回抽确认跌破的有效性"。因此，股价跌破均线也包含两个卖点。

卖点1：股价跌破均线时。

卖点2：股价回抽确认完毕。

股价跌破均线后，有时并没有回抽确认的过程，此时就只有卖点1，而没有卖点2。

如图4-5所示，2023年3月13日，西藏珠峰（600338）的股价跌破其30日均线。这是一个看跌卖出信号，此时形成第一个卖出时机。

2023年3月28日，股价反弹到均线位置时遇到阻力下跌。这次回抽是对之前看跌信号的确认，此时该形态的第二个卖出时机出现。

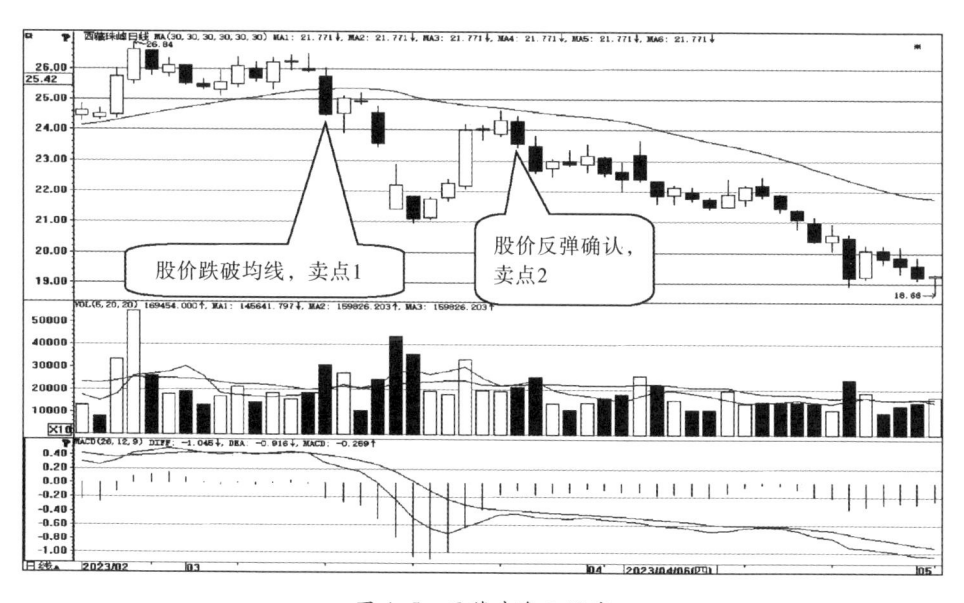

图4-5　西藏珠峰日K线

4.1.3　各条均线的黏合与发散

一般来说，在炒股软件中默认的日均线中属于短期均线的有5日线、10

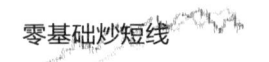

日线，属于中期均线的有 20 日线、30 日线、60 日线等。

当股价的各条短中期均线逐步缠绕在一起时，就说明股价处于长时间的横盘震荡中，同时市场的短中期成本开始保持一致。所谓"合久必分，分久必合"，此时股价一旦结束盘整状态，各条均线重新开始发散，就说明股价已经进入一个大幅度的上涨或者下跌走势中。

当均线处于缠绕状态时，投资者可以保持密切关注。一旦股价开始选择向上，同时各条均线开始向上发散，投资者可立即入场把握买入时机。

如图 4-6 所示，2022 年 12 月下旬至 2023 年 1 月中旬，中国电信（601728）的股价一直处于盘整走势，同时 5 日、13 日和 34 日均线紧密缠绕在一起。2023 年 1 月 20 日，股价放量大涨，各条均线开始向上发散，说明该股已经结束调整洗盘，开始进入大幅上涨阶段，买点出现。

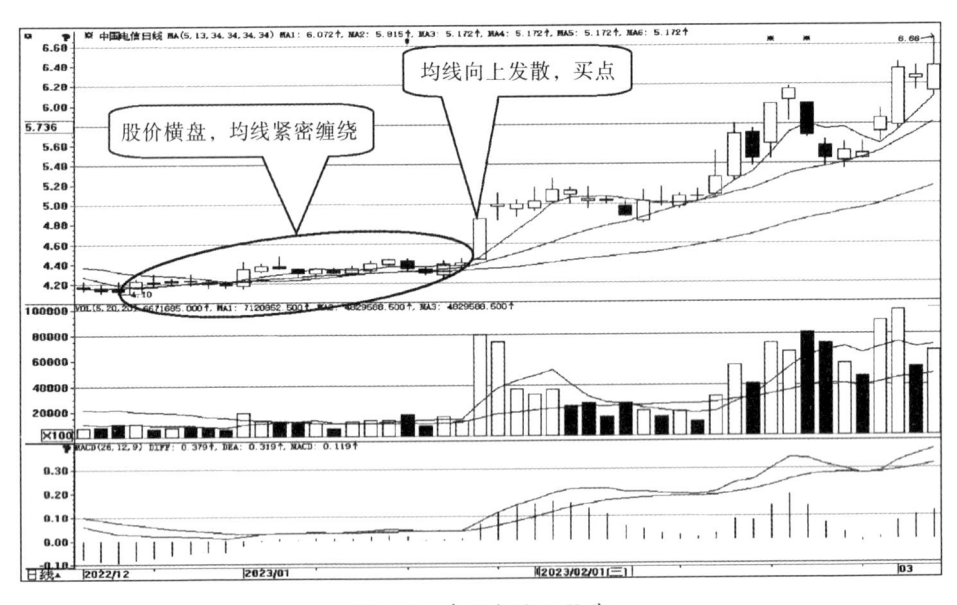

图 4-6 中国电信日 K 线

如图 4-7 所示，2023 年 1 月中旬至 3 月初，中南建设（000961，已退市）的股价处于横盘震荡之中，各条均线紧密缠绕在一起。2023 年 3 月 7 日，该股股价开始加速向下，同时各条均线开始向下发散，说明股价下跌趋势已经展开，卖点出现。

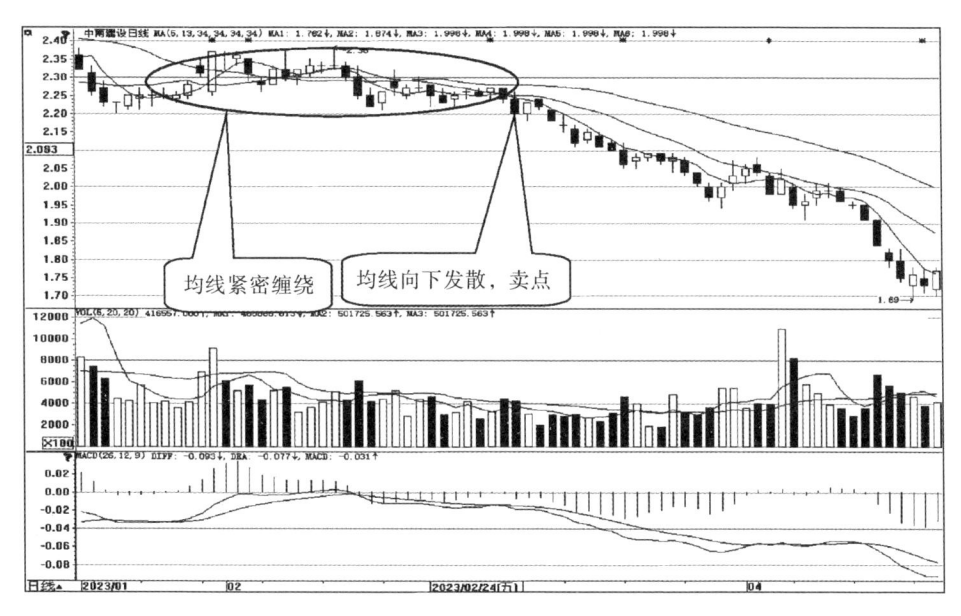

图 4-7 中南建设日 K 线

实战经验

均线的周期越长，或者股价在均线上方（下方）运行的时间越长，均线对股价的支撑或阻力作用就越明显，股价对均线的突破或跌破信号就越强。

4.2 MACD 指标的买卖点

MACD 全称平滑异同移动平均线，是由 DIFF 线、DEA 线与 MACD 柱线构成的。其中，DIFF 线是快速平均线，比较灵敏；DEA 线是慢速平均线，相对较为平缓；MACD 柱线是 DIFF 线与 DAE 线的差的两倍。MACD 柱线在零轴线上方时为红色线体，在零轴线下方时为绿色线体。MACD 指标如图 4-8 所示。

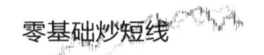

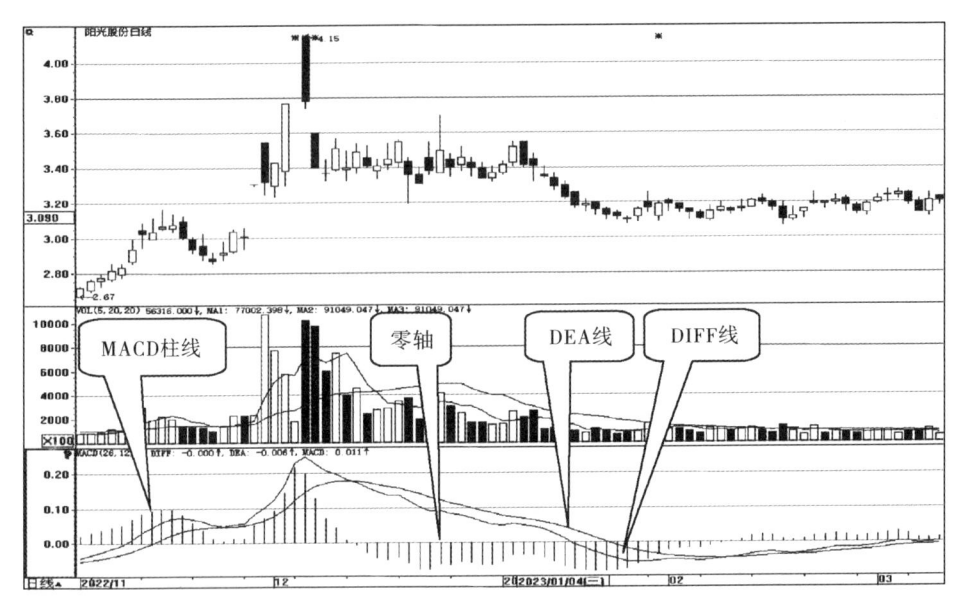

图 4-8 MACD 指标

4.2.1 DIFF 线与 DEA 线的金叉、死叉

与均线类似，投资者也可以通过 MACD 指标的金叉、死叉来把握买卖点。

MACD 指标的金叉，是指 DIFF 线自下而上穿过 DEA 线。金叉表明股价走势开始转强，发出买入信号。

MACD 指标的死叉，是指 DIFF 线自上而下穿过 DEA 线。死叉表明股价走势开始转弱，发出卖出信号。

投资者需要注意的是，MACD 指标的金叉或者死叉出现的位置不同，其所发出的信号强度也有所不同。

（1）当 DIFF 线与 DEA 线的金叉出现在零轴下方时，买入信号较弱，投资者可继续关注，或进行试探性买入。如果后续走势中出现第二次金叉，同时第二次金叉的位置要高于第一次金叉的位置，此时买入信号的可靠性较高，投资者可以进行买入操作。

如图 4-9 所示，2022 年 10 月 17 日，英力特（000635）的 MACD 指标在

零轴下方出现金叉,发出由弱转强信号,此时投资者不要急于进场。11月4日,该股的MACD指标再次出现金叉,同时此次金叉位置要高于前一次金叉的位置,表明股价上涨走势得到确认,买点出现。

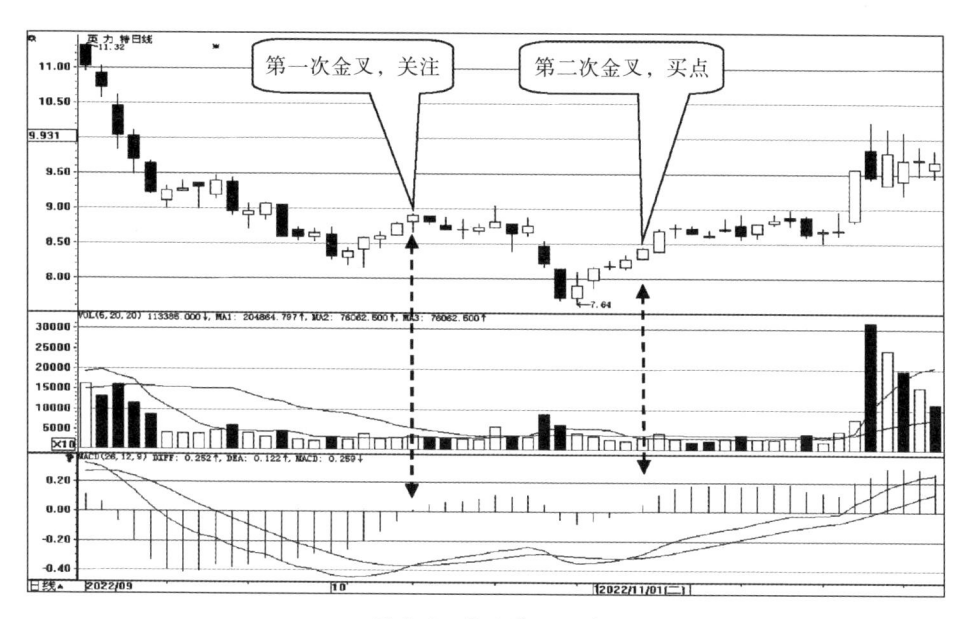

图4-9 英力特日K线

(2)当DIFF线与DEA线的金叉出现在零轴上方时,预示着股价走势依然强势,投资者可以继续持股或者买入。

(3)当DIFF线与DEA线的死叉出现在零轴上方时,预示着股价走势开始转弱,短线卖点出现。不过此时的调整可能仅仅是短期的下跌调整。至于中线是否进入调整走势,需要投资者结合K线形态、成交量等技术指标进行综合研判。

如图4-10所示,2022年5月16日,双环科技(000707)的MACD指标在零轴上方出现金叉,预示着股价将继续保持强势,发出买入信号,投资者可以持股或者买进。

6月14日,该股的MACD指标在零轴上方出现死叉,发出短线卖出信号,短线投资者可以进行卖出操作。

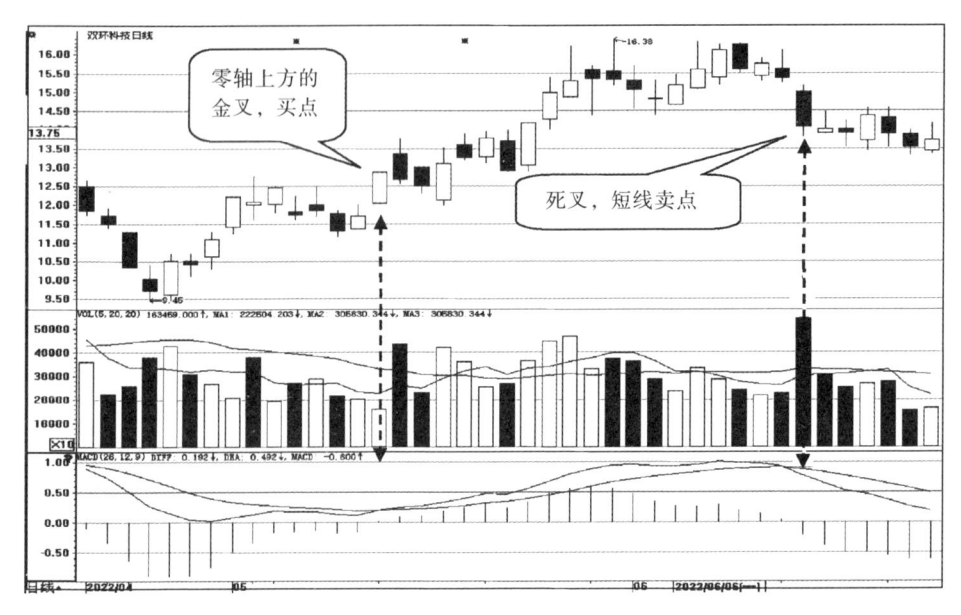

图 4-10 双环科技日 K 线

4.2.2 DEA 线对 DIFF 线的支撑、阻力

当 DIFF 线在 DEA 线上方运行时，DEA 线会对 DIFF 线产生支撑作用。当 DIFF 线出现回调时，如果没有跌破 DEA 线（或短暂跌破后很快拉回）并重新回升，就说明支撑有效，构成买入时机。

当 DIFF 线在 DEA 线下方运行时，DEA 线对 DIFF 线会产生阻力作用。当 DIFF 线出现回升时，如果没有突破 DEA 线并重新回落，就说明阻力有效，构成卖出时机。

如图 4-11 所示，2023 年 1 月 16 日，锌业股份（000751）的 DIFF 线受到 DEA 线的支撑后再次向上，形成拒绝死叉形态。这表明市场多方动能仍居主导地位并再次发力，股价接下来有较大可能出现一波上涨走势。投资者可以积极买入。

如图 4-12 所示，2022 年 8 月 16 日，英洛华（000795）的 DIFF 线受到 DEA 线的阻力作用再次向下，形成拒绝金叉形态，同时 K 线形成孕线形态。

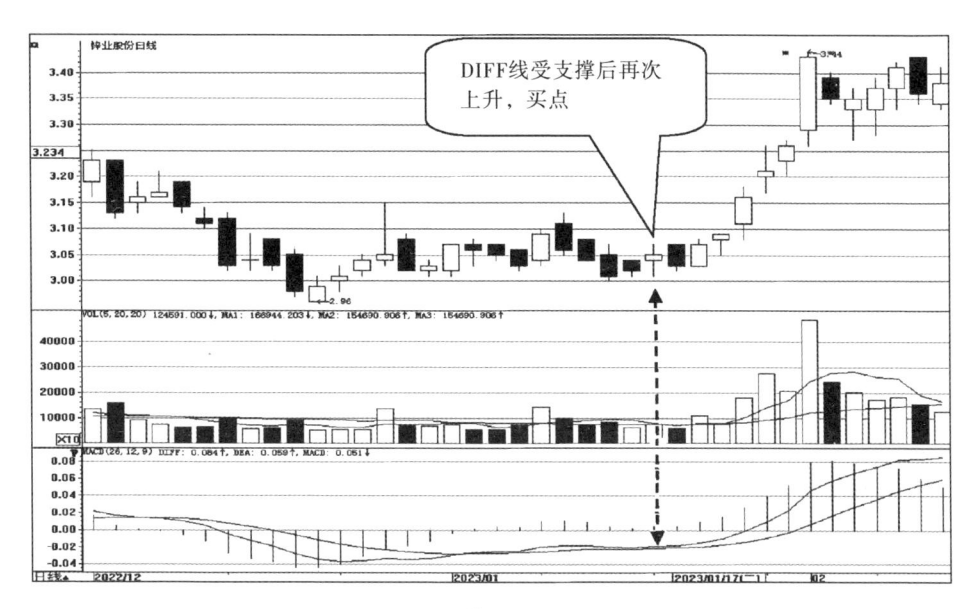

图 4-11 锌业股份日 K 线

这表明市场下跌动能再次发力,股价即将出现一波下跌走势。投资者要注意及时卖出。

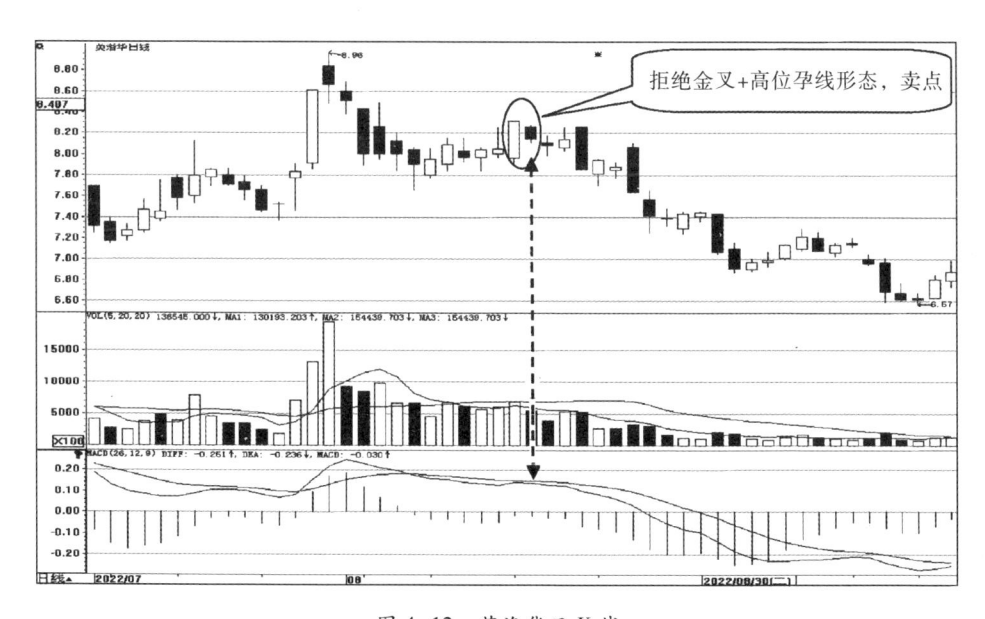

图 4-12 英洛华日 K 线

111

4.2.3 DIFF 线与股价的背离

DIFF 线与股价的背离分为顶背离和底背离两种情形。

1. 顶背离

顶背离是指在股价创出新高的同时，DIFF 线却没能同步创出新高。顶背离的出现往往预示着股价走势即将转弱。不过当顶背离出现时，投资者不用急于卖出股票，而应该参考其他技术指标（K 线形态、均线等）来选择恰当的卖点。

如图 4-13 所示，2021 年 7 月初，泰禾智能（603656）的股价创出新高，但 DIFF 线没有创出新高，形成 DIFF 线与股价的顶背离。这表明市场下跌动能正在积聚，股价有较大可能出现一波下跌走势。

7 月 6 日，股价低开低走，K 线形成高位孕线形态，更增加了下跌信号的可靠性。投资者应该及时卖出持股。

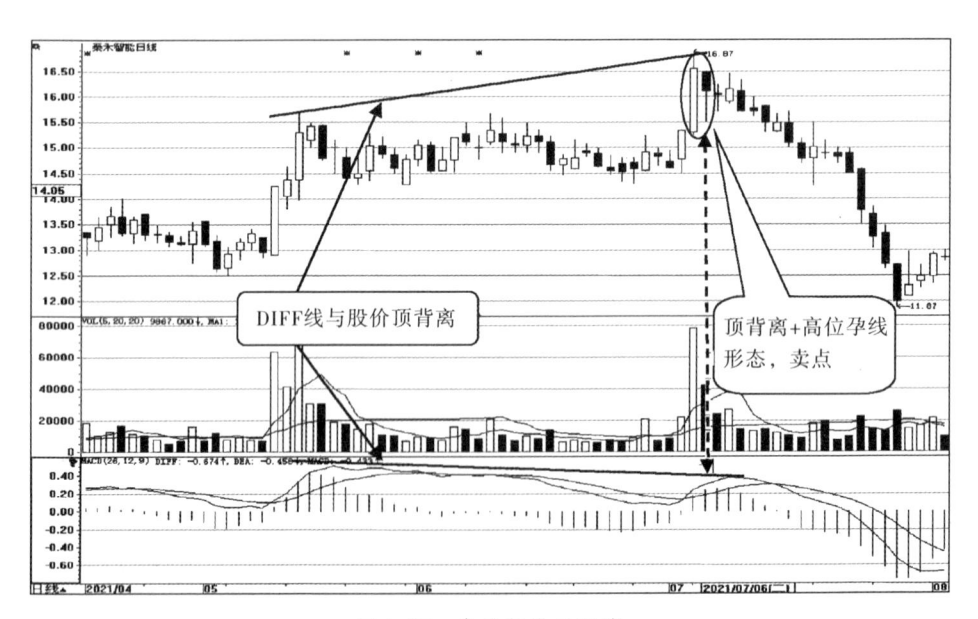

图 4-13　泰禾智能日 K 线

2. 底背离

底背离是指在股价创出新低时，DIFF 线没能同步创出新低。当底背离出现时，往往预示着股价走势即将转强。与顶背离相同，当底背离出现时，投资者可以不用急于买进，而应结合 K 线形态等其他技术指标来找合适的买入时机。

如图 4-14 所示，2022 年 12 月底，美格智能（002881）的股价创出新低，而 DIFF 线没有创出新低，形成了 DIFF 线与股价的底背离形态。这表明市场上涨动能正在积聚，股价有较大可能出现一波上涨走势。2023 年 1 月 4 日，MACD 指标出现金叉，更增加了看涨信号的可靠性，投资者可以积极买入。

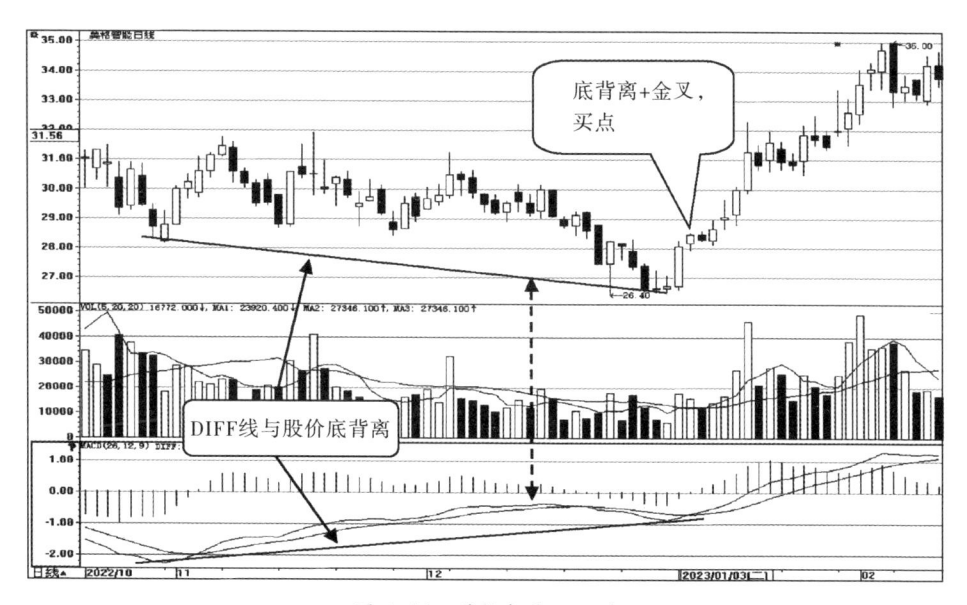

图 4-14 美格智能日 K 线

实战经验

投资者要注意将 MACD 指标的这些形态（金叉、死叉、背离等）结合起

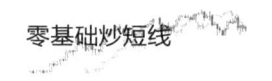

来使用，以提高判断的准确性。例如，底背离之后的金叉，其买入信号自然会比较可靠。

4.3 KDJ 指标的买卖点

KDJ 指标也称随机指标，是一个常用的短线指标。KDJ 指标由 3 条指标线组成，分别是指标线 K、指标线 D 和指标线 J。其中，指标线 J 最为灵敏，其次是指标线 K，最后是指标线 D。KDJ 指标如图 4-15 所示。

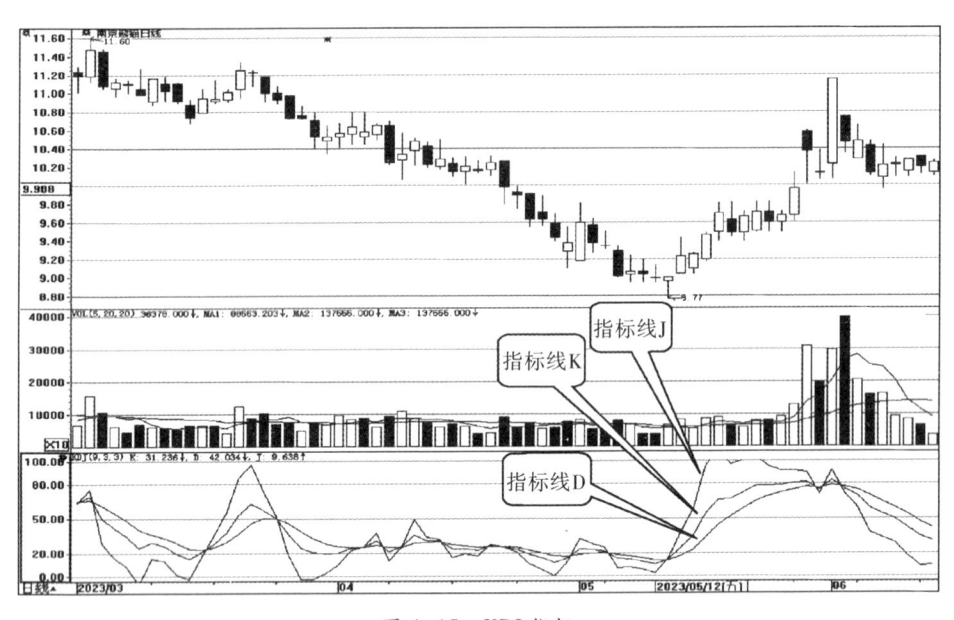

图 4-15 KDJ 指标

在实战中，投资者可以通过 KDJ 指标的超买超卖、指标线 K 与指标线 D 的金叉与死叉、指标线 K 与股价的背离这三个方面来判断买卖信号。

4.3.1 指标的超买与超卖

当 KDJ 指标的 K 值或 D 值大于 80 时，说明股价处于超买状态，即股价的上涨已经超出了买方的实力，预示着股价随时可能回落。

当 KDJ 指标的 K 值或 D 值小于 20 时，说明股价处于超卖状态，即股价的下跌已经超出了卖方的实力，预示着股价随时可能回升。

在这里，由于指标线 J 过于灵敏，经常发出无效信号，投资者在研判 KDJ 指标的超买和超卖时，不用过多考虑指标线 J，可以将其作为一个警告信号来使用。

如图 4-16 所示，2022 年 12 月下旬，经过前期下跌，海通证券（600837）KDJ 指标中的指标线 K 进入超卖状态，发出看涨信号。这个形态表示空方力量已经强盛到极致，后续力量不足，股价继续下跌的空间已经很小，一旦多方力量复苏，股价有望被持续拉升。看到这个形态，投资者可以伺机买入股票，建立仓位。

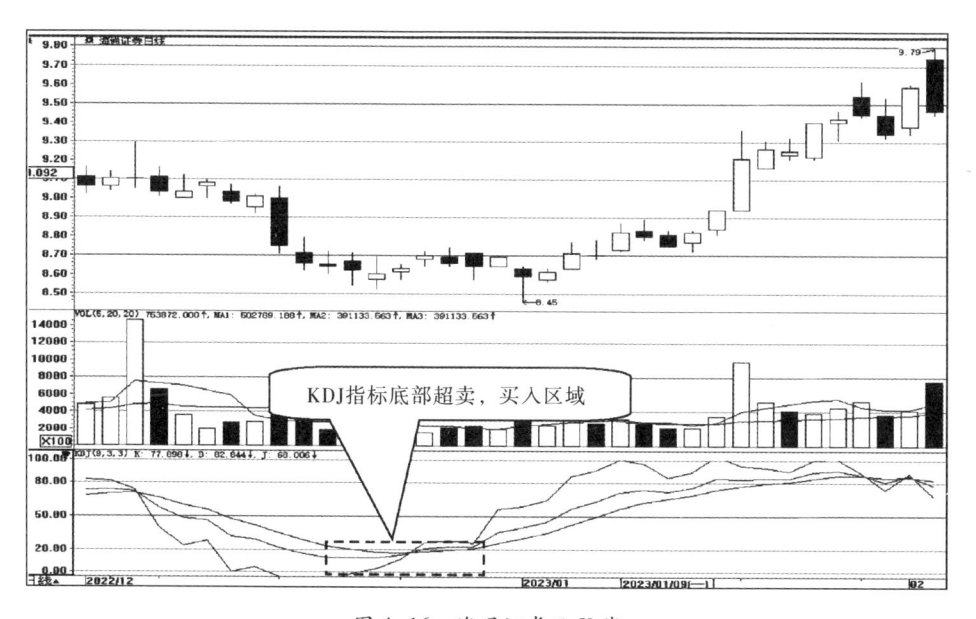

图 4-16　海通证券日 K 线

当 KDJ 指标出现超卖或者超买情形时，为了提高交易准确率，投资者可以同时参考 K 线形态等其他指标，来把握具体的买入时机。

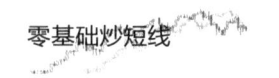

4.3.2 K线对D线的金叉、死叉

1. 金叉

当指标线 K 自下而上穿过指标线 D 时，出现金叉，发出买入信号。若金叉发生在 20 以下的超卖区域，那么买入信号的准确性将更高。

如图 4-17 所示，2023 年 1 月 20 日，经过一波下跌后，同济科技（600846）的股价走势图中，KDJ 指标出现超卖区的黄金交叉。这个信号表明多方力量在强势拉升股价，由此发出看涨信号，预示着股价即将进入上涨行情。投资者可以在 KDJ 指标出现黄金交叉时买入股票。

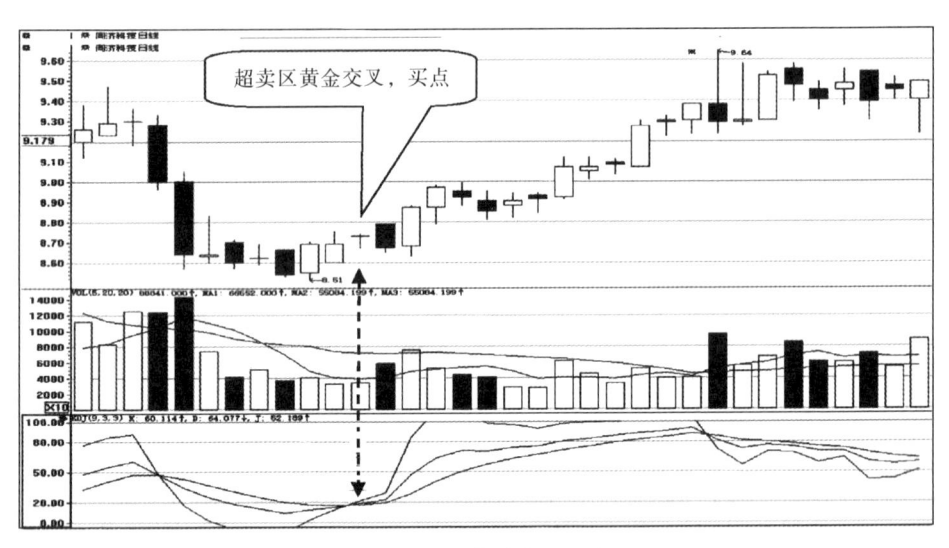

图 4-17 同济科技日 K 线

2. 死叉

当指标线 K 自上而下穿过指标线 D 时，形成死叉，发出卖出信号。若死叉出现在 80 以上的超买区域，那么卖出信号将更加准确。

如图 4-18 所示，从 2022 年 10 月中旬开始，中航高科（600862）的股价经历了一波上涨。2022 年 10 月 27 日，KDJ 指标出现了超买区死亡交叉，这表明空方力量骤然增强，开始打压股价进入下跌行情，并发出卖出信号，此时投资者应及时卖出股票。

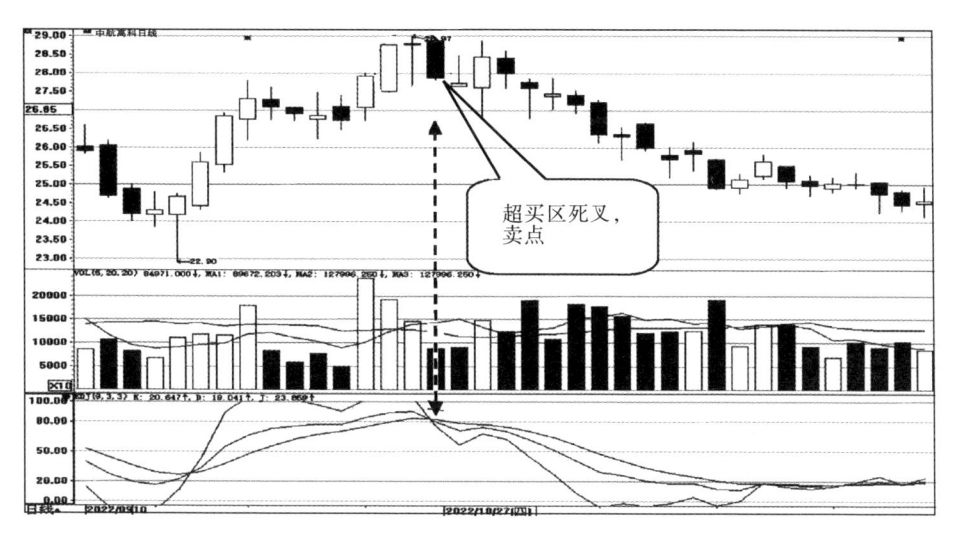

图 4-18 中航高科日 K 线

4.3.3 指标线 K 与股价的背离

1. 顶背离

指标线 K 与股价的顶背离，是指当股价创出新高时，K 值并没有同步创出新高。顶背离发出了股价即将见顶的信号。

当顶背离出现时，投资者应保持高度警惕。此时如果其他技术指标（如 K 线形态、均线、成交量等）同样出现卖出信号，投资者应果断进行卖出操作。

如图 4-19 所示，2023 年 2 月，新天绿能（600956）股价创出阶段高点，与此同时，KDJ 指标中的指标线 K 却在不断降低，从而与股价的走势形成顶背离，预示着股价的上涨走势将要终结。2 月 15 日，顶背离之后 KDJ 指标形成死叉，卖点出现。

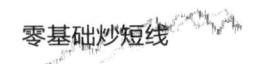

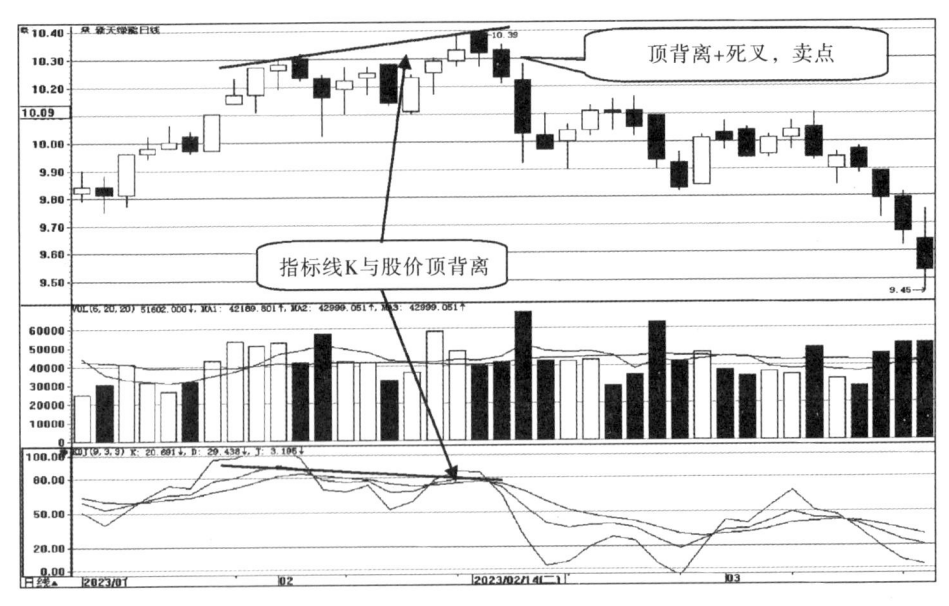

图 4-19 新天绿能日 K 线

2. 底背离

指标线 K 与股价的底背离，是指当股价创出新低时，K 值并没有同步创出新低。底背离发出看涨信号。

当底背离出现时，投资者可保持密切关注。当其他技术指标（K 线形态、均线或成交量等）同样出现见底信号时，投资者可以抓住时机积极买入。

如图 4-20 所示，2023 年 3 月底，处在下跌走势中的东方证券（600958）股价创出低点，同时，KDJ 指标中的指标线 K 却升高，从而形成了指标线 K 与股价走势之间的底背离。3 月 31 日，底背离之后，KDJ 指标形成金叉，发出买入信号。

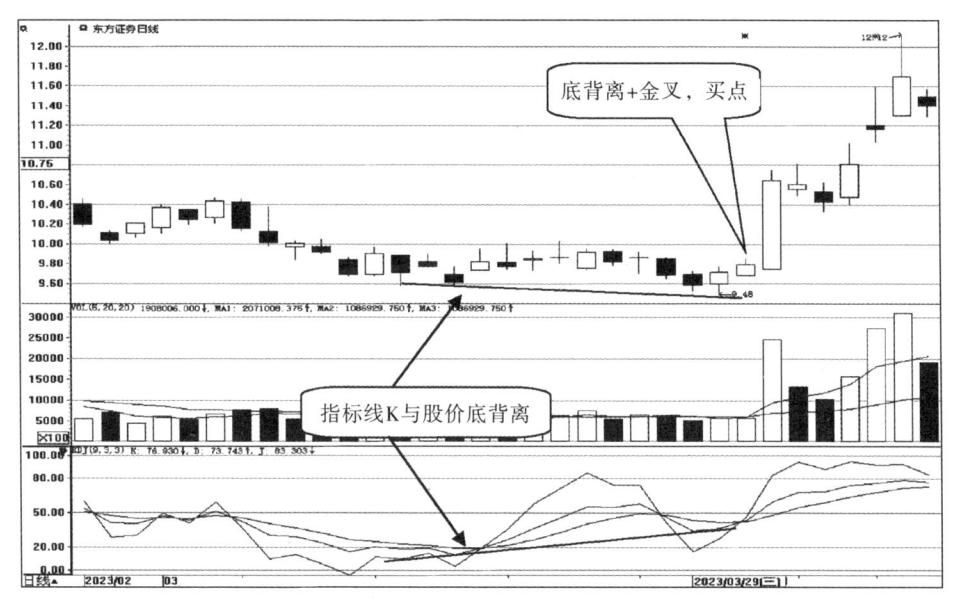

图 4-20　东方证券日 K 线

实战经验

作为一个波动非常灵敏的指标，KDJ 指标容易发出无效信号。因此，投资者最好将它和其他技术指标、K 线形态等结合起来，综合研判。

4.4　BOLL 指标的买卖点

布林线指标（BOLL 指标），是根据统计学中的标准差原理设计出来的技术指标。其设计原理是，股价总是围绕某个中轴在一定的范围内波动，可以利用统计学原理求出股价波动的标准差，从而确定股价的波动范围。

体现在图形上，这个计算出的波动范围就形成了一个带状区间，股价就在这个区间的上限和下限之间进行波动。而这条带状区间的宽窄，也会随着股价波动幅度的大小而变化。股价涨跌幅度加大时，带状区变宽；股价涨跌幅度较小时，带状区则变窄。

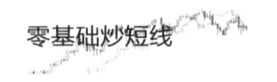

布林线由三条曲线组成，分别是上轨、中轨和下轨，如图4-21所示。

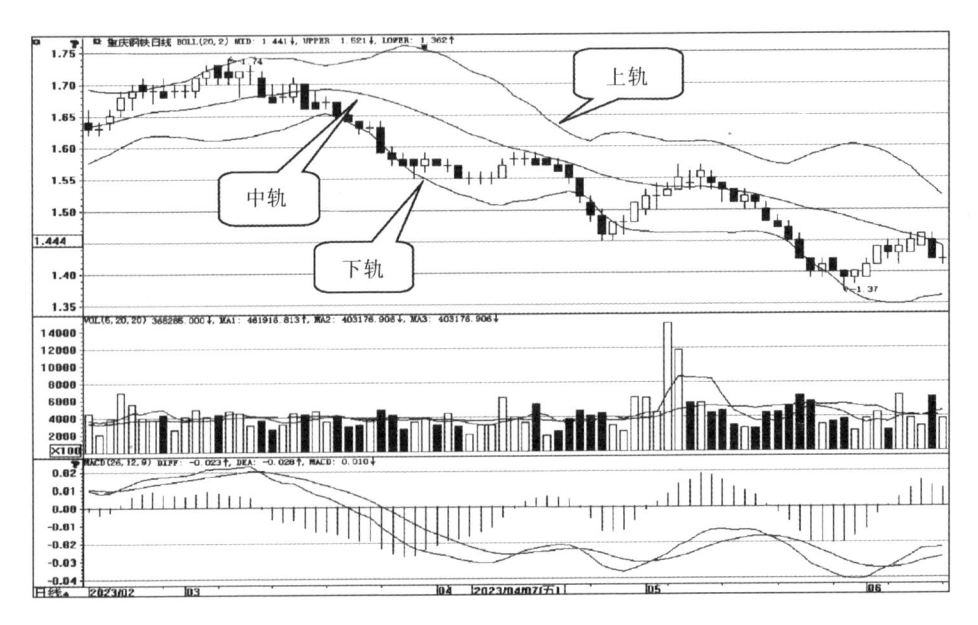

图4-21 BOLL指标

4.4.1 下轨对股价的支撑

布林线的下轨会对股价产生一定的支撑作用。尤其是股价与下轨的运行方向不一致时，这种支撑作用会更加有效。

投资者可以利用布林线的下轨支撑来把握买入时机。不过，投资者需要注意，这一技巧在震荡市中准确率较高，但是在单边的上涨或者下跌行情中则容易出现错误信号。

如图4-22所示，2021年8月至12月，兴业银行（601166）股价连续3次跌至布林线下轨处，均得到了下轨的支撑。这种情况表明BOLL指标的下轨支撑有效。投资者可以在这种震荡走势中进行波段操作，那么这几次支撑就构成了投资者的买入时机。

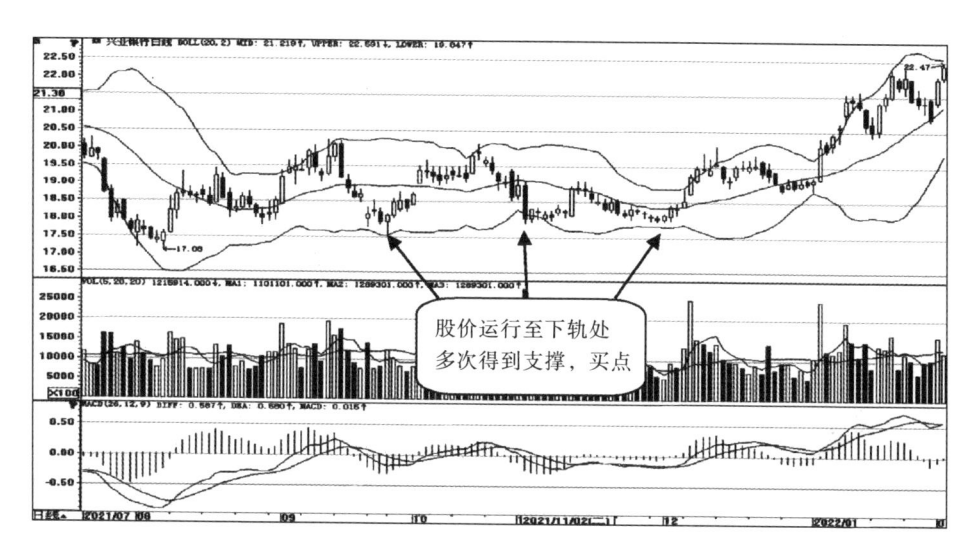

图 4-22 兴业银行日 K 线

4.4.2 上轨对股价的阻力

布林线的上轨会对股价产生一定的阻力作用。与下轨的应用技巧相同，当股价与上轨的运行方向不一致时，上轨的阻力作用会更加明显。

投资者同样需要注意，在震荡市中上轨的阻力作用会比较有效，而单边市中则容易出现错误信号。

如图 4-23 所示，2023 年 1 月至 3 月，华泰证券（601688）出现震荡走势，股价数次涨至布林线上轨附近，均遇阻回落，构成投资者的卖出时机。

对于布林线的中轨来说，当股价在其上方时，中轨对股价会产生支撑作用。当股价在其下方时，中轨对股价会产生阻力作用。不过，中轨的阻力或支撑作用要明显弱于上轨和下轨。

121

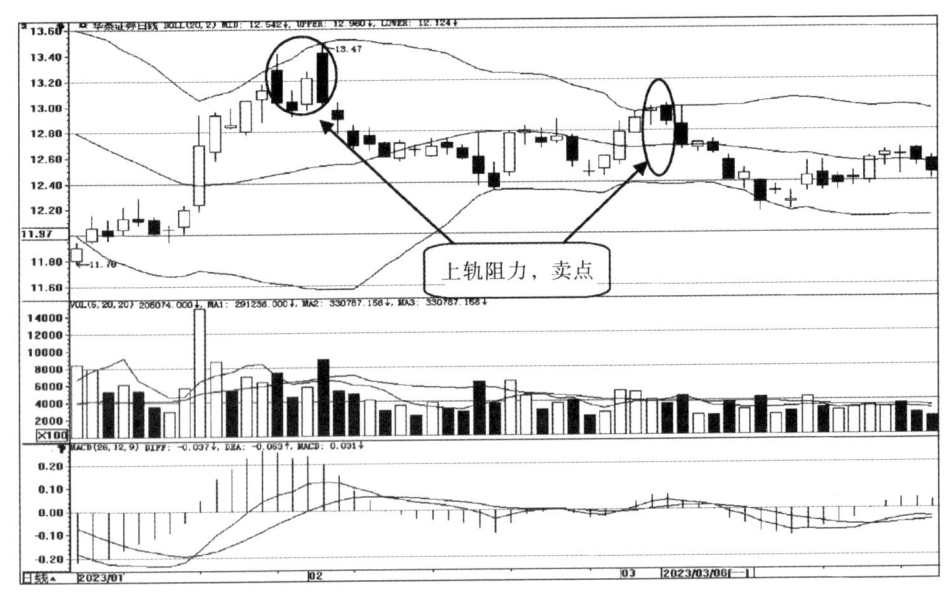

图 4-23 华泰证券日 K 线

4.4.3 喇叭口的收敛与扩张

当股价处于横盘震荡走势，同时震荡幅度日益减少时，布林线的上轨与下轨会靠拢，看起来就像收紧的喇叭口一样。当布林线的喇叭口极度收缩的时候，说明股价波幅也缩减到了一个比较极端的程度。投资者这时应该注意，这种收紧预示着股价即将出现方向上的选择。而且一旦方向选定，往往就是大涨或大跌的走势。

投资者发现布林线这种极度收缩的喇叭口时，要密切关注。当股价方向向上、喇叭口重新扩张的时候，就是投资者买入的好时机。

如图 4-24 所示，2021 年 9 月 3 日，荣科科技（300290）放量大涨，同时 BOLL 上轨向上移动、下轨向下移动，喇叭口迅速扩张。该形态表明短线形成了上涨趋势，此时买点出现，投资者可以考虑买入。

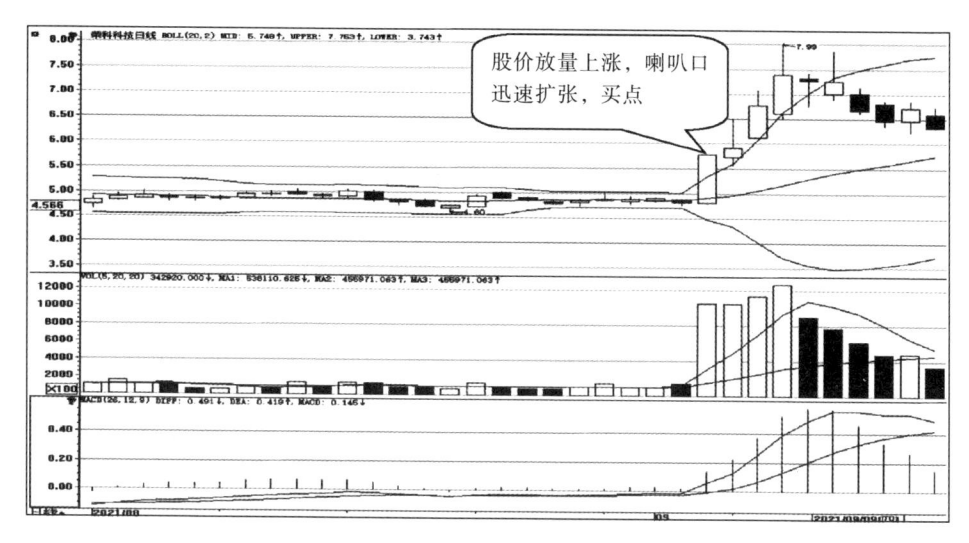

图 4-24 荣科科技日 K 线

4.5 CCI 指标的买卖点

顺势指标（CCI 指标），是一个比较特殊的超买超卖类指标，用来描述股价的非常态走势。CCI 指标非常简单，表现为一条不断起伏的曲线，如图 4-25 所示。

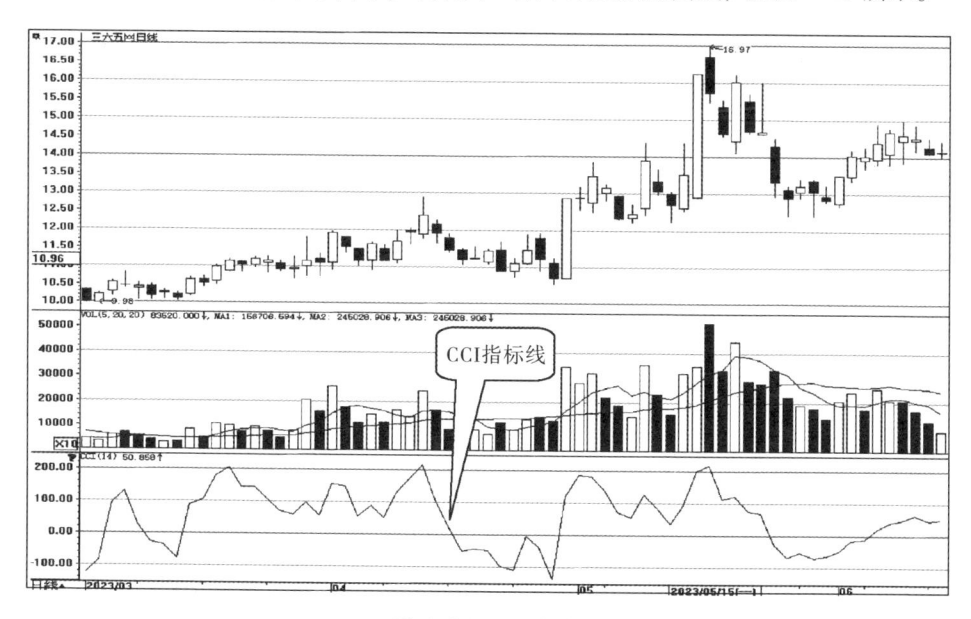

图 4-25 CCI 指标

123

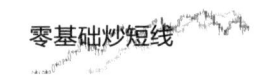

CCI 指标的波动范围没有限制，从正无穷到负无穷。该指标以 100 和-100 作为研判标准，当指标超过 100 或者低于-100 时，就表明股价进入了一个非常态走势。当指标在 100 和-100 之间时，即位于常态区间，此时指标基本处于失效状态。

4.5.1 CCI 指标的上下穿越

当 CCI 指标自下而上穿过 100 时，表明股价进入一个非常态的上涨区间，预示着股价上涨速度加快，市场超买。当 CCI 指标自上而下穿过 100 时，说明股价的非常态上涨趋势已经结束，股价走势重归常态，此时投资者可以进行卖出操作。

相反，当 CCI 指标自上而下越过-100 时，表明股价进入超卖区域，一旦 CCI 指标自下而上突破-100 时，投资者就可以进行短线买入操作。

如图 4-26 所示，2023 年 3 月 1 日，富春股份（300299）的 CCI 指标向上突破了-100，说明该股脱离超卖区域，进入加速上涨阶段，买点出现。随后

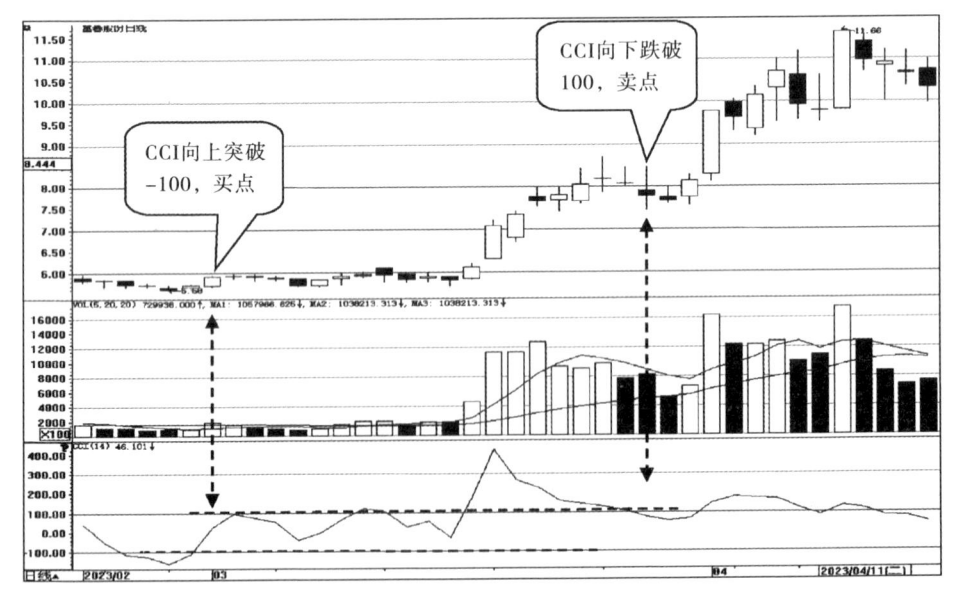

图 4-26　富春股份日 K 线

该股股价缓缓震荡后大幅上涨，突破100进入超买区域。3月29日，该股的CCI指标自上向下跌破100，预示着这一波短线上涨行情已经结束，卖点出现。

4.5.2　CCI指标与股价的背离

当股价创出新高时，CCI指标没有同步创出新高，为顶背离，是趋势转弱的信号。当股价创出新低，CCI指标没有同步创出新低，为底背离，是趋势转强的信号。

当CCI指标出现顶背离或底背离情形时，投资者可参考K线形态、成交量等指标，来把握具体的买卖时机。

如图4-27所示，2022年8月19日，裕兴股份（300305）股价再次创出本轮行情的新高，但CCI指标却没有同步创出新高，顶背离出现。同时该股当日K线形成看跌吞没形态，再次验证了顶部的来临，卖点出现。

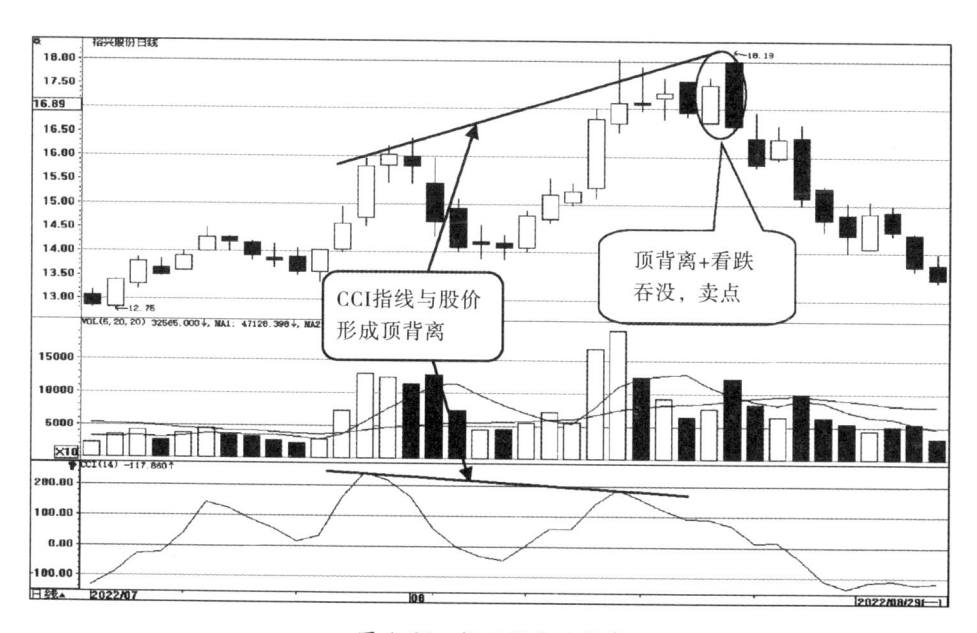

图4-27　裕兴股份日K线

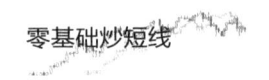

如图 4-28 所示，2023 年 3 月下旬，晶盛机电（300316）股价再次创下新低，但是 CCI 指标却没有同步创出新低，底背离出现。随后股价向上突破 -100 的超卖区，买点出现。

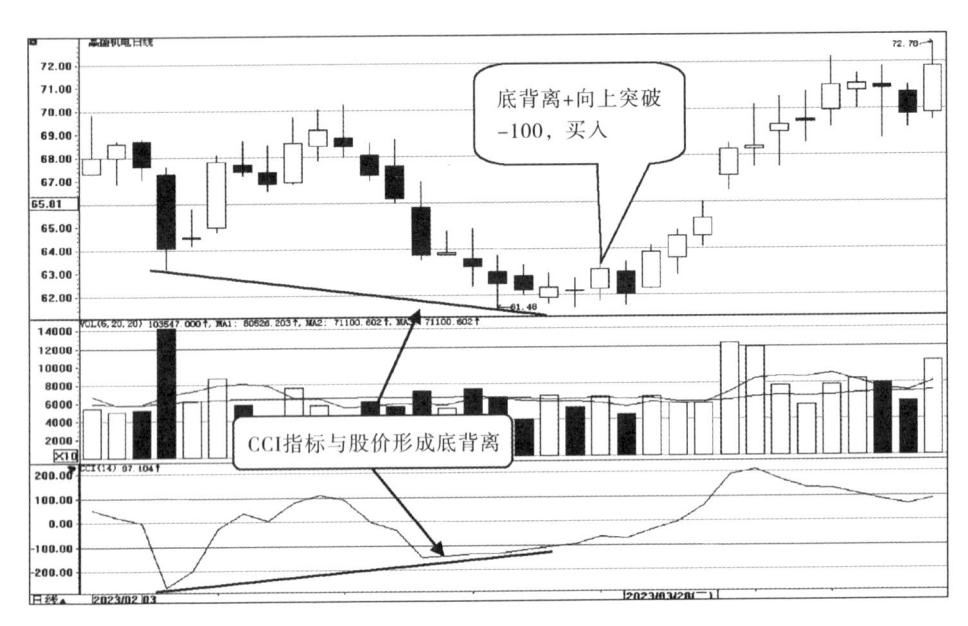

图 4-28　晶盛机电日 K 线

实战经验

CCI 指标因为波动区间不受限制，所以不存在其他超买超卖指标（如 KDJ 指标等）在股价出现暴涨暴跌时出现的钝化现象，从而能更直观地反映出股价波动的非常态行情，给投资者提供有效的技术参考。

4.6　RSI 指标的买卖点

相对强弱指标（RSI），是利用一段时间内股价的平均收盘涨幅和平均收盘跌幅的比值来反映市场走势强弱的指标，指标的取值范围为 0~100。

RSI 指标由三条曲线构成，每条线都有不同的参数设置，一般看盘软件中默认的为 6 日、12 日和 24 日，如图 4-29 所示。

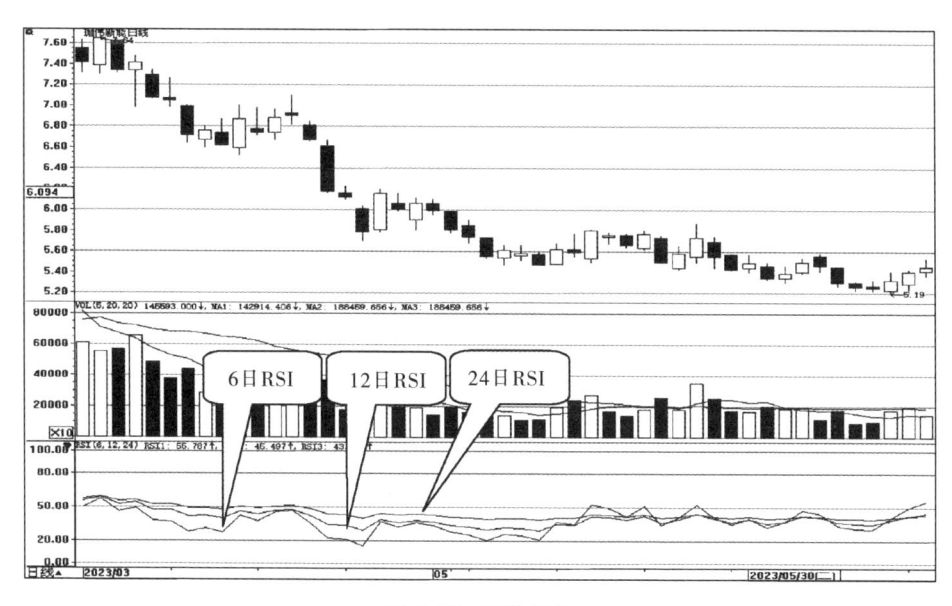

图 4-29 RSI 指标

参数设置的周期越短，指标就越敏感；周期越长，指标就越迟缓。为了能更好地发挥 RSI 指标的作用，投资者可以根据自己的观察设定参数。

根据 RSI 指标寻找买卖点，主要是从 RSI 的超买超卖、RSI 指标与股价的背离两个方面来判断。

4.6.1 RSI 指标的超买超卖

大多数时间，RSI 指标都在 30 至 70 运行。当 RSI 指标超过 70 时，预示着上涨开始进入超买状态，股价随时可能下跌；当 RSI 指标低于 30 时，预示着下跌开始进入超卖状态，股价随时可能上涨。

如图 4-30 所示，2022 年 7 月初，凯利泰（300326）的 6 日、12 日 RSI 指标突破 70，进入超买区。7 月 5 日，该股的 K 线图中出现了看跌吞没形态，卖点出现。

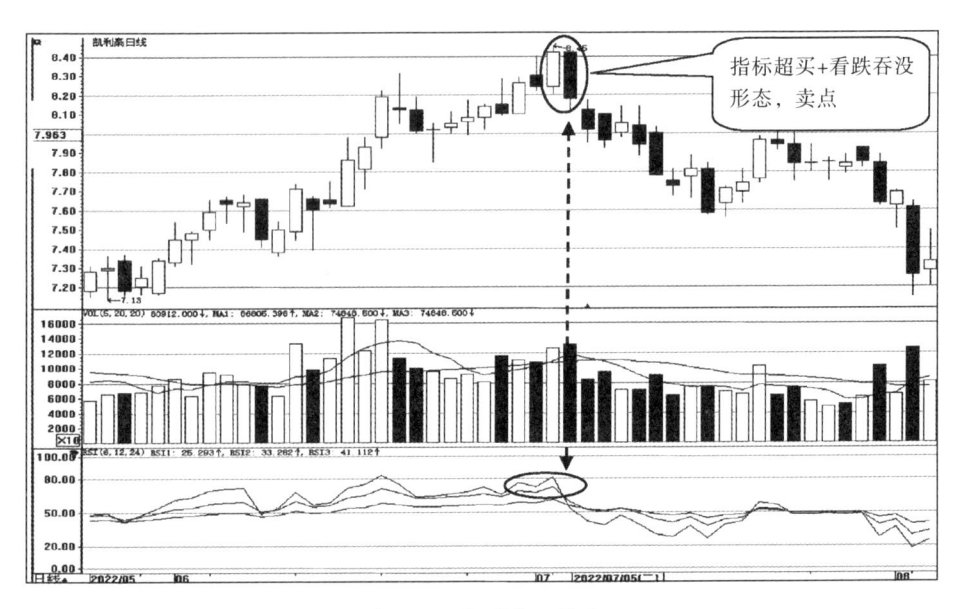

图 4-30 凯利泰日 K 线

上面的超过 70、低于 30 超买超卖区的设定，仅仅是一个大致的判断标准。在实战中，超买超卖区的设定很难有一个统一的标准。对于不同的股性、不同的大势环境，其设定标准往往也会有所不同。例如，大盘股的超买超卖区往往与股性活跃的小盘股不同。在牛市中，市场行情火爆，那么超买超卖区的设定标准和在熊市中往往也会有所不同。

在牛市中，投资者可以设定超过 80 才算超买，而低于 30 就算超卖。在熊市中，则可以设定超过 70 是超买，低于 20 是超卖。对于中小盘品种而言，RSI 指标超过 80 为超买，低于 20 为超卖。而对于大盘品种，可以仍按 30 与 70 的标准判断。

此外，在单边的强势市场中，比如牛市中的连续上涨，或者熊市中的连续下跌，RSI 指标的超买超卖信号会出现失效的情形。这种情形一般称为"钝化"，也就是说指标已经进入超买超卖区，但是股价仍在上涨或者下跌，此时指标在高位或者低位震荡，发出的信号属于无效信号，投资者应注意。

如图4-31所示，2021年5月至6月，润和软件（300339）的股价持续上涨。在上涨过程中，该股的12日RSI指标持续在70上方的超买区间震荡，处于钝化状态。此时指标的超买信号已经失去了参考意义。

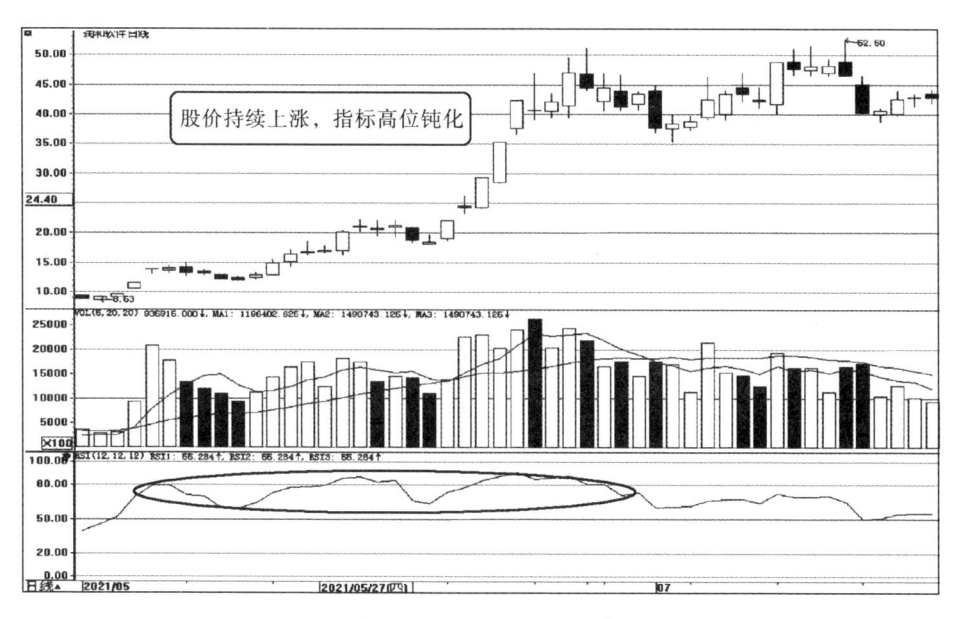

图4-31 润和软件日K线

4.6.2 6日RSI与12日RSI的交叉

当6日RSI自下而上突破12日RSI时，出现金叉，发出买入信号。当6日RSI自上而下跌破12日RSI时，出现死叉，发出卖出信号。

如图4-32所示，2023年1月19日，华鹏飞（300350）6日RSI指标上穿12日RSI指标，出现金叉，同时K线形成看涨吞没形态，发出买入信号。随后股价开始上扬。2月16日，该股的6日RSI指标下穿12日RSI指标，出现死叉，同时K线形成看跌吞没形态，发出卖出信号。

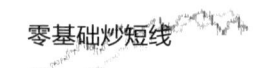

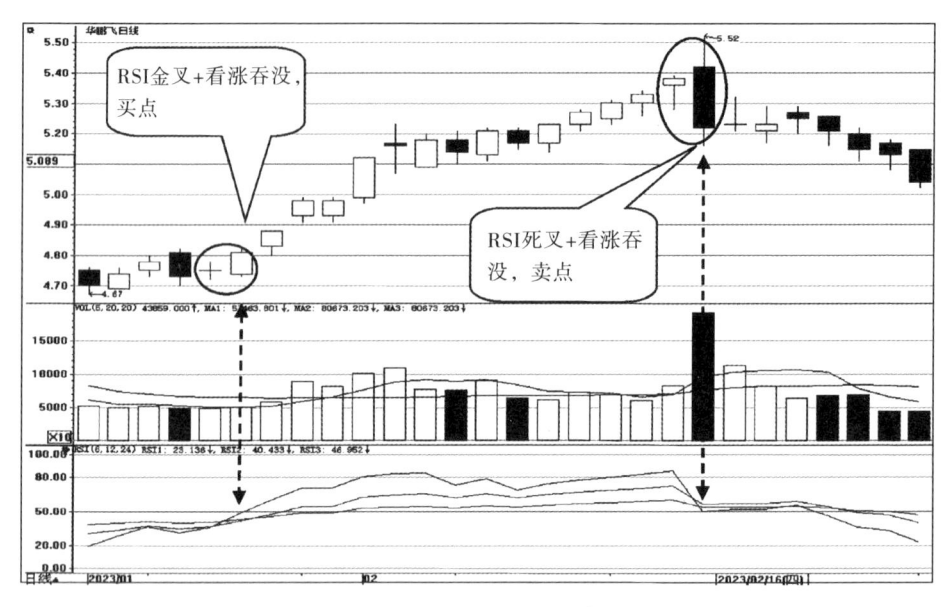

图 4-32　华鹏飞日 K 线

4.6.3　6日RSI与股价的背离

与 MACD 指标、KDJ 指标一样，RSI 指标同样具有顶背离和底背离两种走势。以 6 日 RSI 指标为例，当股价创出新高时，6 日 RSI 指标却没有同步创新高，顶背离出现，发出卖出信号；当股价创出新低时，6 日 RSI 指标却没有同步创新低，底背离出现，发出买入信号。

在实际操作中，当出现顶背离或者底背离时，投资者不用急于行动。因为当背离出现时，股价走势并不一定会立即反转。投资者可以根据其他技术指标来综合研判，把握具体的买卖时机。投资者也可以采取分仓操作的方式来规避下跌风险。

如图 4-33 所示，2022 年 11 月 18 日，海达股份（300320）在股价创新高的同时，RSI 指标却不断下行，形成顶背离形态。同时，该股 K 线形成看跌吞没形态，两个看跌信号叠加，卖点出现。

如图 4-34 所示，在经过一波下跌后，2023 年 5 月，湖北广电（000665）

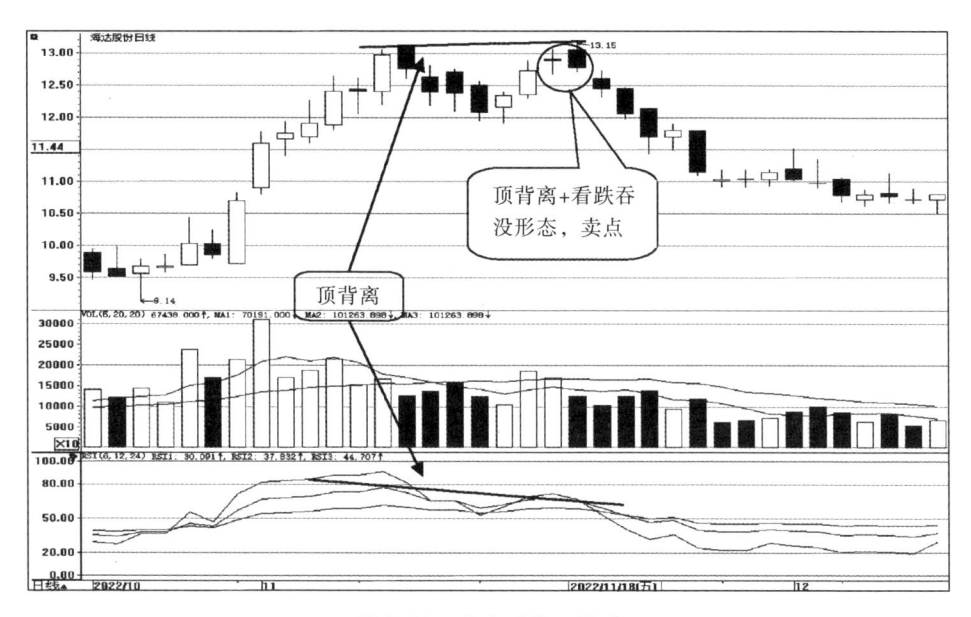

图 4-33 海达股份日 K 线

的 RSI 指标与股价形成底背离。在底背离出现的同时，该股 K 线图中出现锤子线的看涨形态。5 月 31 日，6 日 RSI 指标向上突破 12 日 RSI 指标，形成金叉，买点出现。

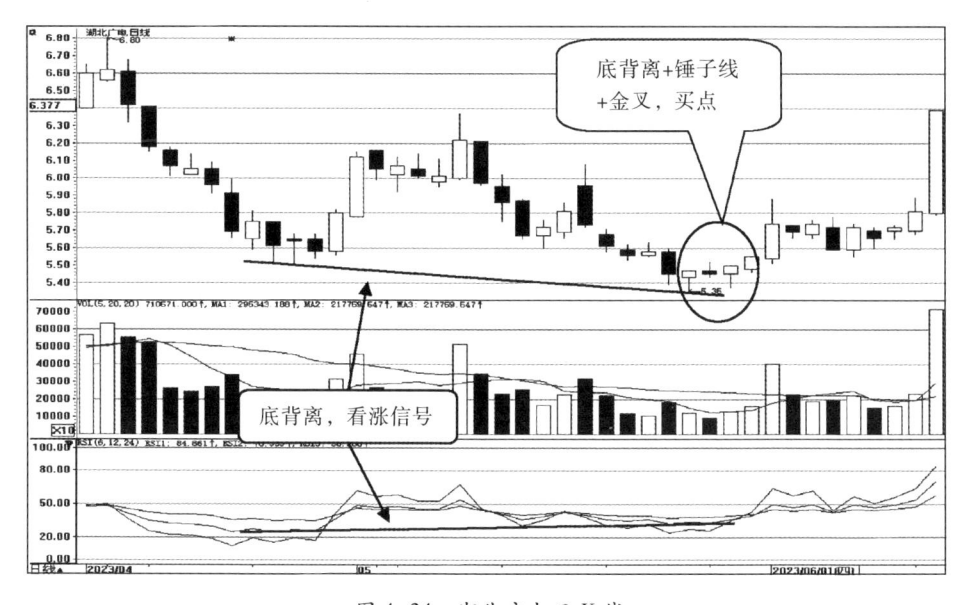

图 4-34 湖北广电日 K 线

实战经验

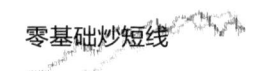

投资者在使用 RSI 指标时，应该根据市场的强弱、股本的不同来选择不同的超买超卖值。另外，由于 RSI 指标在暴涨暴跌行情中会出现指标钝化现象，所以在强劲的单边行情中，投资者可以结合其他技术指标综合研判。

4.7 OBV 指标的买卖点

能量潮指标，也称 OBV 指标，是通过统计成交量的变动趋势来推测股价趋势的指标。它将股市的重要人气指标——成交量，与股价的关系数字化、直观化，以成交量变化来衡量股价推动力的变化，从而研判股价走势。OBV 指标如图 4-35 所示。

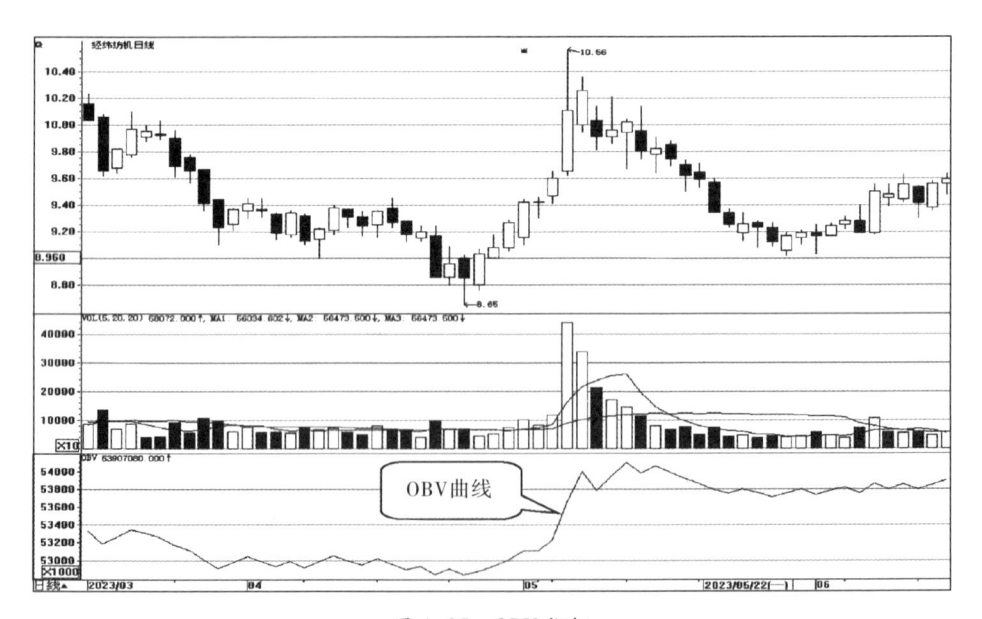

图 4-35　OBV 指标

4.7.1 OBV 指标长时间横盘的买点

如果在股价下跌的同时，OBV 指标却保持长时间的横盘态势，那么往往意味着该股此时的下跌很可能是机构的洗盘动作。在这种情形下，如果 OBV 指标突破了此前的横盘区间，同时股价走势也开始转强，那么就意味着洗盘结束，上涨趋势开始。

OBV 指标长时间的横盘，表示此前的调整时间较长，洗盘非常充分。那么接下来的上涨趋势往往就会非常强劲。因此，OBV 指标长时间横盘后的突破买点，是重要的中短期买入良机。

如图 4-36 所示，2022 年 11 月底至 2023 年 1 月中旬，太钢不锈（000825）的股价冲高回落，OBV 曲线则不断地横盘整理，表明空方杀跌动能较为有限，多方正在积聚上涨动能。2023 年 1 月 18 日，OBV 曲线向上突破前期震荡高点，表示市场多方动能已经积聚到一定程度并开始释放，投资者可以积极买入。之后，OBV 曲线回抽确认，投资者可伺机适当加仓。

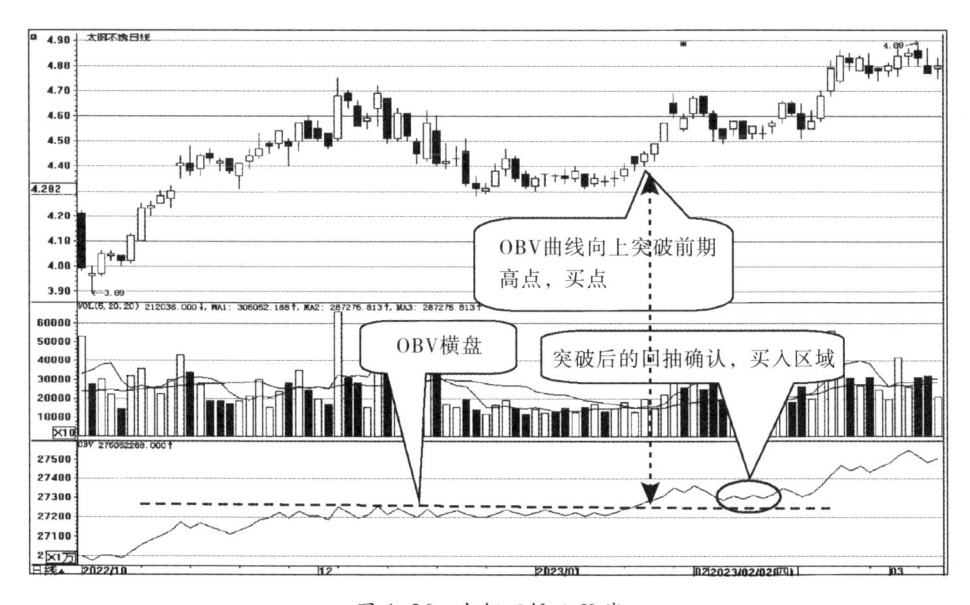

图 4-36 太钢不锈日 K 线

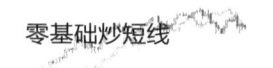

4.7.2 OBV 指标底背离的买点

当 OBV 指标与股价走势背离时，为反转信号。如果出现顶背离，是看跌信号，投资者应该择机卖出；如果出现底背离，是看涨信号，投资者应该择机买入。

如图 4-37 所示，2022 年 12 月下旬，钱江摩托（000913）的股价在下跌走势中创出了新低，但 OBV 曲线却没有创出新低，形成了 OBV 曲线与股价的底背离。它表明市场上涨动能正在不断积聚，股价接下来有较大可能出现一波上涨走势。12 月 26 日，该股 K 线组合形成旭日东升的看涨形态，更增加了上涨信号的可靠性，投资者可以果断买入。

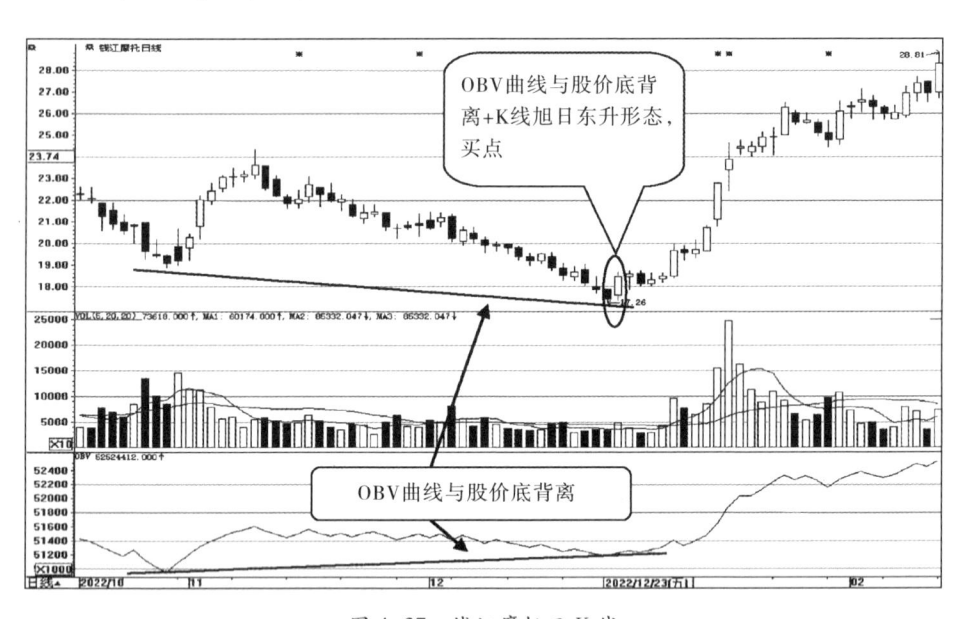

图 4-37 钱江摩托日 K 线

实战经验

OBV 指标并不能发出确切的买卖指令，投资者在使用时应该结合其他技术指标（K 线、MA、MACD 等）来判断买卖点，比如当股价走势与 OBV 指标出现背离时，并没有具体的买卖点出现，此时投资者要多结合其他指标进行买卖点的选择。

第 5 章

独具慧眼——短线看盘技巧

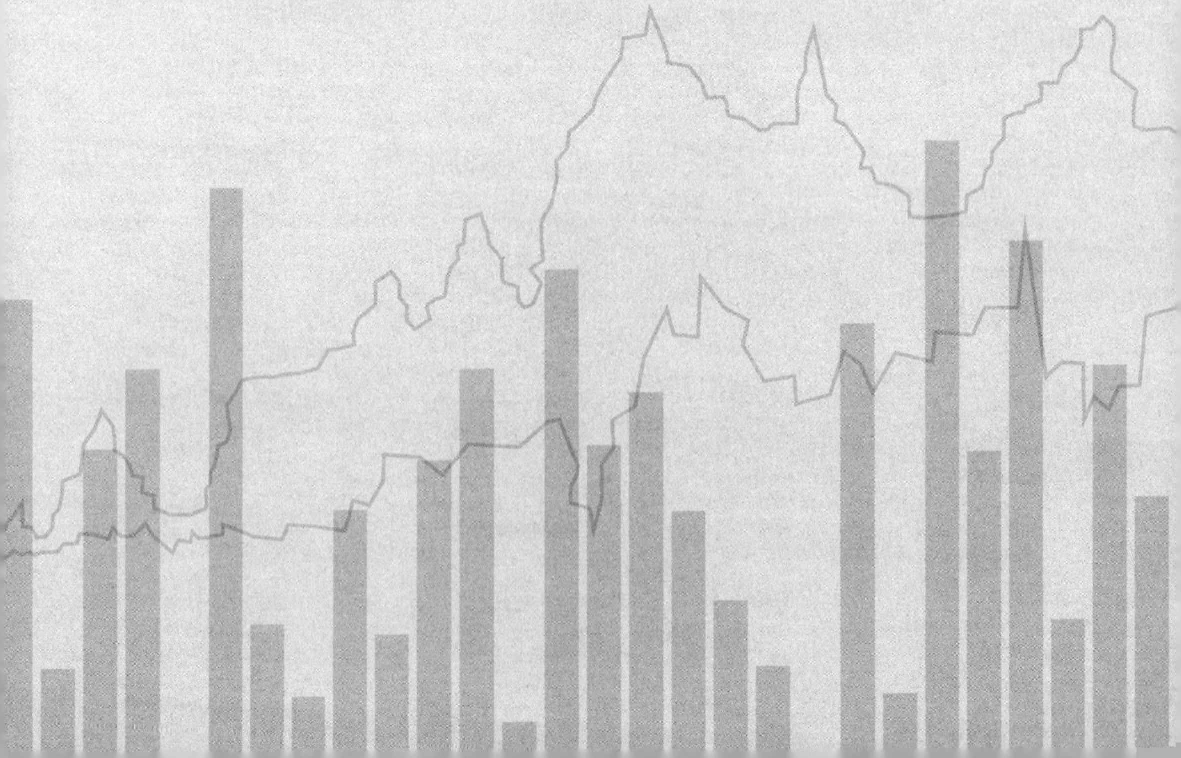

5.1 2个重点看盘时段

一般将开盘后半小时的交易时间称为早盘,也就是 9:30-10:00;将收盘前半小时的交易时间称为尾盘,也就是 14:30-15:00。细心的投资者可以发现,一般来说,每天的开盘和收盘时段,是一天中交易量最大的两个时段,因此看盘时要着重看早盘和尾盘。

5.1.1 早盘

早盘是一天中最重要的交易时段,一些主力即将拉升的个股在早盘期间往往会有不俗表现,由于主力想尽快将股价拉升至远离成本的区域,所以一般不会在盘中给散户低吸的机会,一旦开始启动,基本都是短时间内封涨停板。如果早盘期间投资者能迅察觉并及时追进此类个股,那么也将获利不菲。

如图 5-1 所示,国联水产(300094)开盘后迅速拉高,并在 10 点左右封住涨停,强势特征一览无余。如果投资者能够在早盘及时跟进,将获得不错的短线收益。

5.1.2 尾盘

每个交易日的四个价格(开盘价、最高价、最低价、收盘价)当中,收盘价是最重要的,它决定了当日多空双方争斗的最终结果,也为下个交易日的开盘价提供了重要依据。因此,尾盘往往是多空双方争斗最激烈的时刻。

另外,盘中的走势具有较多的不确定性因素,到了尾盘,许多不确定性因素已经消失,多空双方的力量对比基本可以确定。因此,不少投资者喜欢在尾盘进行交易。

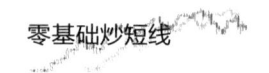

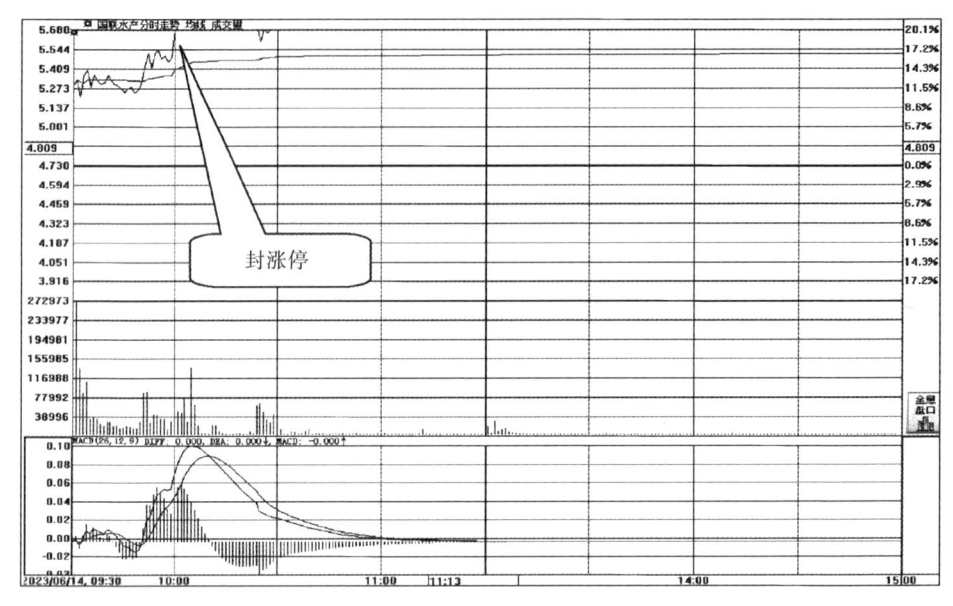

图 5-1 国联水产分时走势（2023 年 6 月 14 日）

由于尾盘的重要性，主力经常在尾盘搞些动作。对于这些动作，投资者需要进行综合分析，仔细研判，不要轻易掉进机构的诱多或者诱空陷阱。

实战经验

作为一天之中最重要的交易时段，早盘和尾盘往往会透露出众多的交易信息。短线投资者如果能持续对各种早盘、尾盘走势进行总结分析，并渐渐把握其中的关键，相信会极大地提高市场敏感度。

5.2 盘前 4 个看盘要点

为了能够紧跟形势变化，更好地制定交易策略，在每个交易日开盘前，投资者都需要了解多方面的信息，具体包括重要的财经新闻、国际市场的走势变化、财经论坛的最新动向等，并据此制订和调整当天的交易计划。

5.2.1 看财经新闻

财经新闻可以分为国内和国际两个方面。国际财经新闻，包括国际主要经济体的财政政策和货币政策变动、国际债务危机等。国内财经新闻，主要包括我国的宏观经济政策、财政货币政策的变动，行业板块新闻以及上市公司的最新公告等。

这些新闻对当天的市场或者个股走势往往会有一定的影响，有时甚至是非常重大的影响，是短线投资者必须密切关注的内容。比如2010年4月国家对房地产行业的调控政策，使房地产板块下跌，此政策一出，投资者应该果断减仓或清仓地产类个股，及时规避风险。

5.2.2 看国际市场

随着全球经济一体化进程的不断加快，各国资本市场之间的联动性越来越明显。例如，美国股市的大幅波动，将在一定程度上影响到我国股市开盘时段的股价。因此，国际市场的最新走势，也是短线投资者开盘前应该关注的内容。

如图5-2所示，从2023年2月下旬开始，国际现货黄金开始上涨，突破均线。

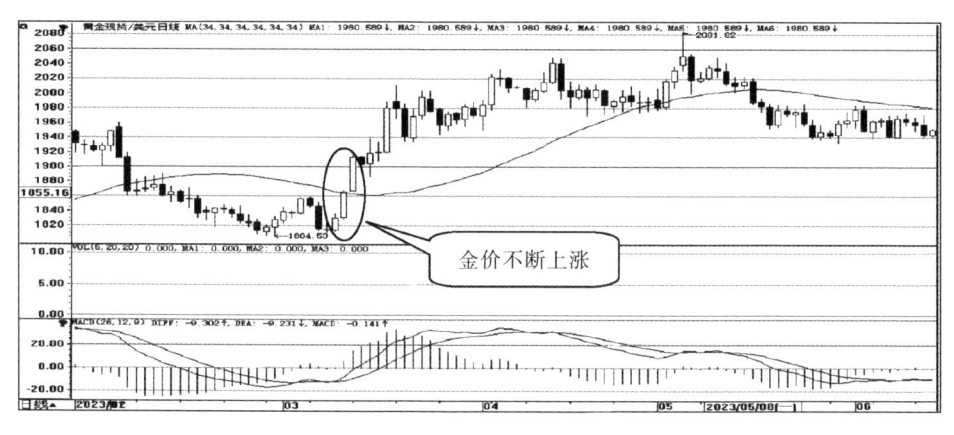

图5-2 黄金现货日K线

如图5-3所示，对于国内黄金采选企业来说，国际金价上涨意味着产品售价的上扬，是利好消息。受这个利好刺激，国内黄金采选类股票有明显上涨。中金黄金（600489）出现一波明显的涨势。

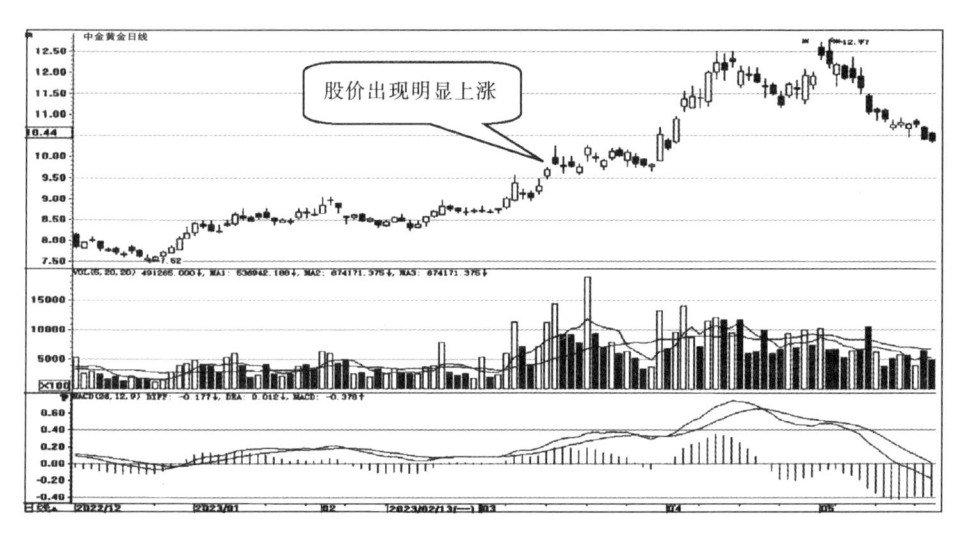

图5-3 中金黄金日K线

此外，比较重要的还有美元指数，它直接影响到以美元计价的商品的价格波动，如黄金、原油的价格。一般来说，美元指数涨，则黄金、原油价格跌；美元指数跌，则黄金、原油价格涨。这些大宗商品的价格波动，将影响到国内相关股票的走势，如能源板块、黄金板块等。

5.2.3 看股票论坛

股票论坛，是许许多多、形形色色的投资者聚在一起聊天论股的地方。投资者在有时间的时候，可以去一些股票论坛转转，看看当前的热点话题是什么，大家都在关心什么板块，热门帖子都有哪些，自己关注的高手有没有新帖子，或者参与某个话题讨论等。

对于短线投资者而言，股票论坛是一个了解市场热点与人气的理想场所。如果某个板块或个股正在被大家热烈讨论，那么它就是当前的热点所在。另外，当某些品种刚刚启动时，往往会第一时间在股票论坛上有人讨论。如果投资者在盘面上没有注意到某些热点品种的话，就可以通过股票论坛来发现。

另外，在论坛上，有不少投资者会在一起讨论和预测下阶段的热点板块是哪个。投资者通过这些讨论，可以开拓思路，拓宽眼界，发现自己以前没有注意到的板块和品种。

5.2.4 看交易计划

经过以上的几个环节，短线投资者已经比较充分地了解到最新的财经动态、市场热点等，此时投资者应该在开盘之前再一次认真地审视当天的交易计划。如果需要对计划进行调整，应该在开盘前就完成，尽量不要在盘中一时兴起改变原有的交易计划。

这是因为，盘前的交易计划是自己经过深思熟虑、冷静思考得出的。而在交易时，投资者非常容易受到当天盘中走势的影响，此时的决定一般是一时兴起的情绪化决定，从经验来看，这种决定往往会带来消极结果。因此，投资者应遵守交易计划，尽量不要在盘中临时起意，去修改自己的交易计划。

实战经验

消息面的变动对短线走势影响很大，因此，短线投资者一定要密切关注消息面。市场就如同战场，投资者只有具备大局观，并做好充分的战前准备，才能在战场上来去自如。

5.3 早盘3个看盘要点

5.3.1 看大盘涨跌

开盘后的半小时内，经过一晚上酝酿的买卖盘都会集中涌出。这段时间的大盘走向可以体现出整个市场上多空力量的对比情况。通过大盘的开盘点位和前半个小时的涨跌情况，投资者可以对整个交易日的指数涨跌有一个整体的判断。

如图 5-4 所示，2023 年 6 月 14 日开盘后半小时内，上证指数高开，之后突破分时均线且一直在分时均线上方运行，但整体上涨幅度较小，同时成交量逐渐下降。这说明虽然多方暂时占据优势，但优势极为微弱，上涨乏力。之后，指数小幅冲高后回落，进入震荡行情中。

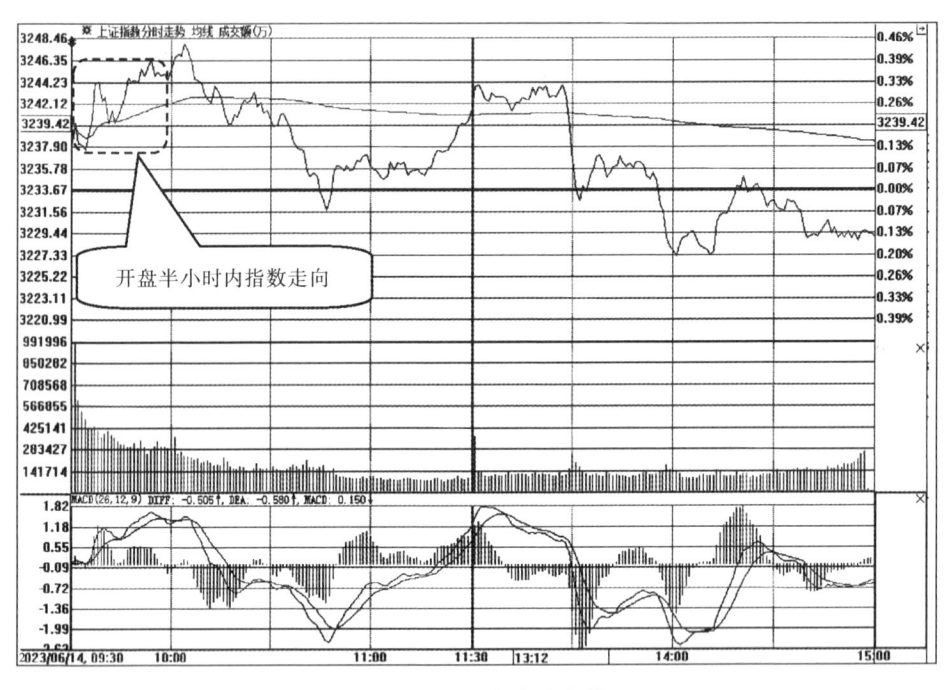

图 5-4　上证指数分时走势 1

如图 5-5 所示，2023 年 5 月 10 日，上证指数低开后持续下跌，疲弱无力，但从 MACD 指标柱线与股价的底背离形态可以看出部分上涨动能的影子。这样的形态说明市场上的空方希望将指数向下打压，不过下方仍有一定的支撑。从随后的分时走势看，整个交易日指数都处于下跌趋势中，但整体下跌幅度有限。

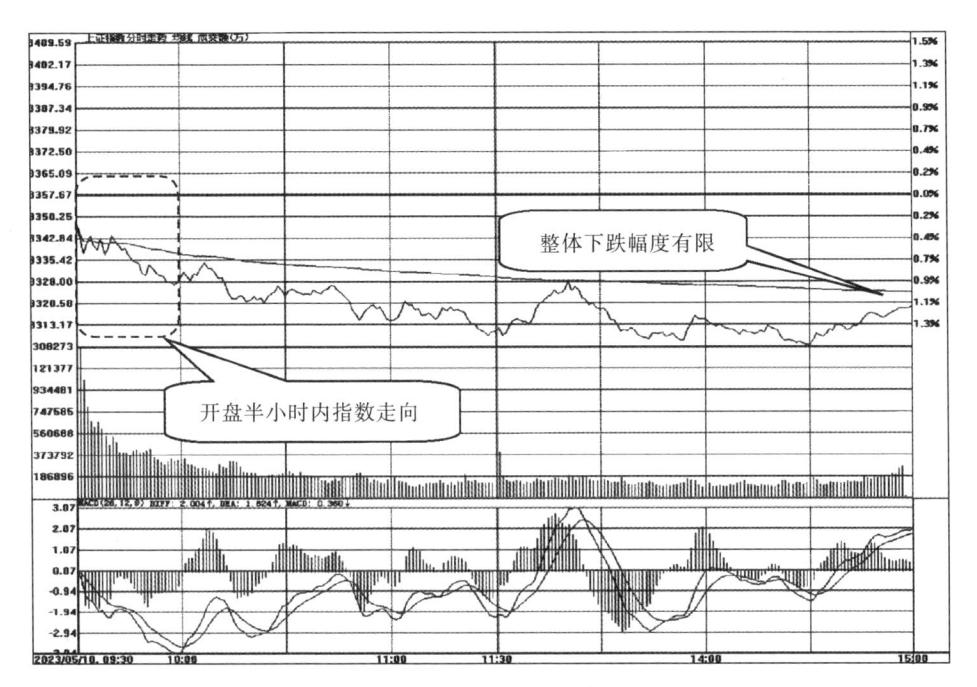

图 5-5　上证指数分时走势 2

5.3.2　开盘价的高开（低开）

早盘从集合竞价开始，开盘价是一天之中多空双方斗争的起始点，因此开盘价的高低和成交量，在很大程度上反映了当天主力做盘的意图和实力。

开盘价的主要关注点有以下两个。

（1）与前一日收盘价比较，看高开还是低开。开盘价高于前一日收盘价，就是高开；开盘价低于前一日收盘价，就是低开。

（2）与前一日最高价和最低价比较，看是否有缺口。开盘价高于前一日最高价，就是跳空高开；开盘价低于前一日最低价，就是跳空低开。

一般来说，高开意味着市场做多意愿强烈，如果是跳空高开，那么看多气氛更加浓厚。低开意味着市场做空意愿强烈，如果是跳空低开，那么市场上做空气氛更加浓厚。

5.3.3 从涨幅榜看热点板块

很多时候，在早盘时段强势板块就开始集中表现出来。如果开盘后某个板块的个股集中出现在涨幅榜首页（大智慧看板块涨幅排行榜快捷键为"30+Enter"，或直接输入"rmbk"），那么就说明该板块受到资金的大力追捧，是当天的热点板块，自然就成为短线投资者的关注重点。

如图5-6所示，2023年6月15日开盘半小时后，投资者通过板块涨幅排名可以看到当日强势上涨的几个板块。减速器板块和伺服系统板块的涨幅靠前，这两个板块及其中的领涨股票可以成为投资者在这个交易日重点关注的品种。

序号	代码	名称	最新	涨跌	涨幅↓	加权涨幅	平均涨幅	涨速	换手率	总额
1	994728	减速器	3313.46	+143.25	4.52%	2.47%	4.52%	0.12%	6.11%	50.34亿
2	994729	伺服系统	3948.45	+135.70	3.56%	3.95%	3.56%	0.13%	3.11%	37.57亿
3	994714	F5G	5593.50	+164.49	3.03%	2.04%	3.03%	-0.32%	6.63%	123.39亿
4	994764	CPO概念	7487.53	+212.93	2.93%	3.03%	2.93%	-0.74%	8.49%	169.75亿
5	994665	逆变器	4395.87	+124.72	2.92%	3.00%	2.92%	0.03%	2.29%	90.53亿
6	994572	HJT电池	9021.94	+245.78	2.80%	3.86%	2.80%	-0.03%	1.80%	135.19亿
7	994757	光伏胶膜	2426.46	+62.59	2.65%	3.55%	2.65%	0.03%	1.27%	13.50亿
8	994265	光通信	5969.66	+146.25	2.51%	2.29%	2.51%	-0.31%	7.10%	413.15亿
9	994721	钙钛矿电池	3289.51	+68.34	2.12%	2.51%	2.12%	0.03%	2.09%	44.51亿
10	994716	4680电池	2424.33	+48.68	2.05%	2.44%	2.05%	0.01%	0.98%	20.27亿

图5-6 开盘半小时后板块涨幅排名（2023年6月15日）

实战经验

在炒股软件的任意界面中，输入"61+Enter"即进入上证A股涨幅排行，输入"63+Enter"即进入深证A股涨幅排行。输入"81+Enter"即进入上证A股综合排行，输入"83+Enter"即进入深证A股综合排行。

5.4 尾盘的两大看盘要点

尾盘是指每个交易日最后半小时的交易时间，即14：30至15：00。在这段时间内，很多投资者经过一个交易日的观察后会最终完成自己的交易计划。因此，尾盘的半小时与早盘的半小时相同，都是一个交易日中成交最活跃的时段。

股票在尾盘阶段的走势不仅决定当日的收盘价，而且对下个交易日的开盘价也会产生一定影响。因此，如果庄家想要操纵股价走向，最常用的办法就是在尾盘阶段快速拉升或打压股价。

5.4.1 看尾盘快速上涨的股票

庄家在尾盘阶段将股价向上拉升，想要高位卖出的散户来不及反应就已经收盘，股价上涨后遇到的阻力会比较有限，庄家可以在消耗较小的情况下将股价拉升至高位。

尾盘阶段的快速上涨可以使股票以高价收盘，并且下个交易日能以高价开盘。这将影响大量散户看好后市，买入股票。因此，当投资者在尾盘阶段发现股价快速上涨时，可以判断可能是有庄家在诱多操作，此时投资者最好不要跟风买入。

如图5-7、图5-8所示，2022年8月18日，南方精工（002553）股价在最后20分钟的交易时间内被强势向上拉升，以涨停价收盘。这种走势代表有庄家在集中力量拉升股价，进行诱多操作。看到这样的形态后，投资者不能跟风买入股票。第二天，股价以低价开盘，持续下跌。

5.4.2 看尾盘快速下跌的股票

尾盘打压股价是庄家在诱空时的常用手法。

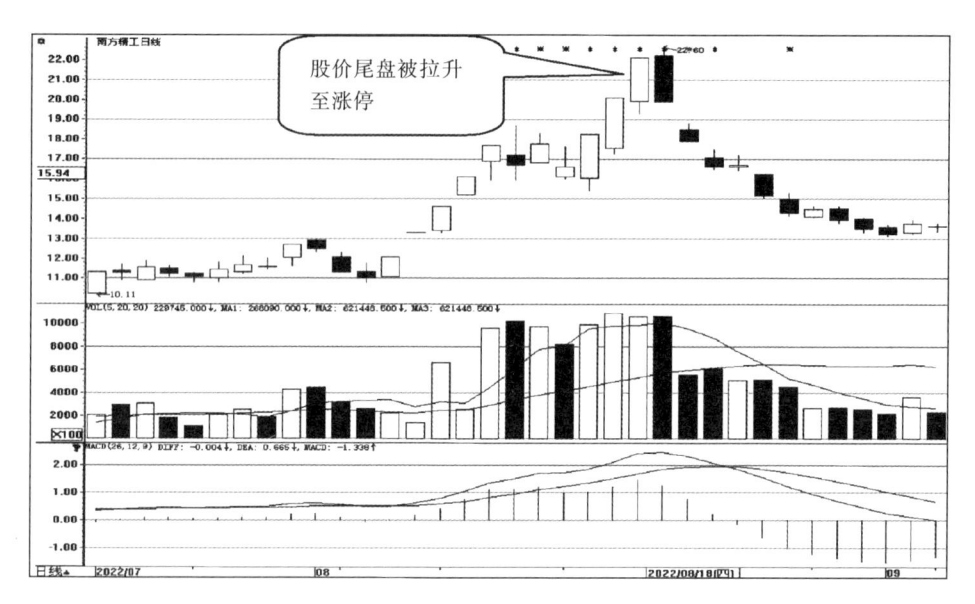

图 5-7 南方精工日 K 线

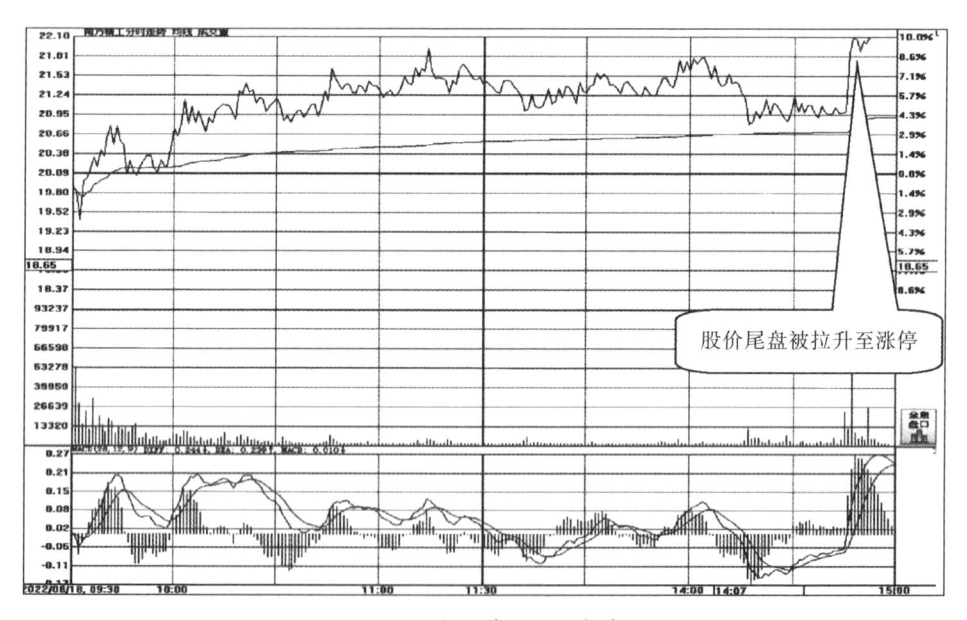

图 5-8 南方精工分时走势

当庄家在尾盘阶段向下打压股价后，想要抄底买入的散户没有充足时间挂单。股价下跌难以获得有效支撑，会以庄家打压的目标价位收盘，并且下个交易日仍会以低价开盘。这样的形态会使大量投资者看空卖出股票，庄家则达到了诱空的目的。

庄家在尾盘打压股价诱空时,往往股价还处于上涨趋势中。此时的短暂下跌只是庄家的洗盘动作。看到这样的形态时,投资者可以继续持有股票。

如图5-9、图5-10所示,2021年6月3日,收盘前半小时,赛力斯

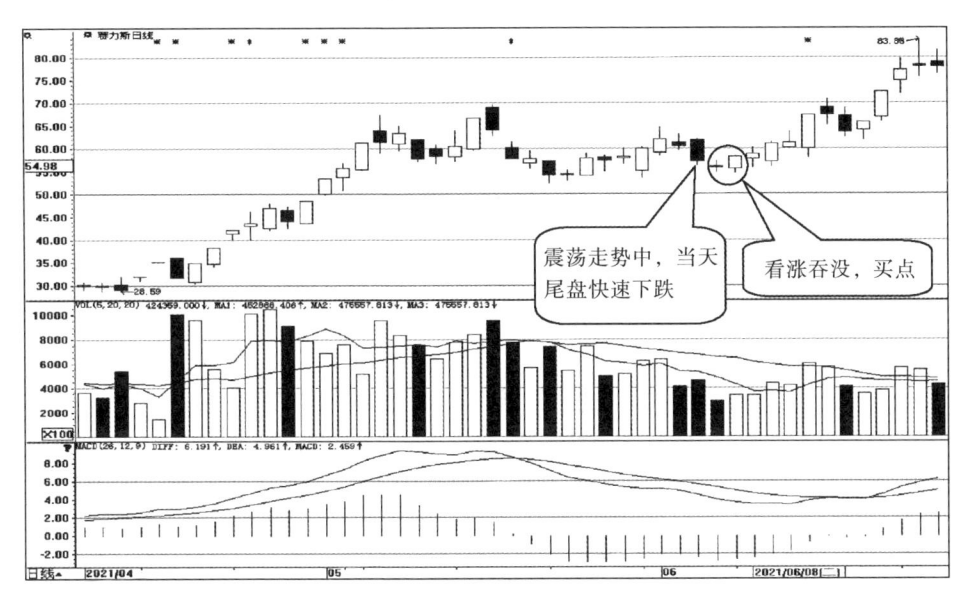

图5-9 赛力斯日K线

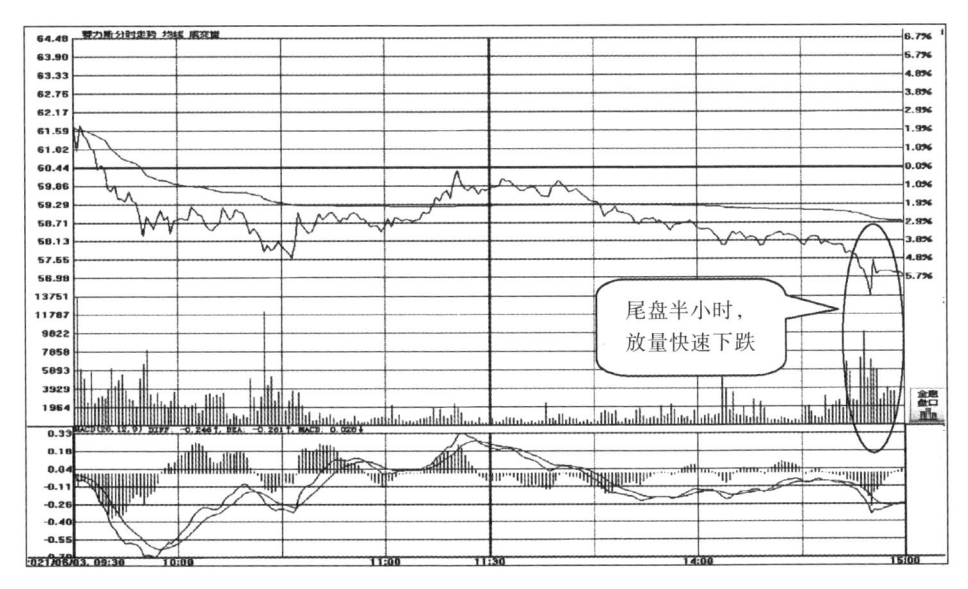

图5-10 赛力斯分时走势

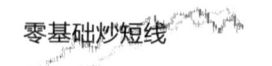

（601127）股价突然放量快速下跌。这个形态说明市场风险加大，投资者应该谨慎观察。随后两个交易日，K线形成看涨吞没形态，说明行情转好。之前股价在尾盘被打压的形态很可能是主力在拉升股票前的洗盘动作，投资者可在看涨吞没形态出现后买入股票。

5.5 通过分时图找强势股

短线重势，能否及时地发现强势股，自然是短线投资者的一项重要功课。投资者通过盘面走势来发现强势股一般有两种方法：一种是通过走势对比找强势股；另一种是通过分时均价线找强势股。

5.5.1 通过走势对比找强势股

大盘指数的走势代表着大多数股票的平均走势。如果某只股票的盘面走势强于指数的走势，说明这只股票的走势要强于大多数股票，属于强势股。

因此在盘中，投资者可以将个股走势与大盘的指数走势进行对比，挑选出走势强于大盘的个股，作为短线投资的重点关注品种。

图5-11为2023年5月19日柯力传感（603662）与上证指数分时走势的叠加。在当天盘中，柯力传感的走势明显要强于上证指数的走势，属于短期强势股。

图5-12、图5-13为柯力传感和上证指数的日K线走势。通过对比不难发现，2023年5月18日之后，柯力传感逆势成为市场短线热点，次日股价突破前期震荡高点，成为短线投资者的首选品种，而当天大盘疲弱。

在不同的交易软件中，叠加各类走势这一功能的调用方法会有所不同。以大智慧为例，在分时图上方的菜单内有"图形叠加"这一选项。投资者可参照交易软件的使用说明来使用这一功能。

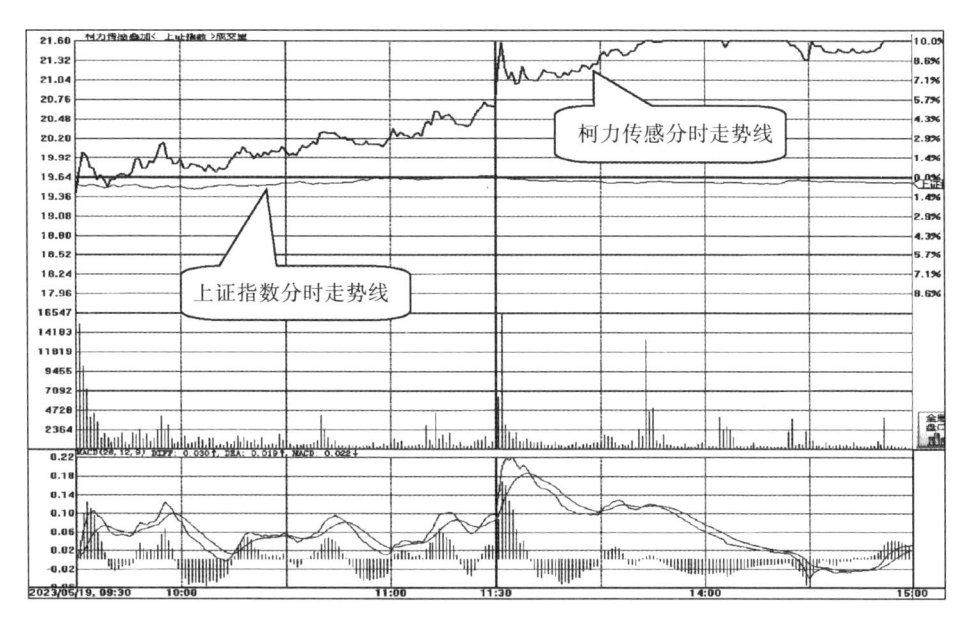

图 5-11　柯力传感叠加上证指数走势（2023 年 5 月 19 日）

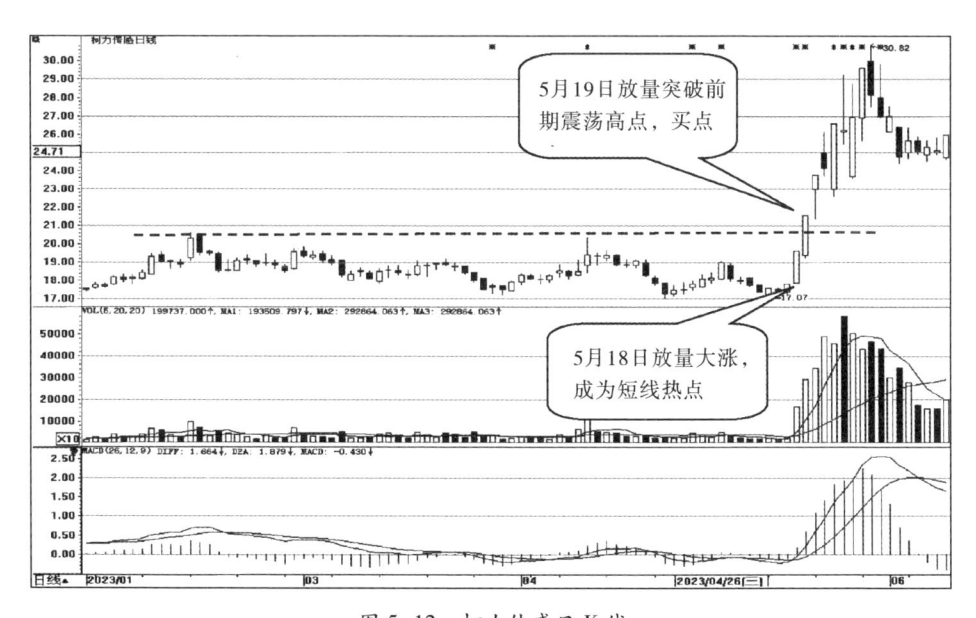

图 5-12　柯力传感日 K 线

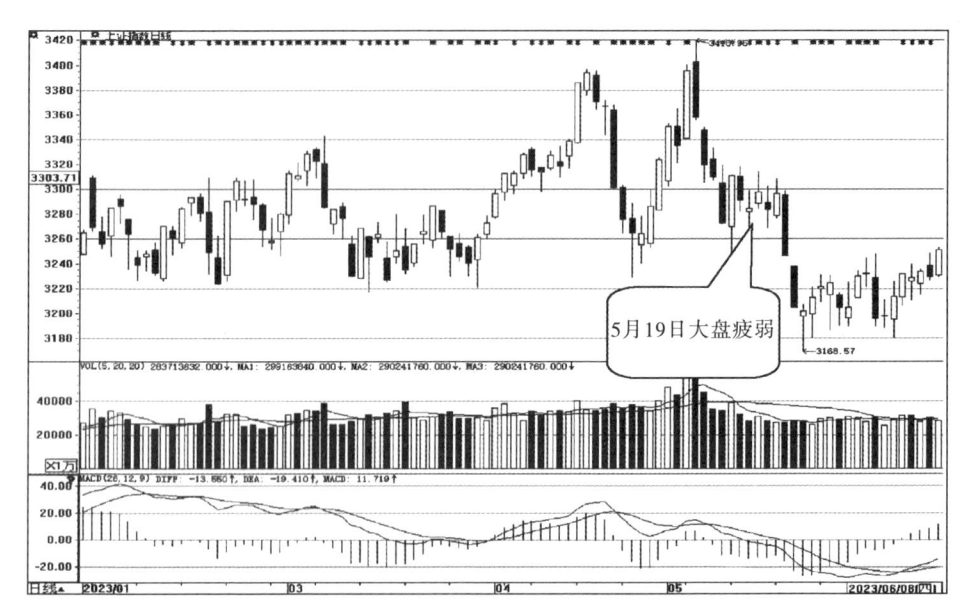

图 5-13　上证指数日 K 线

5.5.2　通过分时均价线找强势股

分时均价线代表当天买入股票的投资者的平均成本。当股价运行在均价线上方时，说明当天买入的大多数投资者都是盈利的；当股价在均价线下方运行时，说明当天买入的大多数投资者都是亏损的。

能让大多数投资者盈利的走势，自然是强劲的走势。可以将股价与均价线的相对位置作为走势强劲与否的一个判断依据。如果股价能保持在均价线上方，说明当天股价的走势很强劲，这只股票属于强势股；当股价运行在均价线下方时，说明当天股价的走势疲软，这只股票属于弱势股。

如图 5-14 所示，2023 年 1 月 16 日，步科股份（688160）开盘后股价在成交量的配合下快速上攻，随后一直运行在均价线上方，走势非常强劲，该股成为投资者的短线目标。

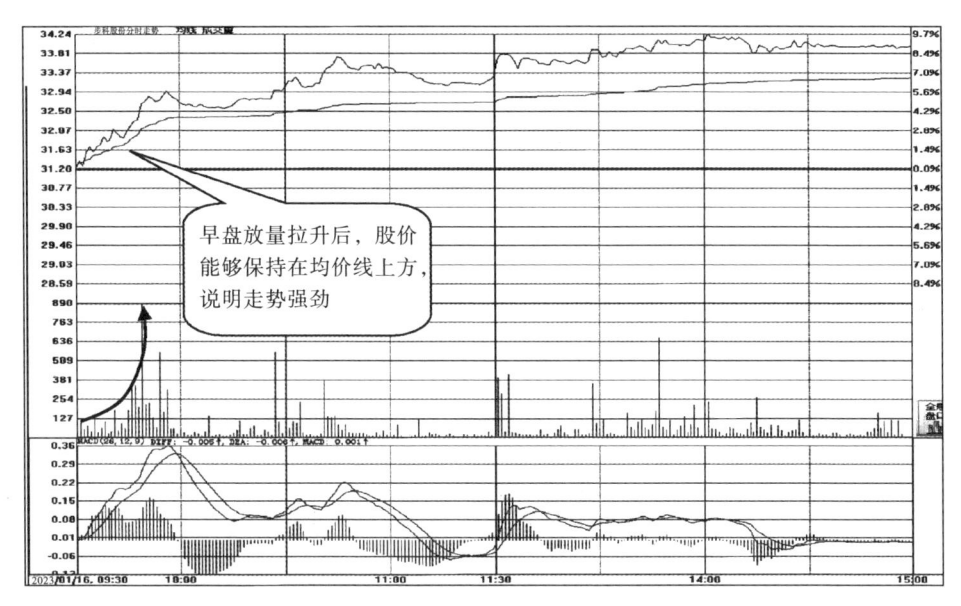

图 5-14　步科股份分时走势（2023 年 1 月 16 日）

如图 5-15 所示，此后该股持续上涨，走势强劲而又稳健，是短线炒作的较好选择。

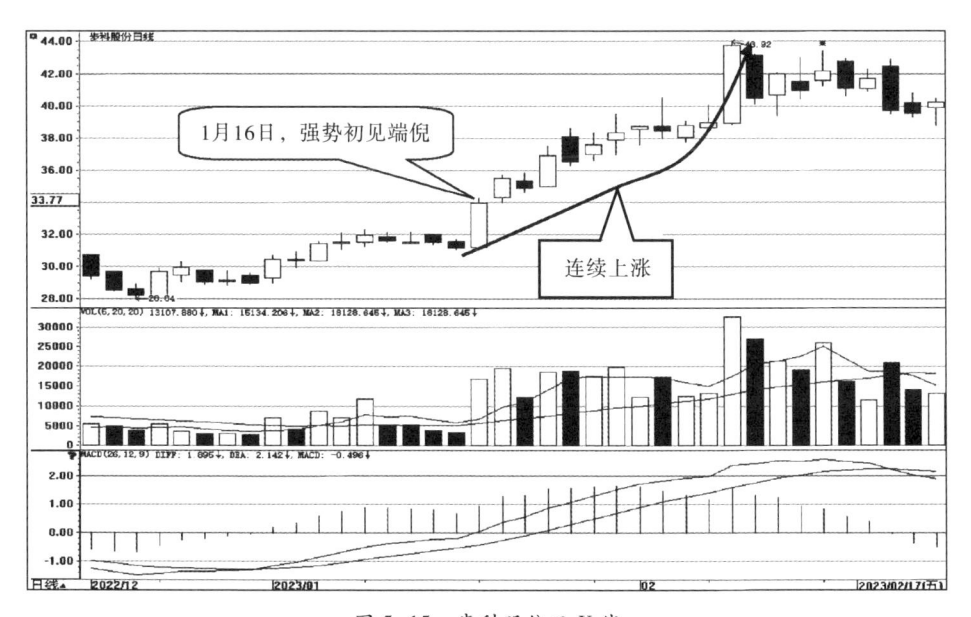

图 5-15　步科股份日 K 线

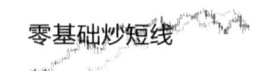

利用分时图找强势股要谨记两点：力度和速度。一只股票上涨时的力度（成交量）和上涨时的速度，最能够反映主力的实力，力度和速度兼备的个股，说明主力资金实力强劲，后期上涨空间也会比较大。

5.6 通过分时图找买卖点

分时图是投资者观察当天走势、获取交易信息的主要途径。多空双方力量对比的变化，也会第一时间在分时图中体现出来。对于短线投资者而言，从分时图中还能发现许多买卖信号。

如果某位短线投资者计划在当天买入或者卖出股票，那么就可以根据分时图的买卖信号来把握买卖时机。不过此时投资者需要注意的是，盘中股价的波动规律非常难以把握，因此投资者可以采取分批操作的方式，来尽量规避风险。

5.6.1 分时均价线支撑的买点

当股价在均价线上方运行时，均价线对股价会产生支撑作用。因此，当股价回落至均价线位置、获得支撑并开始回升时，就构成了投资者盘中的买入时机。

如图5-16所示，2022年6月2日开盘后，联赢激光（688518）股价大幅上涨后开始在高位横盘整理。上午10:30前和11:30前，股价下跌到分时均价线位置时获得支撑反弹，这是看涨买入信号，此时投资者可以积极买入股票。之后该股持续上涨，如图5-17所示。

有的时候，股价先是在均价线下方运行，随后向上突破了均价线。在突破均价线后，如果股价再次回落至均价线位置并获得支撑重新上涨，就说明此次突破的有效性得到了回抽确认，构成了重要的盘中买点。

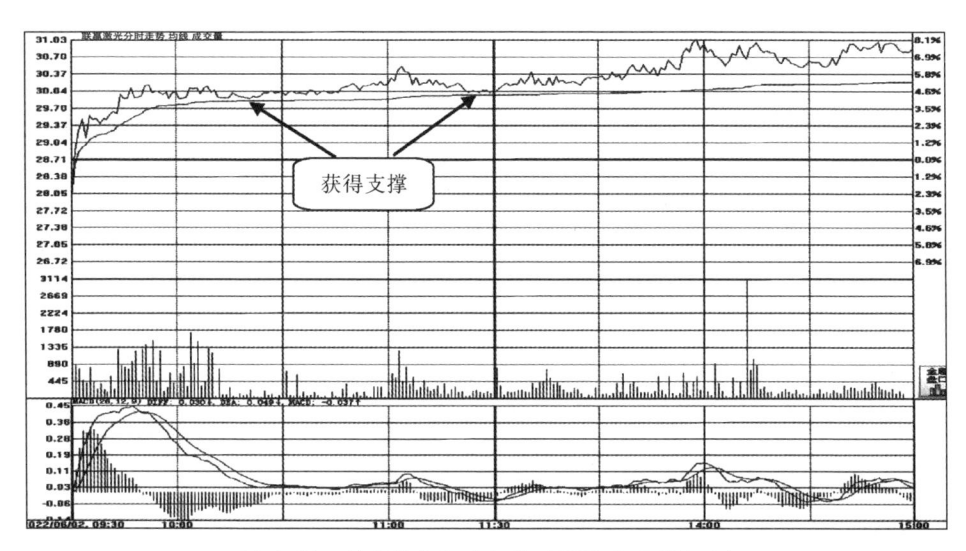

图 5-16 联赢激光分时走势（2022 年 6 月 2 日）

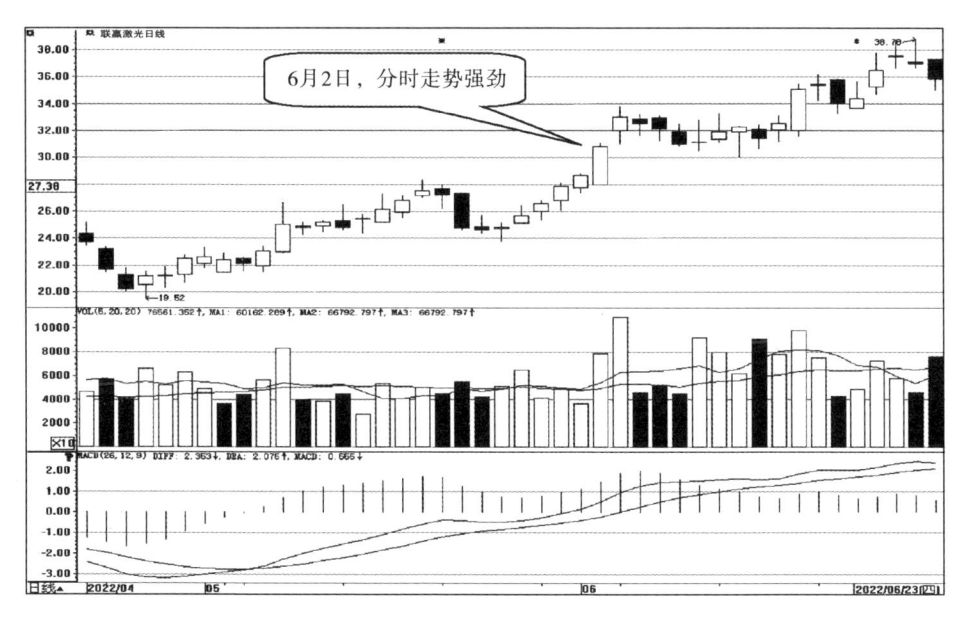

图 5-17 联赢激光日 K 线

如图 5-18 所示，2022 年 12 月 26 日，通程控股（000419）的股价在上午早盘时突破了其分时均价线，形成第一个买点。随后，股价又小幅回抽，但回抽未跌破分时均价线就再次向上，这是对上涨形态的确认，形成第二个买点。

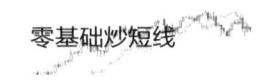

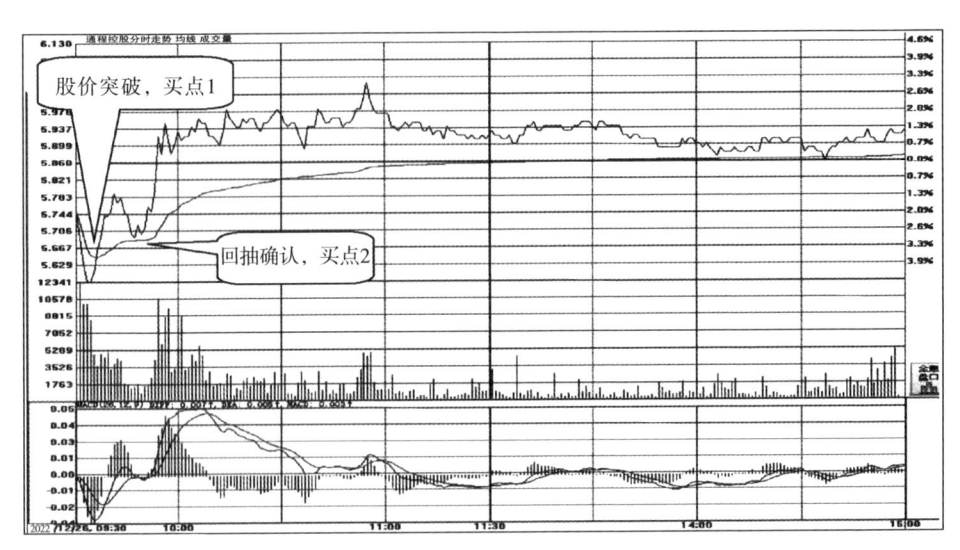

图 5-18　通程控股分时走势（2022 年 12 月 26 日）

股价突破均价线是当天走势由弱转强的一个重要标志，因此，突破均价线也是一种买入时机。

5.6.2　分时均价线阻力的卖点

当股价在均价线下方运行时，均价线会对股价产生阻力作用。因此，当股价回升至均价线位置、遇到阻力再次回落时，就构成了投资者盘中的卖出时机。

图 5-19 是 2023 年 1 月 3 日华天酒店（000428）的分时图。当日开盘后股价就在分时均价线下方运行，一直受分时均价线压制。之后，股价多次上攻，均在均价线处遇阻，构成盘中卖点。该走势显示市场具有较强的下跌动能，此后该股股价持续走软，如图 5-20 所示。

有时股价在盘中先是跌破均价线，随后回升，但是无力再回到均价线上方，就说明此次跌破的有效性得到了回抽确认，构成了另外一个重要的盘中卖点。

第 5 章 独具慧眼——短线看盘技巧

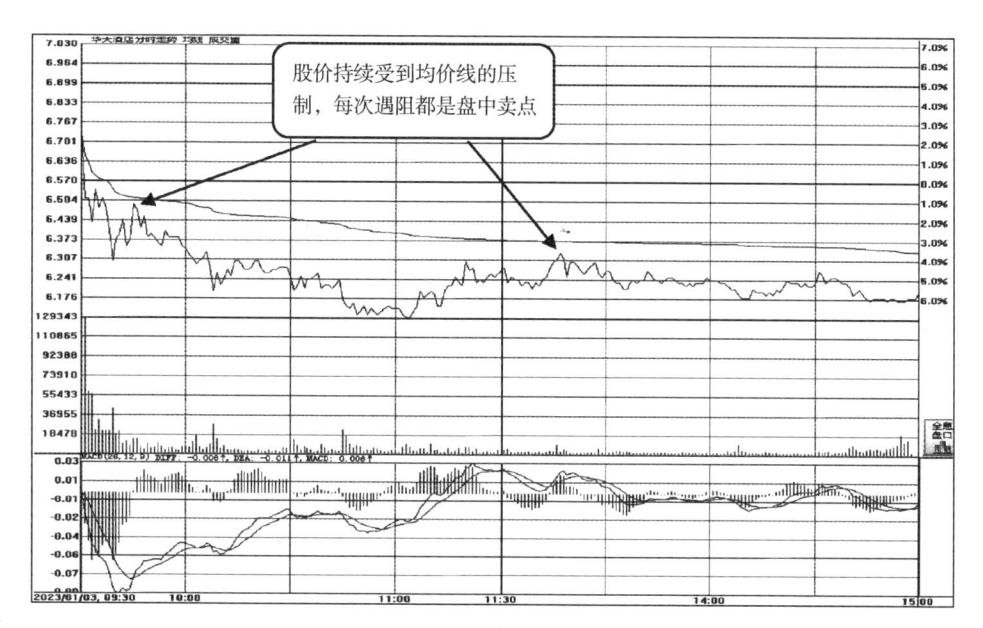

图 5-19 华天酒店分时走势（2023 年 1 月 3 日）

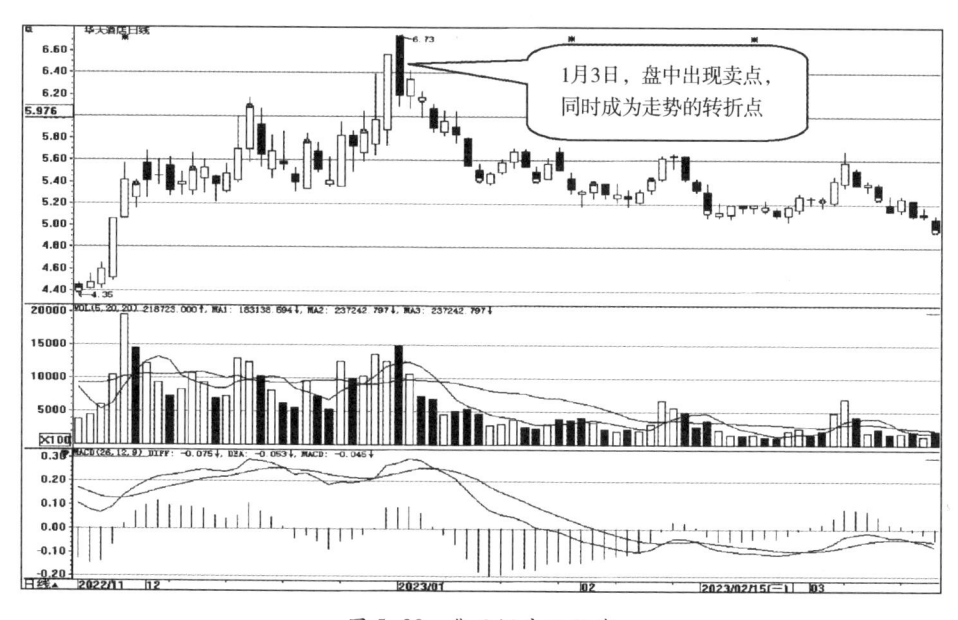

图 5-20 华天酒店日 K 线

如图 5-21 所示，2023 年 3 月 7 日，中国船舶（600150）股价开盘后一度上涨，随后又快速下跌，并跌破了分时均价线，这说明有大量投资者开始看

155

空后市并抛售股票,此时投资者应该尽快卖出手中的股票。之后,股价反弹确认,卖点2出现。

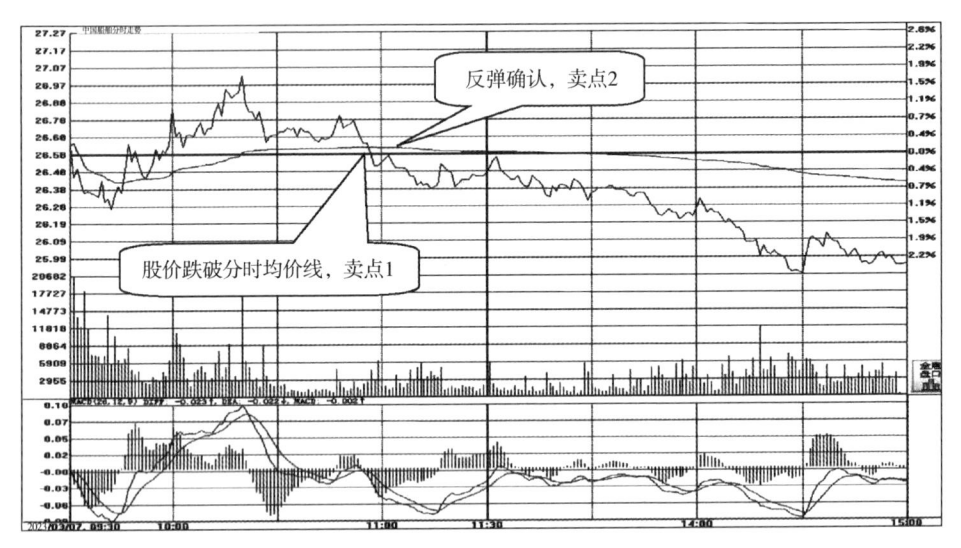

图 5-21 中国船舶分时走势(2023年3月7日)

5.6.3 分时线形态的买卖点

分时价格线的形态有时会呈现一些底部或者顶部形态,投资者可以根据这些形态,来把握具体的盘中买卖点。

1. 分时线的底部反转形态

当分时线下跌到低位后,形成 W 底、三重底、头肩底等底部反转形态时,说明股价下跌获得较强支撑,逐渐由下跌行情进入上涨行情。一旦分时线突破该形态的颈线,就说明上涨行情已经开始,形成买入信号。

分时线突破这类形态的颈线时,可能出现回抽,但不跌破颈线就会获得支撑再次向上。回抽是对突破形态的确认。当分时线获得支撑时,投资者可以加仓买入股票。

如图 5-22 所示,2023 年 6 月 12 日,派斯林(600215)开盘后出现一波快速的"下跌—上涨"走势，分时线在低位形成了双底形态。这个形态说明股价下跌获得了较强支撑。当分时线突破双底形态的颈线时，就是投资者买入股票的机会。

分时线突破颈线后，发生了小幅回抽，当回抽到颈线附近时再次获得支撑上涨。这次回抽是对突破形态的确认，也是投资者加仓买入股票的机会。

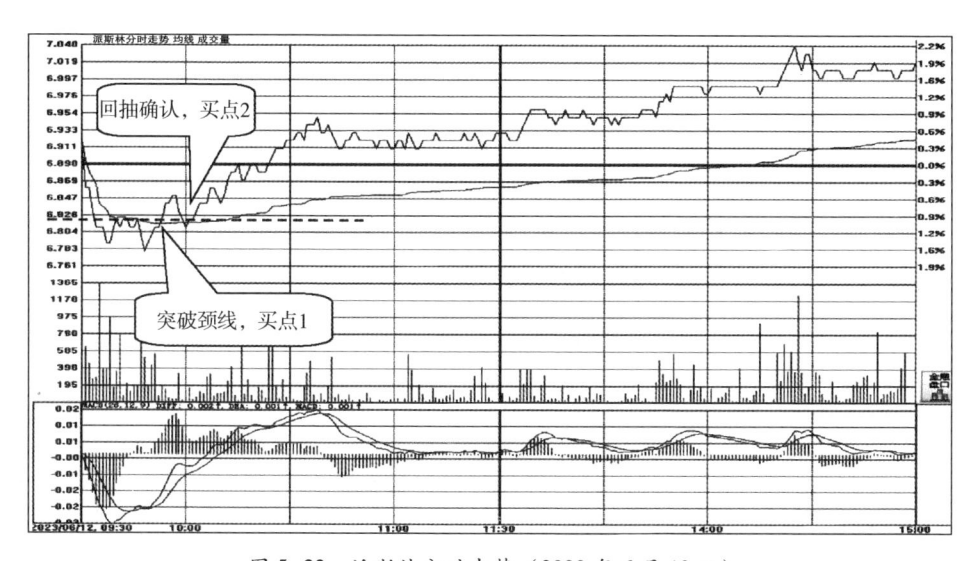

图 5-22　派斯林分时走势（2023 年 6 月 12 日）

实战经验

1. 如果在底部形态形成过程中成交量萎缩，而股价突破颈线时成交量放大，则是对多方力量强势的验证。这样该形态的看涨信号会更加强烈。

2. 有时分时均线会与颈线重叠，分时线突破颈线的同时也突破了分时均线。在这样的情况下，该形态的看涨信号会更加强烈。

3. 三重底和头肩底形态的颈线可能是水平线，也可能有一定倾斜角度，这并不影响该形态的看涨信号。

4. 发时线突破颈线后可能有回抽的过程，也可能没有。

2. 分时线的顶部反转形态

当分时线上涨到高位后，形成双顶、三重顶、头肩顶等顶部反转形态时，就说明股价上涨遇到较强阻力，逐渐由上涨行情进入下跌行情。一旦分时线跌破该形态的颈线，就说明下跌行情已经开始，形成卖出信号。

分时线跌破这类形态的颈线时，可能出现回抽，但回抽无法突破颈线就会遇到阻力再次向下。回抽是对跌破形态的确认，当股价回抽遇阻时，是投资者卖出股票的另一个时机。

如图5-23所示，2022年11月21日，金花股份（600080）下午开盘后股价连续两次在几乎同一价位遇阻回调，形成了双顶形态。这个形态显示多方力量已经衰弱，是看跌卖出信号。当分时线跌破双顶颈线时，说明空方力量已经开始打压股价，此时投资者应该卖出股票。

随后，分时线虽然小幅回抽，但是在颈线位置遇到阻力继续下降，这是对之前看跌信号的确认。如果投资者手里还有股票，此时应该尽快清空。

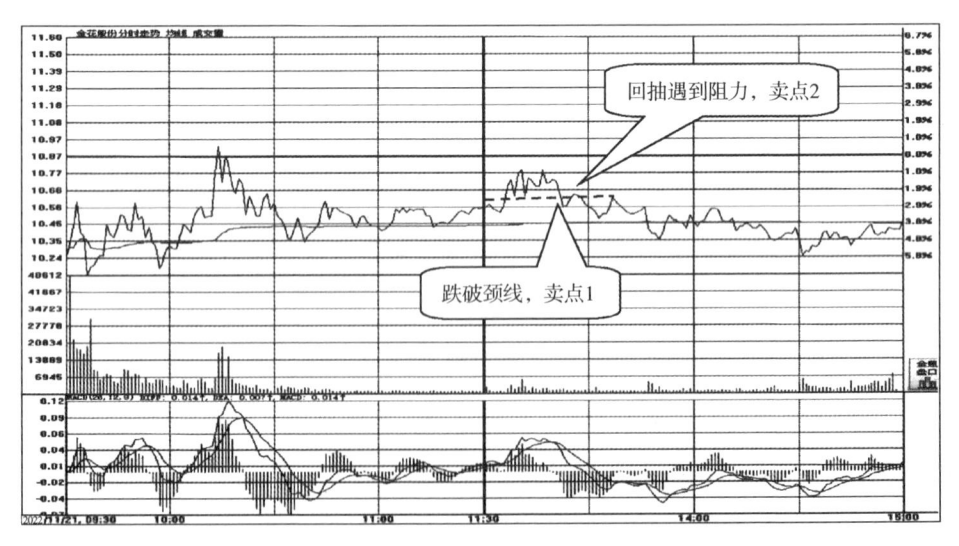

图5-23 金花股份分时走势（2022年11月21日）

> **实战经验**

1. 有时分时均线会与顶部反转形态的颈线重叠，分时线同时跌破颈线和分时均线，这相当于两个卖出信号叠加。在这样的情况下，该形态的看跌信号会更加强烈。

2. 三重顶和头肩顶形态的颈线可能是水平线，也可能有一定倾斜角度，这并不影响该形态的看跌信号。

3. 分时线跌破颈线后可能有回抽的过程，也可能没有。因此，投资者不能总是等到分时线回抽时才卖出股票。

5.6.4 分时线与分时MACD指标形成背离

1. 底背离

MACD指标由两条曲线和一组柱线组成，分别是DIFF线、DEA线和MACD柱线。其中，DIFF线是通过两条不同周期的EMA线（指数平滑移动平均线）之差计算得来的，DEA线是DIFF线的移动平均线。因此，在MACD指标的两条曲线中，波动比较频繁的是DIFF线，而DEA线明显比较平滑。

DIFF线是测算股价运行速度的曲线。如果分时线在震荡中下跌，每次下跌的底部越来越低，而DIFF线的底部却逐渐升高，二者就形成了底背离的形态。底背离形态说明虽然股价还在下跌过程中，但是其下跌速度已经逐渐变慢，未来股价有见底反弹的可能。

如图5-24所示，2023年5月24日，海正药业（600267）开盘后出现一波下跌走势，分时线降低。但此时，其DIFF指标线却逐渐上升，反而再创新高。DIFF指标线与分时线形成了底背离形态，这个形态说明股价的下跌速度正在减慢，未来有止跌反弹的可能。

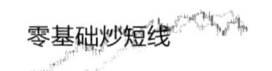

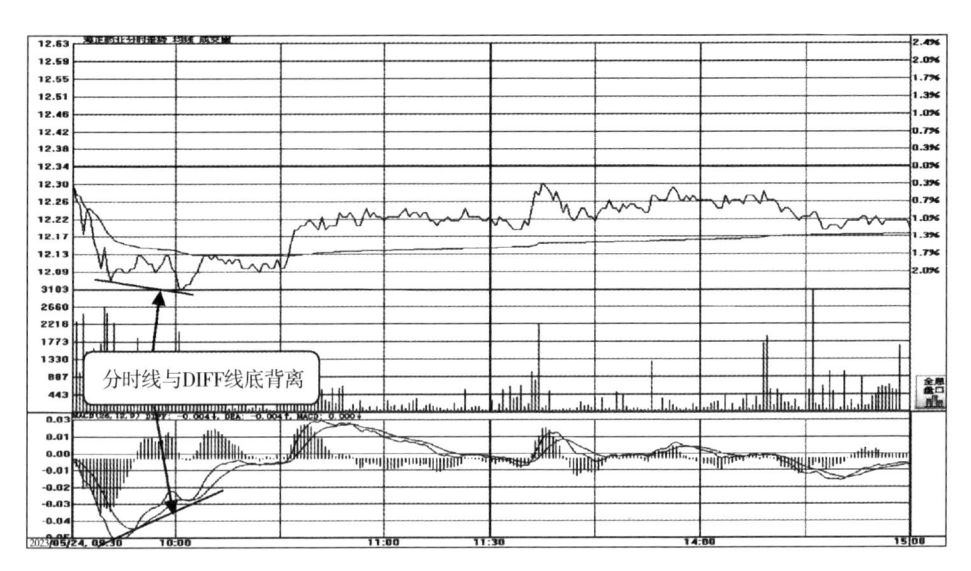

图 5-24　海正药业分时走势（2023 年 5 月 24 日）

实战经验

1. 背离形态完成时 DIFF 线的位置越高，该形态的看涨信号就越可靠。背离结束时如果 DIFF 线能上升到零轴附近，则该形态的看涨信号会更加可靠。

2. DEA 线与分时线的底背离可能出现在持续下跌行情的尾端，也可能出现在上涨中途的回调阶段。

2. 顶背离

如果分时线在震荡上涨过程中连创新高，走出一顶比一顶高的形态时，MACD 指标中的 DIFF 线却无法创出新高，出现了一顶比一顶低的形态，二者就形成了顶背离形态。DIFF 线与分时线的顶背离说明虽然股价还在上涨，但其上涨的速度已经越来越慢，未来股价有见顶下跌的可能。

如图 5-25 所示，2023 年 5 月 24 日，万华化学（600309）的分时线在上涨过程中连创新高，不过与此同时，其 MACD 指标的 DIFF 线却无法创出新高，DIFF 线与分时线形成顶背离。这个顶背离形态说明虽然股价还在上涨，但上涨速度正在减慢，未来有见顶下跌的风险。

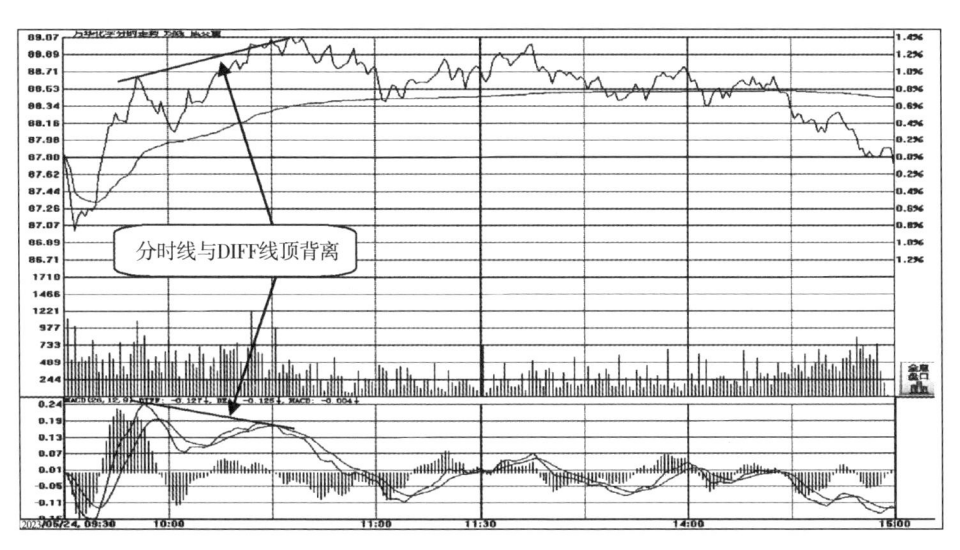

图 5-25　万华化学分时走势（2023 年 5 月 24 日）

实战经验

1. 背离形态完成时 DIFF 线的位置越低，该形态的看跌信号就越可靠。如果背离结束时 DIFF 线已经下降到零轴附近，则该形态的看跌信号会更加可靠。

2. DIFF 线与股价的顶背离可能出现在持续上涨行情的尾端，也可能出现在下跌中途的小幅反弹阶段。

第 6 章

紧跟潮流——短线选股技巧

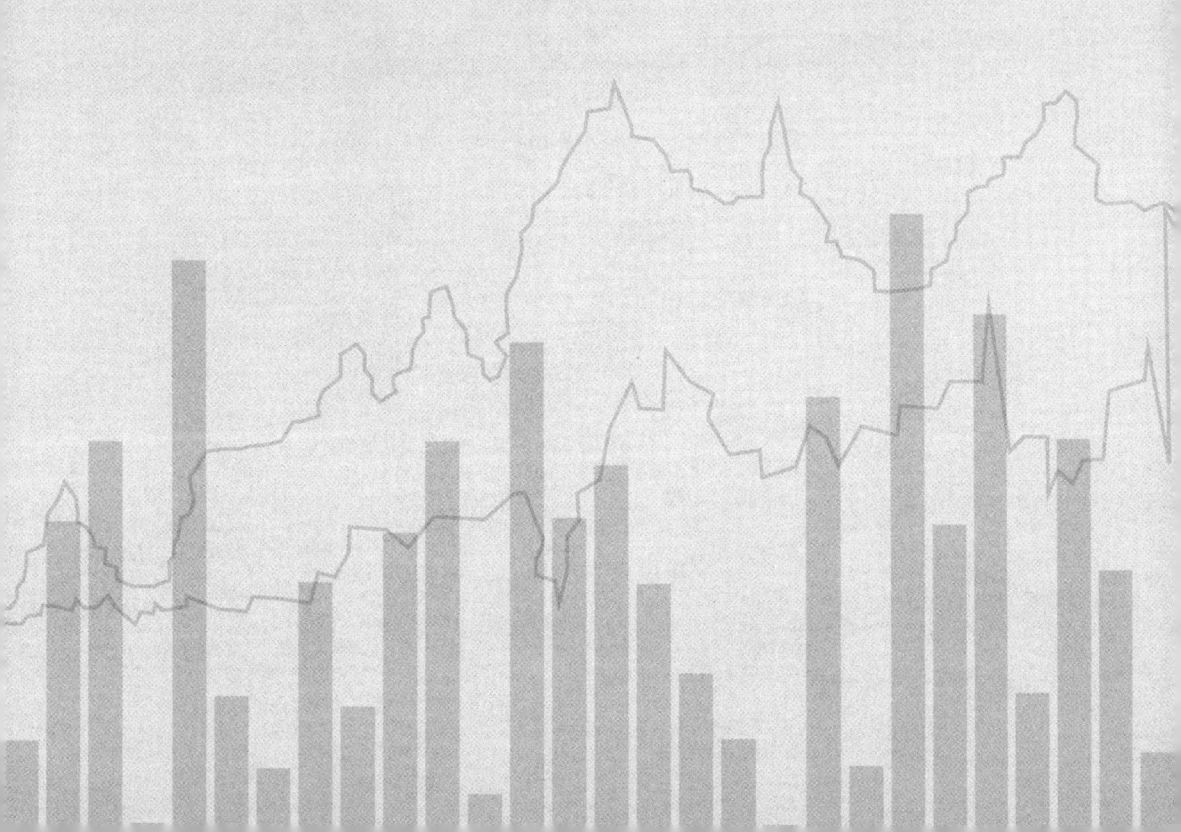

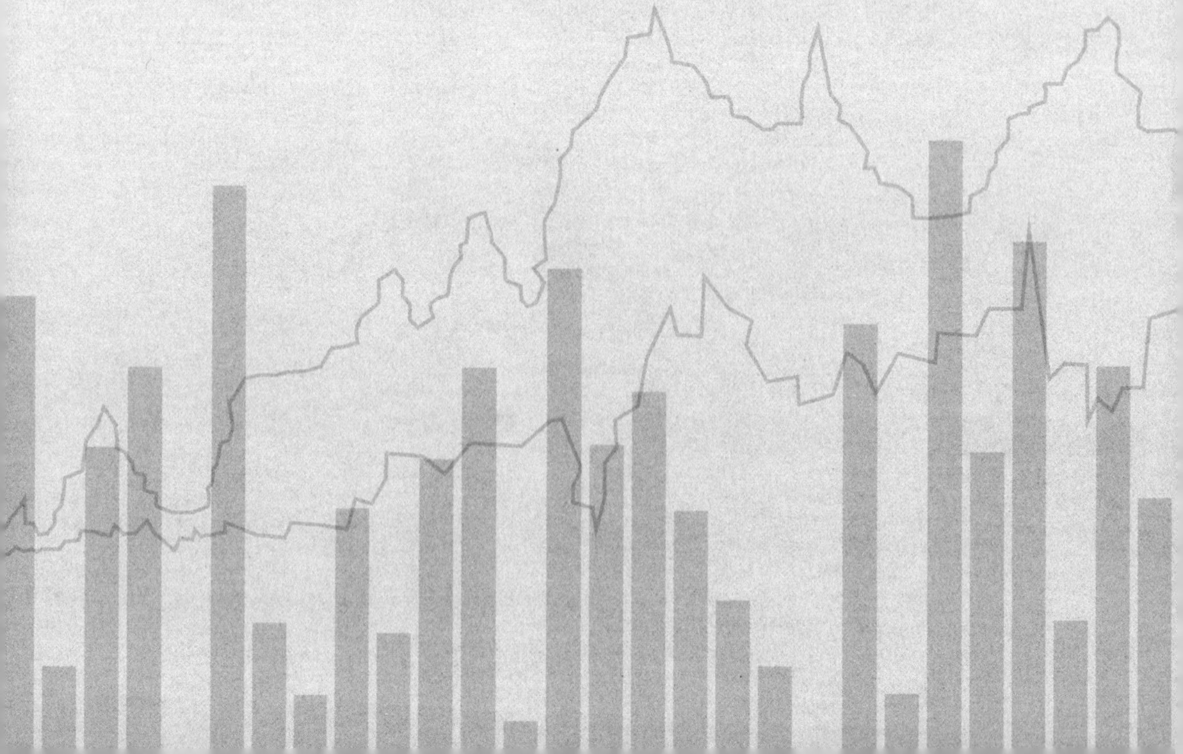

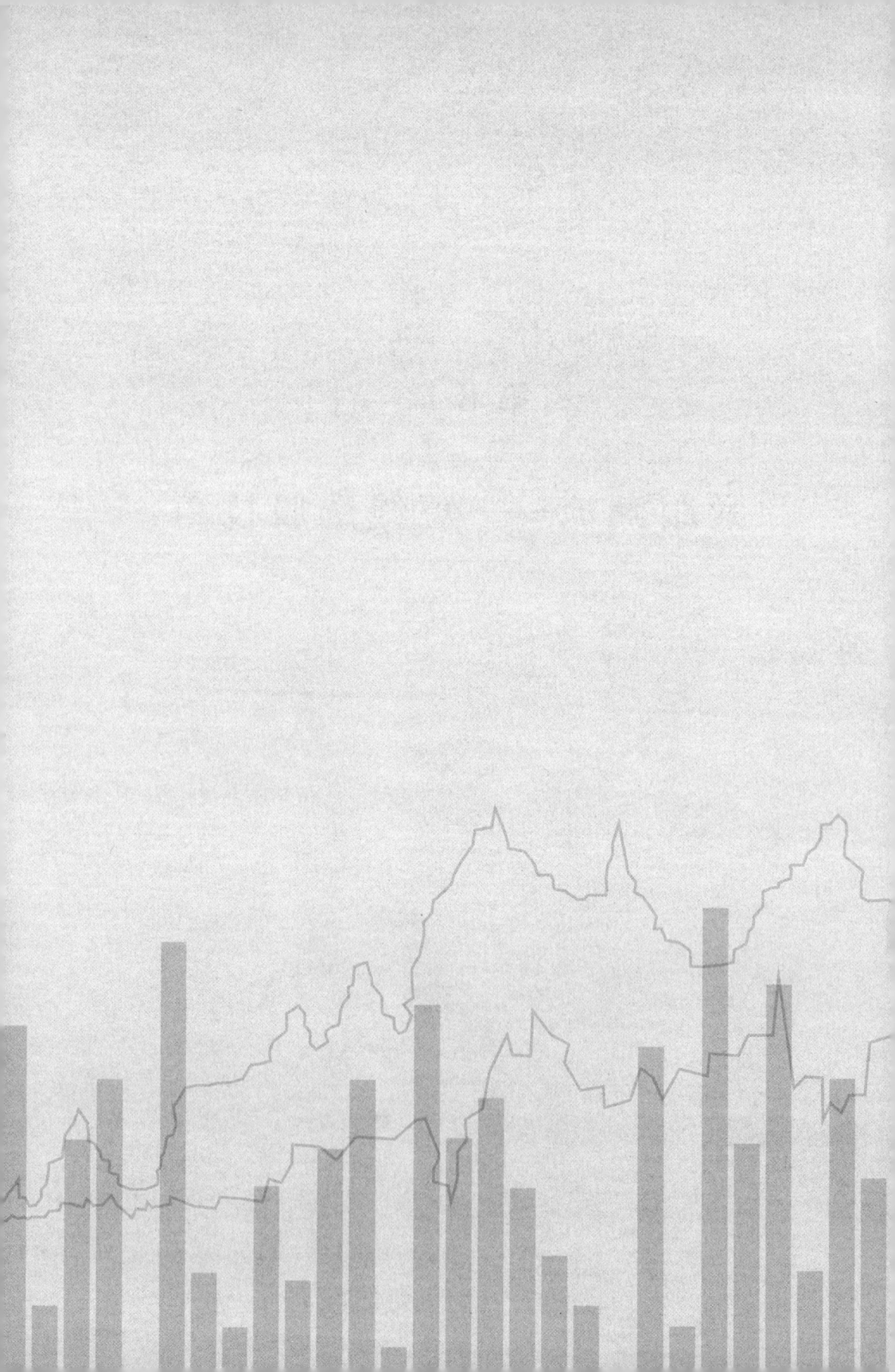

6.1 买强不买弱

短线交易的目的就是实现快速获利，提高资金的利用率，追逐强劲的上涨波段，规避疲弱的调整走势。因此，在尽量短的时间内，取得尽量多的收益，就是短线的重要目标。

那么短线选股的首要目标，自然就是选短期强势股。如果投资者买入了短期无法走强的弱势股，不仅降低了资金使用效率，而且长时间持有不涨的股票，也会加大短线交易的风险。

6.1.1 强者恒强，弱者恒弱

"强者恒强，弱者恒弱"，这里所说的"恒强""恒弱"并不是指某只股票一直都会保持强势或弱势，而是指在某个阶段相对其他的股票来说，其走势是强劲还是疲弱。

强势股票，主要可以在以下两种板块中寻找。

1. 牛市中的主流板块

一般来说，在每轮牛市中都会出现领军板块。这些板块在牛市中最早启动，最晚见顶。比如 2005 年至 2007 年 6124 点大牛市中的银行板块、地产板块以及有色金属板块等。如果短线投资者主要以这些板块为交易目标，无疑既能获得丰厚的收益，又能提高交易的安全性，可谓一举两得。

如图 6-1 所示，在 2005 年 998 点至 2007 年 6124 点的大牛市中，有色金属板块成为主流板块，其龙头股中金黄金（600489）更是涨幅惊人，复权后的整体涨幅近 50 倍。

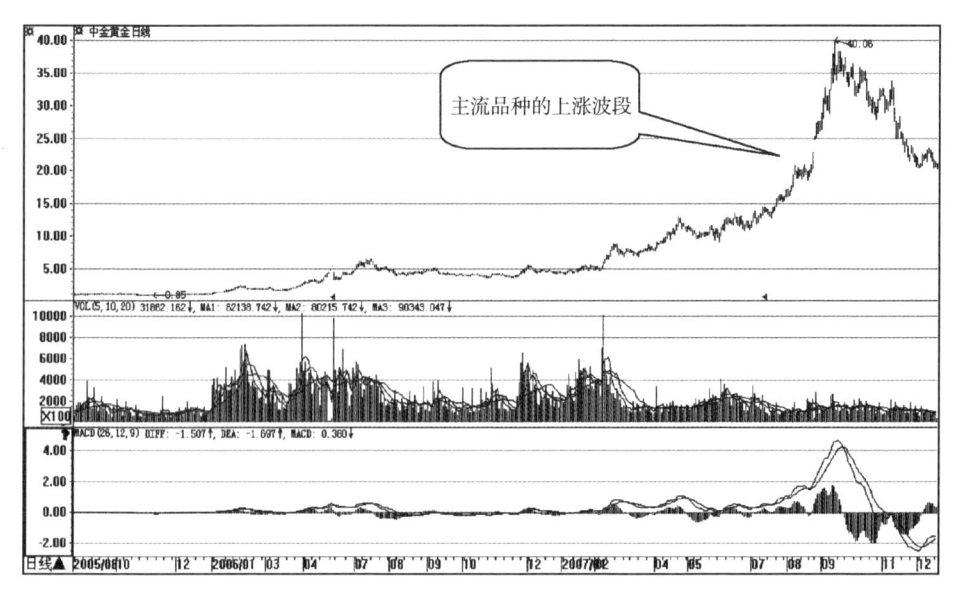

图 6-1　中金黄金日 K 线（复权）

2. 震荡行情中的轮动热点

在震荡行情中，市场会呈现热点板块的轮动现象。一个板块一旦启动并受到市场追捧，就会成为短期内市场上的强势板块。例如 2022 年至 2023 年的旅游餐饮、ChatGPT、新能源等板块，均出现了轮动炒作的情形。如果投资者能够把握住这些轮动热点，并能及时地在不同板块间进行轮换，无疑将获得丰厚的短线回报。

如图 6-2 所示，2022 年 10 月至 2023 年 4 月，ChatGPT 概念大火，其龙头股昆仑万维（300418）更是走势惊人。

连续大涨的强劲上涨行情

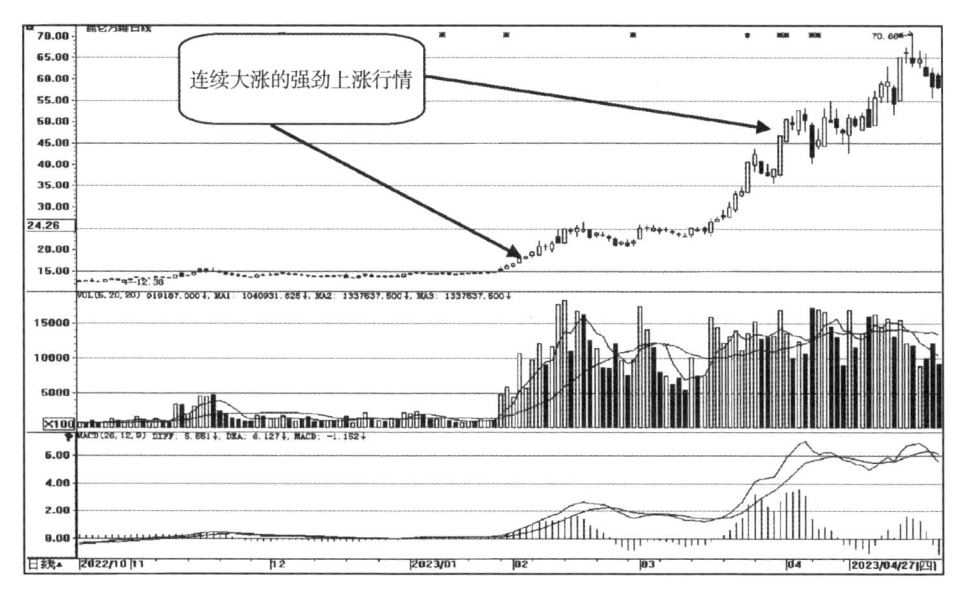

图 6-2 昆仑万维日 K 线

6.1.2 强势股的盘面特征

由于强势股启动迅速，往往能够快速封涨停，短线追逐强势股，最重要的是从盘面上快速地发现强势股。下面介绍强势股的主要盘面特征。

1. K 线走势强于大盘

一般来说，在强势股真正显山露水之前，都有一段或长或短的蓄势过程。在这个蓄势过程中，其走势会明显强于大盘。大盘上涨，它大涨；大盘下跌，它小跌或者横盘，显示有主力资金在积极运作。

图 6-3 是 2023 年 1 月至 4 月中际旭创（300308）日 K 线和上证指数的叠加走势（图中上方 K 线为中际旭创，下方为上证指数）。投资者可以从图中看出，从 2023 年 1 月开始，中际旭创与上证指数的走势出现分化，中际旭创的走势明显要强于上证指数，二者的 K 线构成了一个喇叭口。

与大盘指数形成喇叭口是强势股最大的盘面特征。该股成为短线投资者

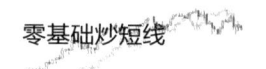

的重点关注品种。2023年3月22日，该股突破了此前的压力线，构成短线的突破买点。

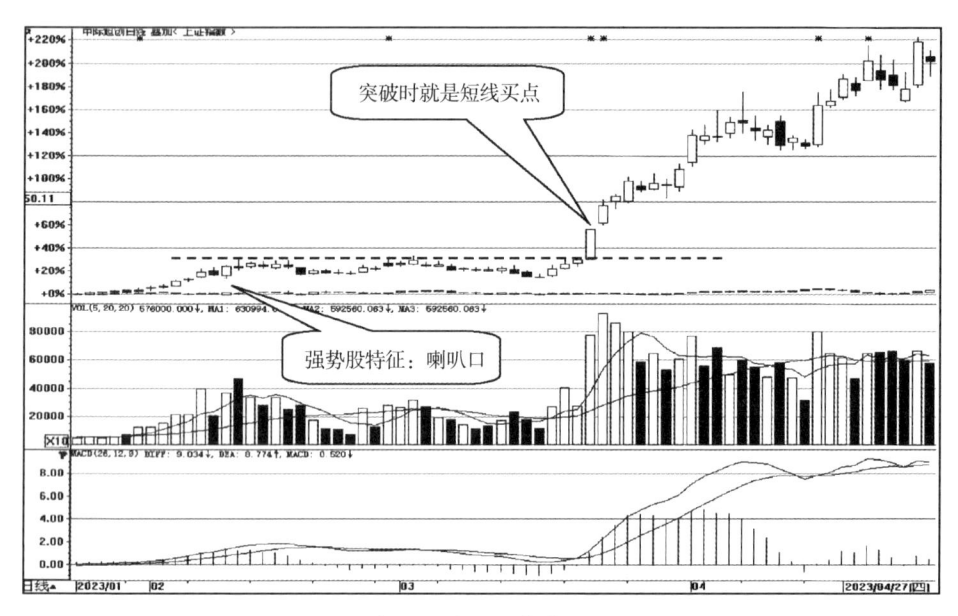

图6-3 中际旭创日K线叠加上证指数

2. 分时走势流畅

可势股的分时盘面上一般具有以下三个特征。

（1）分时价格线流畅。强势股的分时走势非常顺畅和自然，尤其是在盘中拉升时，不会拖泥带水。

（2）价量配合理想。强势股在盘中上涨过程中往往呈现价升量增、价跌量缩的价量配合关系。

（3）均价线支撑有力。强势股的股价在盘中回调时往往会受到均价线的强力支撑，甚至有时会在距离均价线较远的位置进行整理。股价在盘中调整时，与均价线的距离越远，说明其走势越强劲。

如图6-4所示，2023年4月19日，中科信息（300678）早盘的上涨走势流畅有力，均价线支撑明显，同时价量配合理想，符合强势股的三大分时特征。

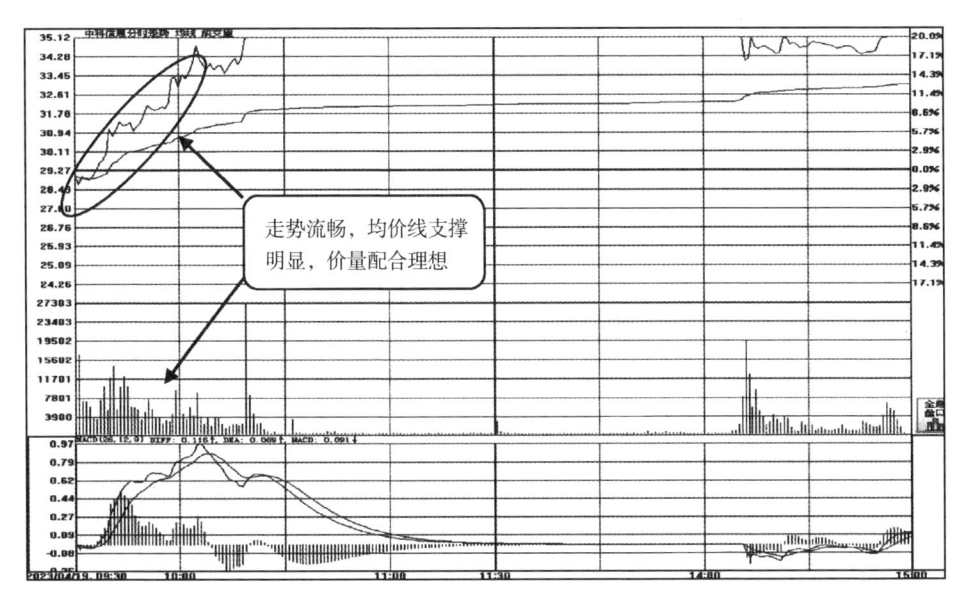

图 6-4 中科信息分时走势（2023 年 4 月 19 日）

实战经验

强势股因有主力资金操作，涨势凶猛，成为投资者短线中重点关注的品种。不过，强势股一般涨速较快，稍有犹豫可能股价已经涨高，投资者如果追高应该制定严格的止损策略，并合理地控制仓位，避免孤注一掷。

6.2 买小不买大

市场上的股票，按照其流通股本的大小，可以分为大盘股、中盘股和小盘股。就现在的市场规模而言，小盘股是指流通股本在 1 亿股以下的股票，而流通股本超过 5 亿股的，就称为大盘股。流通股本介于二者之间的，就是中盘股。

不过大盘股与小盘股的划分标准并不是一成不变的。随着市场规模的变化，其划分标准也在变化。

6.2.1 盘小身轻易炒作

每一个短线热点都是市场资金大力炒作的结果。由于小盘股的流通股本小，一般而言炒作所需要的资金也就比较少，更容易被炒起来。尤其在同一个板块中，盘子较小的股票更容易成为该板块的龙头股。

图 6-5 是 2023 年 6 月 16 日 CPO 概念（光电共封装）股票的涨幅排行。在当天 CPO 概念股票走势强劲，成为整个市场的热点品种。投资者可以看到，博创科技（300548）涨幅最大，而该股流通市值还不到百亿元。

序号	代码	名称	最新	涨跌	涨幅	加权涨幅	平均涨幅
0	994764	CPO概念	7766.19	+439.89	6.00%	8.60%	6.00%
1	300548	博创科技	42.77	+5.68	15.31%	15.31%	15.31%
2	300308	中际旭创	155.00	+20.21	14.99%	14.99%	14.99%
3	300303	聚飞光电	6.76	+0.67	11.00%	11.00%	11.00%
4	300502	新易盛	68.64	+4.84	7.59%	7.59%	7.59%
5	300757	罗博特科	84.75	+5.48	6.91%	6.91%	6.91%
6	300394	天孚通信	107.30	+5.90	5.82%	5.82%	5.82%
7	301165	锐捷网络					4.69%
8	002281	光迅科技	流通市值还不到百亿元				4.65%
9	000070	特发信息	10.18	+0.34	3.46%	3.46%	3.46%
10	600487	亨通光电	15.48	+0.41	2.72%	2.72%	2.72%
11	002396	星网锐捷	23.01	+0.52	2.31%	2.31%	2.31%
12	688313	仕佳光子	19.66	+0.41	2.13%	2.13%	2.13%
13	301205	联特科技	223.35	+4.33	1.98%	1.98%	1.98%
14	688498	源杰科技	283.00	+1.40	0.50%	0.50%	0.50%

图 6-5 CPO 概念股票涨幅排行（2023 年 6 月 16 日）

不过，投资者也要注意，是否选择小盘股还要看当时的资金充裕程度。当市场资金非常充裕时，有些盘子太小的品种，由于无法容纳较多的资金参与（流动性较差），无法吸引大资金介入炒作。当市场资金较为紧张时，那些盘子很小的股票由于其易炒作性，就有可能吸引短线资金的参与。

6.2.2 缩量震荡选小盘

当大盘呈现缩量震荡走势时，由于许多投资者持观望态度，市场的短期活跃资金较少。此时市场无力进行大盘股的炒作，而易于炒作的小盘股则很容易成为热点。

图 6-6 是深物业 A（000011）与深证成指在 2022 年 10 月至 12 月的走势叠加。投资者可以看出，在这段时间里，深证成指维持区间震荡的走势。而与此同时，一些小盘股却表现活跃，如深物业 A，在一个多月的时间里，涨幅近 40%。

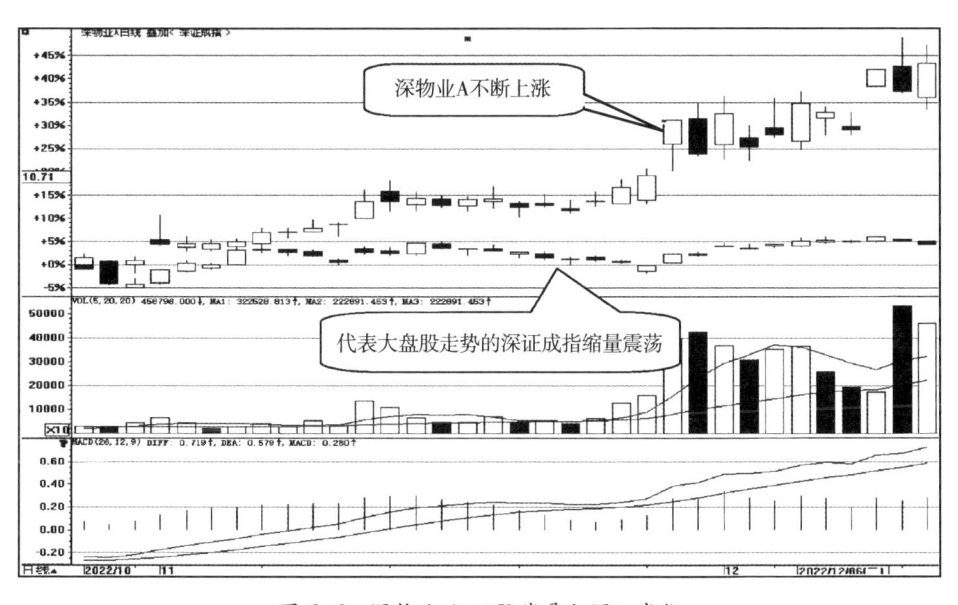

图 6-6　深物业 A 日 K 线叠加深证成指

实战经验

投资者要注意，并非在任何时候小盘股都要强于大盘股。在市场资金极度充裕的情况下，大盘股的涨势会强于小盘股。

6.3 买高不买低

对于所有的股票交易来说，盈利的本质都是实现低买高卖。对于短线来说，虽然也是低买高卖，但短线投资的"低"与中长线投资的"低"具有不同的含义。短线投资的"低"，是相对于后面的"高"来说的，就绝对价格来说，并非真的"低"。

这是因为，短线投资在选股时只需要考虑走势强弱，并不需要考虑股价高低。强势股由于启动早、涨得快，在投资者发现时往往已经有了相当的涨幅。此时投资者炒短线，要敢于"买高"，敢于"追高"。

6.3.1 没有阻力，只有获利

投资者追逐强势股，除了可以根据前边提到的盘面特征、走势特征选股，还有一个重要的选股技巧，就是寻找那些创出新高的股票。

（1）当某只股票的股价创出历史新高，说明持有该股的投资者多数处于盈利状态，而且上方没有套牢盘，也就意味着没有阻力位。相比那些上方有着重重套牢盘的股票来说，这种创出新高的股票涨起来会更加轻松一些。

（2）在一轮行情里，能够早早创出历史新高的股票往往是此轮行情的主流品种或者热点强势股，值得短线投资者重点关注。

（3）股价在创出历史新高后，短期内往往会利用惯性继续上涨。

如图6-7所示，2023年2月8日，联特科技（301205）突破前期高点，并创出历史新高，投资者可以短线积极入场。3月30日，该股再次突破前期高点，再创历史新高，构成了另一次短线买入时机。

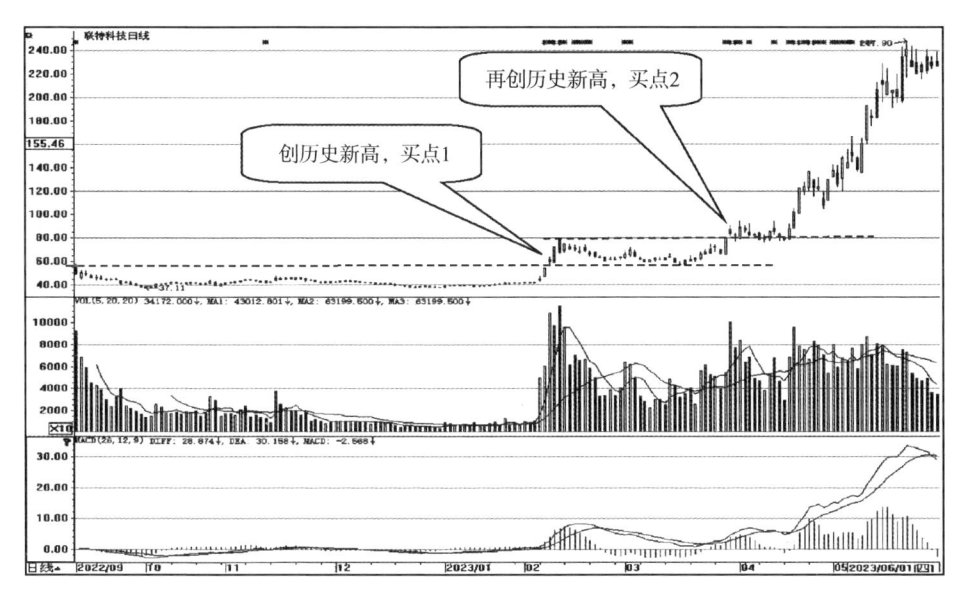

图 6-7 联特科技日 K 线

6.3.2 高举高打，高买高卖

炒股是个概率游戏，即使再有把握，也要防止对自己不利的小概率事件的发生。因此投资者买卖股票时要时刻记得给自己留有余地，不可一次性全部买进或者卖出，而应分批、分仓交易。

例如，当投资者买入时，可以分两次买入。第一次买入后，如果股价继续走强，或者强势特征进一步显现，那么可以加仓买入。如果股价开始走弱，那么投资者不仅不能再次入场，还应注意进行止损操作。

就短线而言，加仓买入要遵循的一个重要原则是：加仓买入价格要高于（至少不低于）第一次买入的价格。只逢高加买，不逢低补仓，是短线交易的重要原则。

如图 6-8 所示，2023 年 3 月 22 日，新易盛（300502）股价强势上涨，并突破前期高点，短线买点出现。投资者此时可以进行初次买入。随后的几个交易日，该股继续保持强势，说明该股行情仍可看高一线，加仓买点出现。投资者此时可以加仓买入。

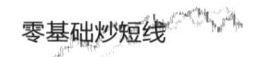

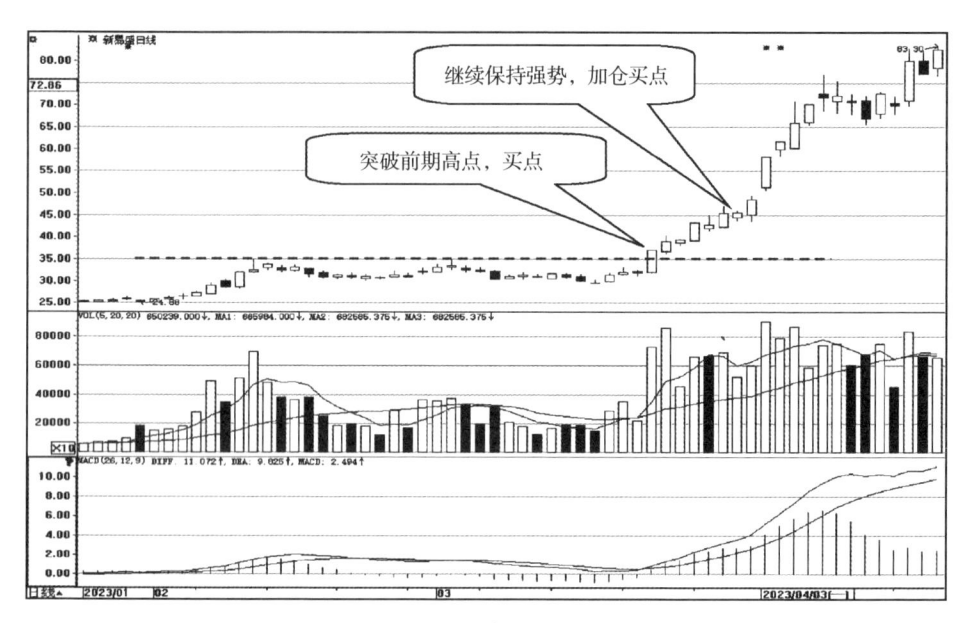

图 6-8 新易盛日 K 线

实战经验

短线投资最好选择趋势已经走好、股价处于上涨中的个股跟进，这样可以做到"吃鱼吃中段"。不要介入那些走势低迷的个股，可以保持关注，待它走势转暖再买入也不迟。

6.4 买热不买冷

短线交易的一个重要选股方向就是热门股。热门股，意味着市场的关注度高，投资者的参与度高。这种股票往往也是强势股、龙头股。投资者可以在预热阶段或者刚刚转热就及时买入，在热度开始降低时及时卖出，这样往往可以获得丰厚的短线收益。

对于短线投资者而言，要避免买入冷门股。虽然冷门股也有转热的可能，但是一方面，其转热的时间不确定，如果陷入冷门股的低迷行情中，会降低资金使用效率。另一方面，冷门股往往是弱势股或非主流品种，即使冷门股开始转热，其行情力度、涨幅等也非常有限，并不适合短线参与。

6.4.1 众人拾柴火焰高

正所谓"众人拾柴火焰高"，在股市中，当某一个板块、某一只股票因利好消息的出台受到越来越多的人关注，这个板块或个股就成了热点，会被市场追捧。投资者买入此类股票，只要制定并严格执行交易纪律，短线就会有不菲的获利。

如图6-9所示，2022年11月，OpenAI公司发布ChatGPT程序，引发全球范围内的新一轮人工智能技术应用热潮，股市中迅速形成ChatGPT概念股。

受到该潮流影响，12月，海天瑞声（688787）股价开始上涨，形成一波爆发式上涨行情。投资者可以及时跟进，尤其在其突破前期高点时要注意短线买入。

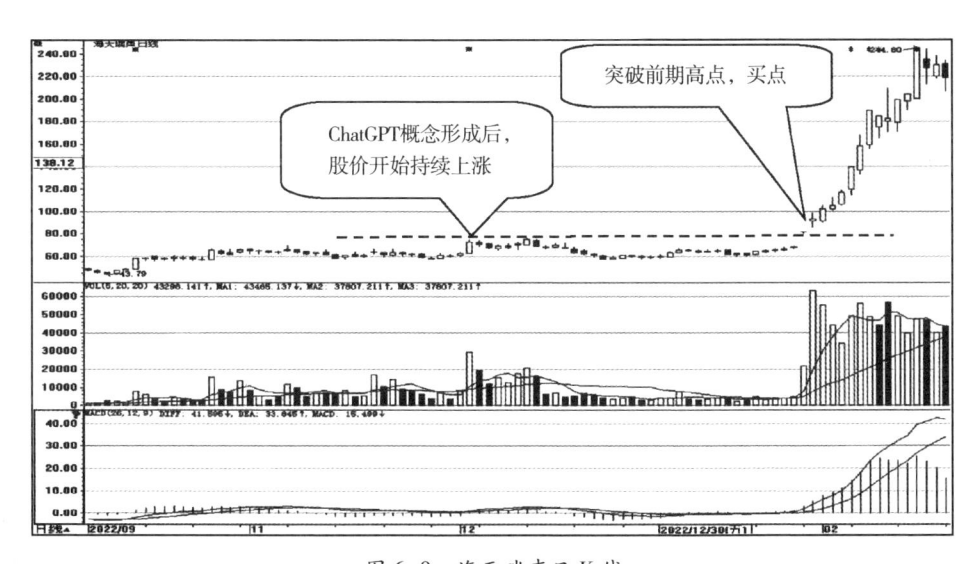

图6-9 海天瑞声日K线

6.4.2 快进快出炒热点

受到市场广泛关注并热烈追捧的热门股,虽然会出现大幅飙升的走势,但是也会带来较大的短线风险。由于关注并参与其中的投资者很多,这种情形就为机构出货创造了良好的条件。一旦该股缺乏后续资金的参与,或者机构顺利出货,那么后续的下跌也将比较猛烈。

因此投资者在参与热门股票时,要切记快进快出。

(1)买入时要坚决,看准了就动手,不可犹犹豫豫。另外,买入要趁早,最好在行情启动的前两个交易日买入,否则就要非常谨慎,防止追高被套。

(2)卖出时更要快。股价一旦开始走弱,就应毫不犹豫地离场。不要对行情抱有过高的期望,也不要心存贪念。

如图6-10所示,2023年3月13日,久远银海(002777)股价突然暴涨,最终被拉升至涨停价位。这说明有多方力量突然爆发,投资者可以买入该股,之后几个交易日该股大幅上涨。待股价走软时,投资者应该迅速卖出离场。

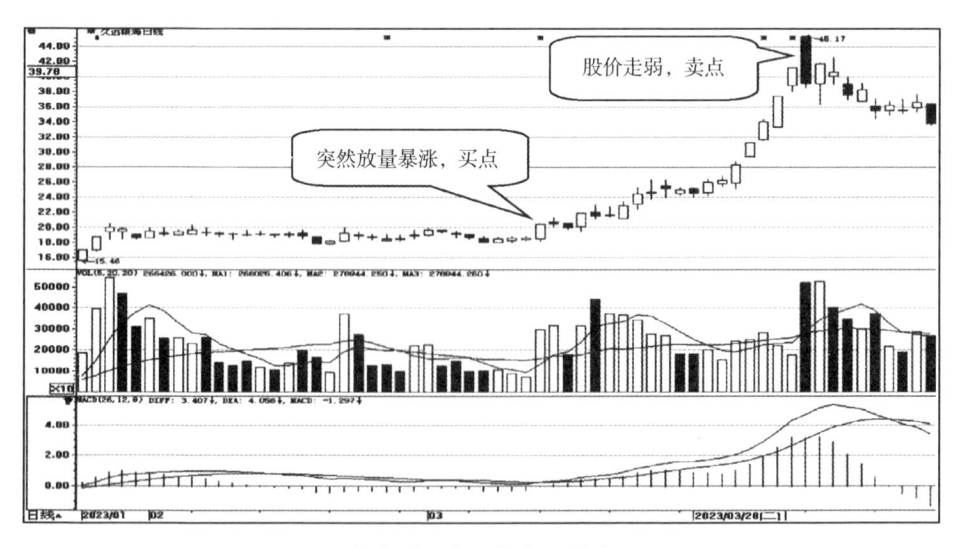

图6-10 久远银海日K线

实战经验

在震荡行情中会呈现热点轮动炒作的规律。因此，投资者要注意把握板块轮动的节奏，时刻注意观察市场行情的转变，尽量在热点出现的初期就介入。

6.5 买新不买旧

刚刚上市的新股，组成了证券市场上的一个独特板块。这些品种由于有着"老股票"所没有的一些优势，常常受到短线资金的青睐，也成为短线的重要选股标的。

6.5.1 无历史、无指标、无机构

刚上市的新股，具有以下几个特征。

（1）无历史走势。新股没有历史走势可以供投资者分析，上方也没有历史套牢盘，没有解套压力，新股的成本分布非常容易研判。

（2）没有技术指标。由于新股上市时间短，绝大部分技术指标还无法计算，这就为新股走势的研判增加了难度，也增添了不少变数。因此，新股的股性往往是最为活跃的。

（3）新股刚上市时，尤其是第一个交易日，实力机构还没有入驻。另外，新股上市前几个交易日，成交量往往很大。例如，大部分中签的投资者会选择在首日卖出。因此对于新资金而言，新股是合适的建仓对象，尤其是那些受到市场追捧的新股，容易出现抢盘行为。

由于以上三个特征，新股很容易成为市场上的短期热点，并吸引众多短线资金参与炒作。

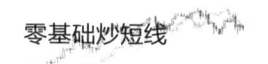

如图 6-11 所示，2022 年 8 月 18 日，源飞宠物（001222）开始挂牌交易。该股上市后获得短线资金青睐，出现连续一字涨停的走势。

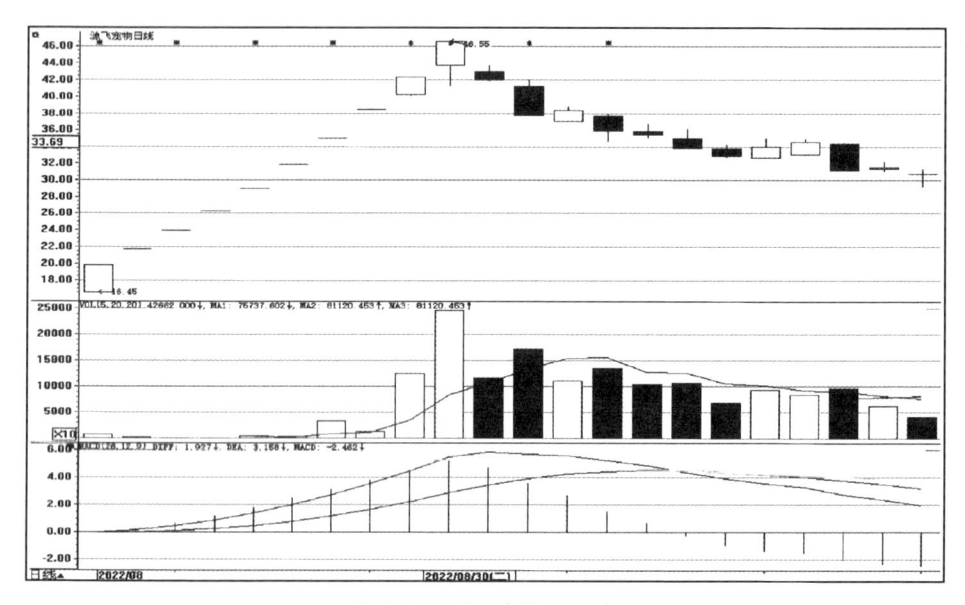

图 6-11　源飞宠物日 K 线

6.5.2　看题材、看换手、看走势

投资者在选择新股作为短线标的时，需要关注以下几个因素。

（1）概念。最好具有"第一"或"唯一"的概念。例如，中国人寿是"第一个"在 A 股上市的保险股，粤传媒是"第一个"由三板转到主板上市的品种。

（2）独特的品牌。凡有良好品牌的股票，一般上市后都会被炒作。例如，全聚德具有"百年品牌"的概念，上市之后受到市场热烈追捧。

（3）特殊地区。所处地域比较特殊的新股，也容易被炒作。例如，宁波银行由于地处游资众多的江浙地区，上市后短期走势非常强劲。

（4）看换手。新股的换手率是该新股能否被炒作的晴雨表。一般而言，开盘后 5 分钟的换手率情况，是判断新股短线走势的重要依据。

有资金积极介入的新股，上市首日第一个 5 分钟的换手率一般在 10%以上，15 分钟换手率在 20%以上，30 分钟换手率在 30%以上。换手率越高，说明资金建仓的力度越大，后市上涨的阻力就会越小。

（5）看走势。稳健型的投资者可以多看看新股上市之后的走势。由于新股上市首日都有很高的换手率，首日的价格范围就成为新股的密集成本区。

如果某只新股在后市中股价能够保持在上市首日收盘价的上方，就说明有短期主力在积极运作，投资者可以重点关注。

如图 6-12 所示，2022 年 8 月 5 日，弘业期货（001236）正式挂牌交易。之后，该股股价长时间站在上市首日的收盘价之上。8 月底，股价回调，长时间在 10.6 元上方震荡，始终没有跌破发行价。10 月 12 日，股价经过长时间震荡后再次上涨，同时 K 线形成看涨吞没形态，短线买点出现。

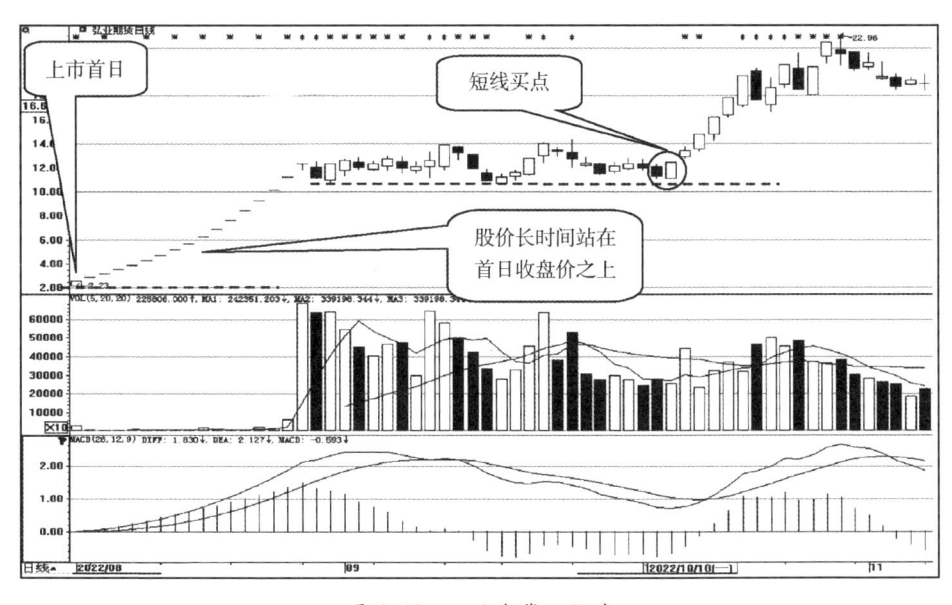

图 6-12　弘业期货日 K 线

实战经验

在牛市中,没有老庄的新股、次新股往往会成为新入市资金的首选品种。因此,投资者要密切关注那些概念独特的新股的盘面动向,一旦符合买入条件,即可大胆买入。

第 7 章

稍纵即逝——短线买入时机

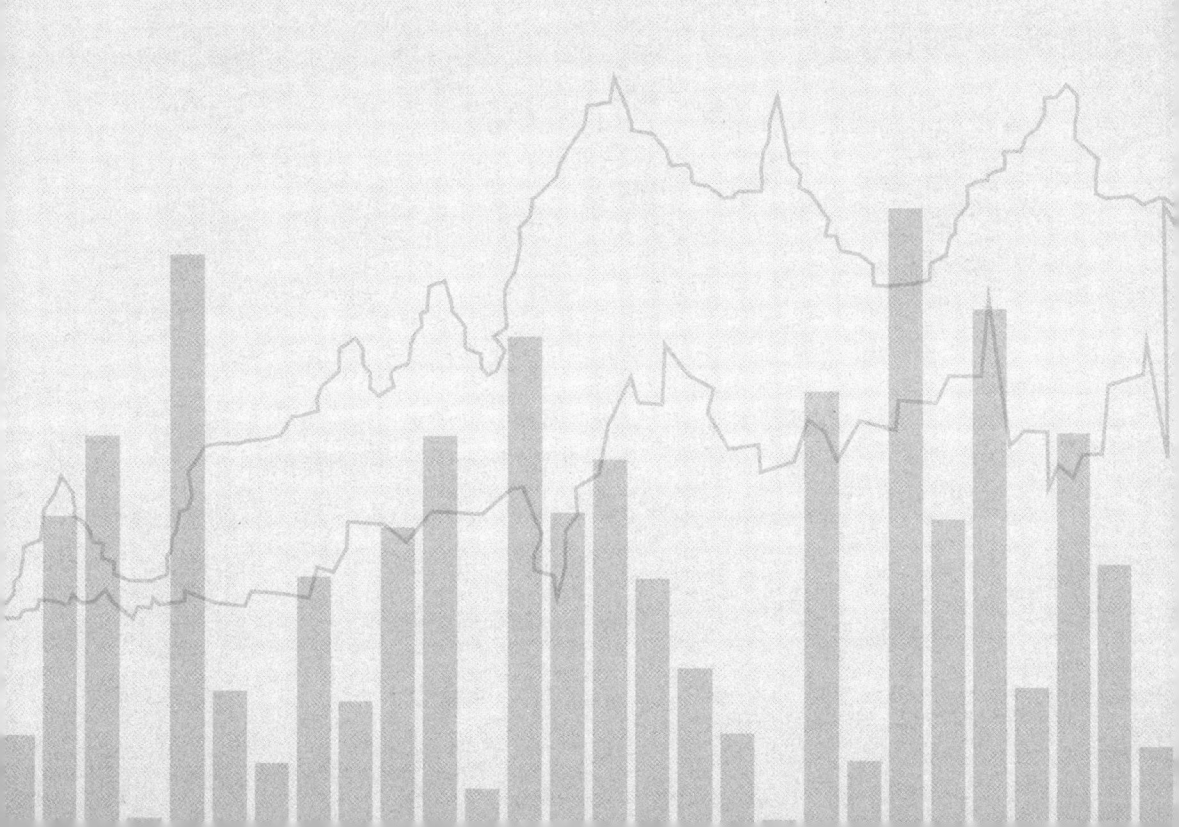

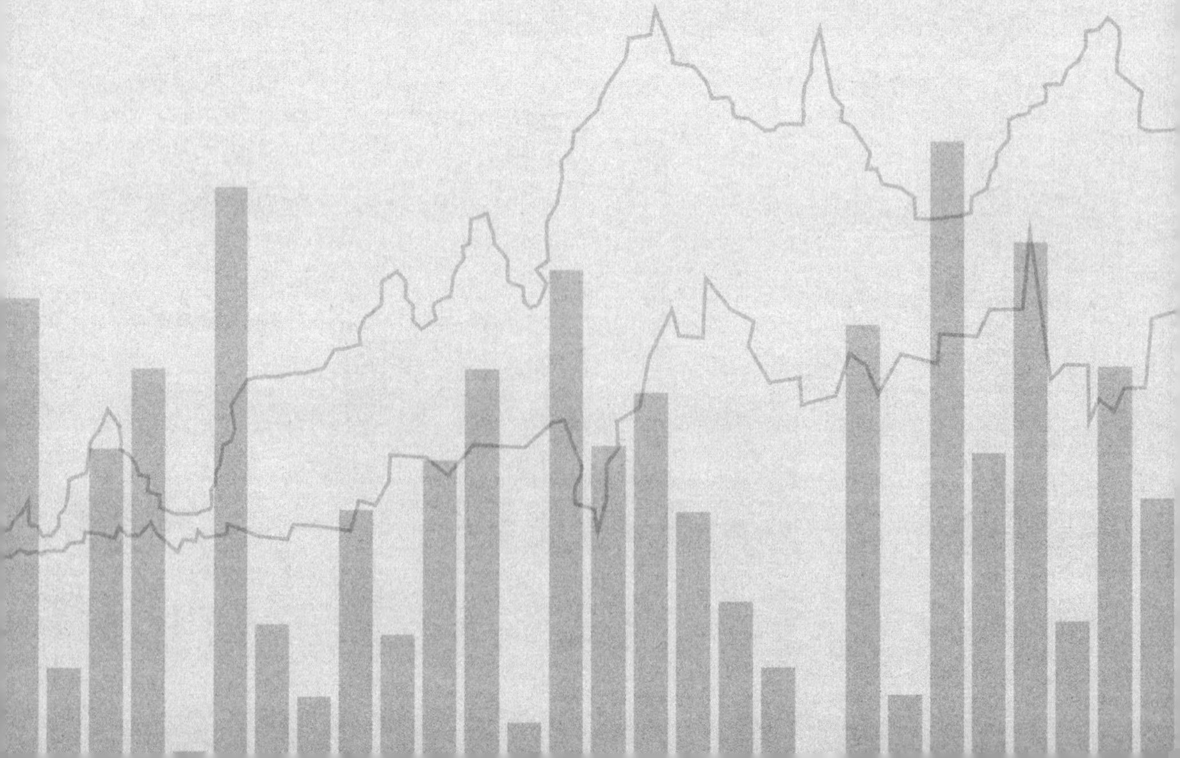

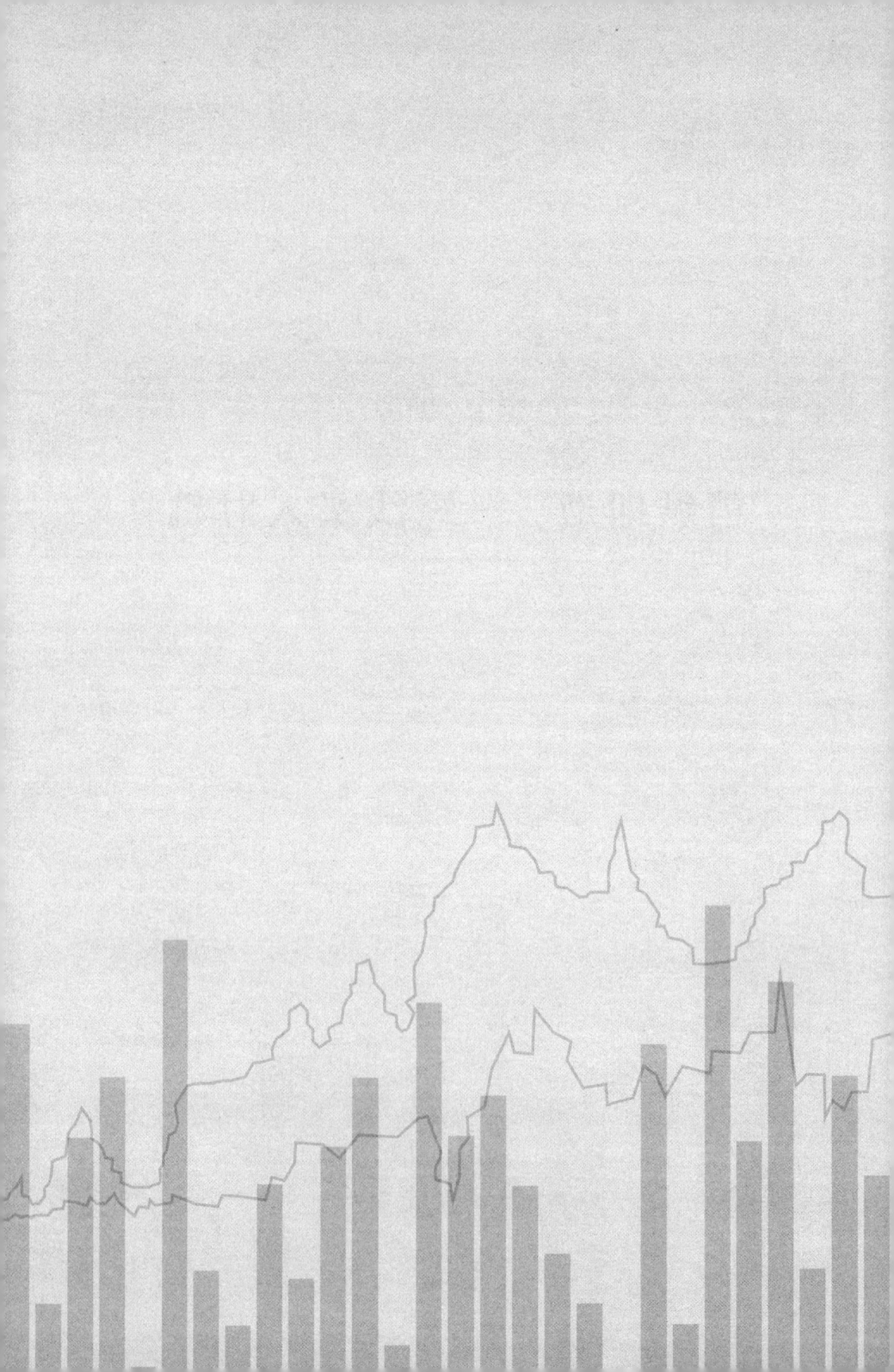

7.1 突破——短线黄金买入时机

突破，从表面上看是指股价终于突破了某个阻力位，如前期高点、上方密集成交区（套牢区）、某条重要的均线、压力线、底部或顶部形态的颈线位置等。实际上，有效的突破意味着股价进入了一个新的运行阶段，意味着上涨空间的打开，意味着股价运行速度的改变。所有这些变化，都代表着丰厚的利润、很高的胜率，以及安全性。因此，突破也就成为短线的黄金买入时机。

7.1.1 认清突破的两个问题

在投资者利用突破进行短线操作之前，首先需要解决好以下两个问题。

1. 如何确认突破

股价出现何种走势，才算是真正的突破？这里有两个确认原则。

（1）收盘价原则。收盘价超越阻力位置才算突破，如果仅仅是上影线超越阻力位置，并不算真正的突破。

（2）有效原则。突破分为有效突破和失败突破。有效突破是真正的突破性走势，而失败突破则指股价短暂突破后很快又跌回到阻力位之下，相当于虚晃一枪。判断是否是有效突破，有一个简单的"三三原则"：股价（以收盘价为准）超越阻力位的幅度达到3%以上，或者收盘价能在阻力位之上保持至少3天（最好5天）。

如图7-1所示，2022年8月下旬至10月上旬，常山北明（000158）不断下跌，股价持续在22日均线下方运行，22日均线显现出了较强的阻力作用。

2022年10月14日，随着股价的回升，该股突破了22日均线。此次突破

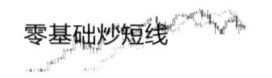

后，股价冲高回落，在 22 日均线上方震荡，逐渐站稳，说明此次突破属于有效突破。10 月 26 日，股价放量加速上涨，此时投资者可以把握该买入时机。

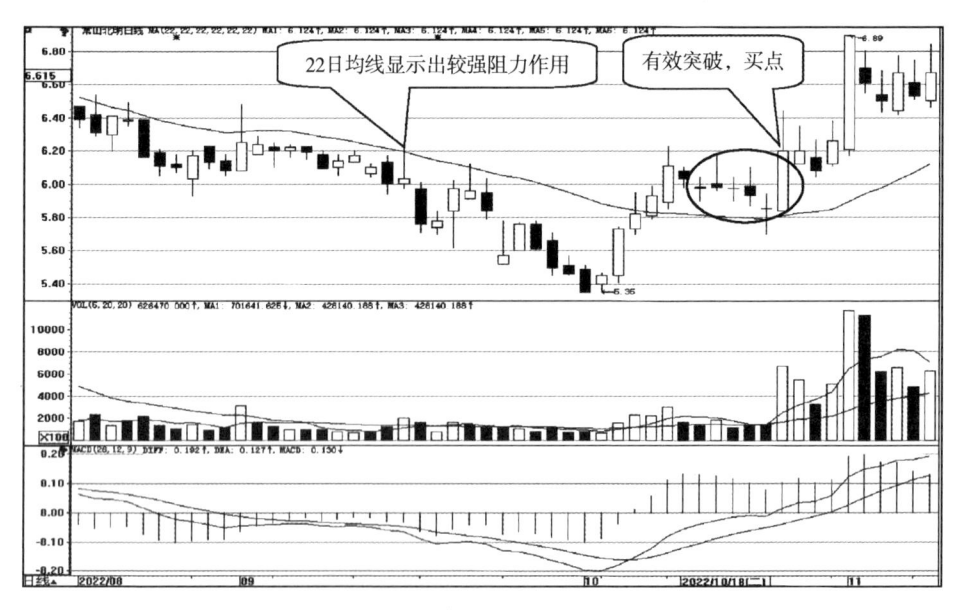

图 7-1　常山北明日 K 线

2. 假突破是什么，该如何应对

除了有效突破和失败突破，还有一种突破称为假突破，是指股价在有效突破某个阻力位后，又重新跌回这个阻力位之下。

假突破往往是机构故意设置的诱多陷阱。机构先是制造有效突破的走势，吸引众多投资者入场，而机构则趁机大力出货。一旦出货完毕，股价也将再次被打回原形。

假突破是投资者经常遇到的交易陷阱之一，其杀伤力大，欺骗性强，而且很难在事前进行研判和识别。为了既能把握住突破的交易良机，又能尽可能避免假突破所带来的损失，投资者可以用设定止损位的方法来应对这一陷阱。

股价在突破某阻力位后，投资者可将该阻力位设为止损位。如果后市股价不再跌破这个止损位，就可以认定本次突破为有效突破。一旦股价跌破该止损位，那么本次突破属于假突破就得到确认，投资者应尽快止损卖出股票。

如图7-2所示，2023年1月3日，吉林化纤（000420）放量上涨，股价突破22日均线，并在此后的几个交易日当中，都能维持在前期高点之上，说明此次突破属于有效突破。投资者可在股价回调得支撑时进行买入操作，并将前期阻力位（突破后转化为支撑位，支撑作用明显）4.68元设为止损位。

在2月16日，该股出现下跌走势，并跌破了22日均线。2月20日，股价触及止损线，假突破得到确认。此时投资者应立即止损卖出，以避免出现更大的损失。

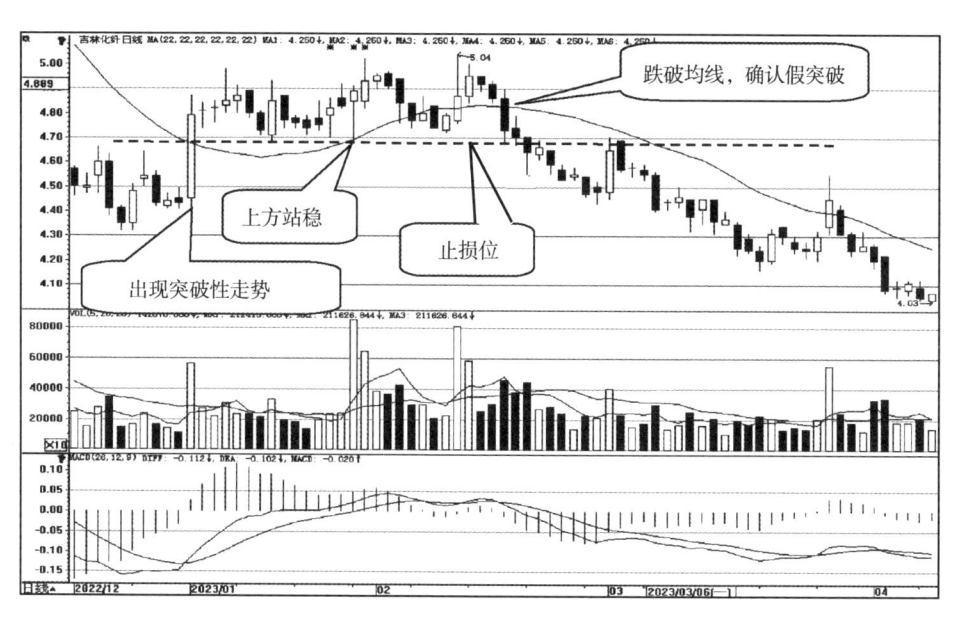

图7-2 吉林化纤日K线

7.1.2 把握突破的两个买点

一个好的买点，应该是既买在上升趋势已经确立时，又买在上升趋势启

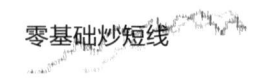

动的初期，同时又能够根据买点设置合理的止损位。一般来说，突破的买点有两个。

买点1：股价形成突破走势时。

买点2：有时股价在突破某个阻力位后，会再次回到该阻力位处。如果股价在这个位置获得支撑重新上涨，就称为"回调确认突破的有效性"。此时突破的有效性得到了验证，买入的可靠性更高，是理想的买入时机。

买点2的实质是"阻力被突破后变为支撑，支撑被跌破后变为阻力"的市场规律。

在把握买点1和买点2时，投资者需要注意以下两个问题。

第一，有时股价突破阻力位后，并没有回调确认的走势，而是继续上涨，那么此时就只有买点1，而没有买点2。

第二，由于股价刚形成突破时，其涨势往往比较猛烈。此时投资者如果根据"三三原则"判断是有效突破时才买入的话，买入价位无疑会高出许多。对于具有较高风险承受力的短线投资者而言，可以在设定好止损位（即本次突破的阻力位）的前提下，在股价刚形成突破走势时就及时入场，而不必再等待有效性的验证结果。而风险厌恶型投资者可以等有效性得到验证后再入场。

在本章的各个图例的有关买点的标示中，有时会直接指向股价的突破日，表示投资者可以在上面这两种买入方式中选择适合自己的一种方式；有时会用圆圈画出一个买入区域，表示圆圈内的任一个交易日均可以作为买入时机。

如图7-3所示，2022年10月13日，东阿阿胶（000423）的股价突破其22日均线。这个形态是看涨买入信号，此时是第一个买入时机。

10月25日，股价回调到22日均线后获得支撑。这次回调支撑是对之前突破形态的确认，此时第二个买入时机出现。

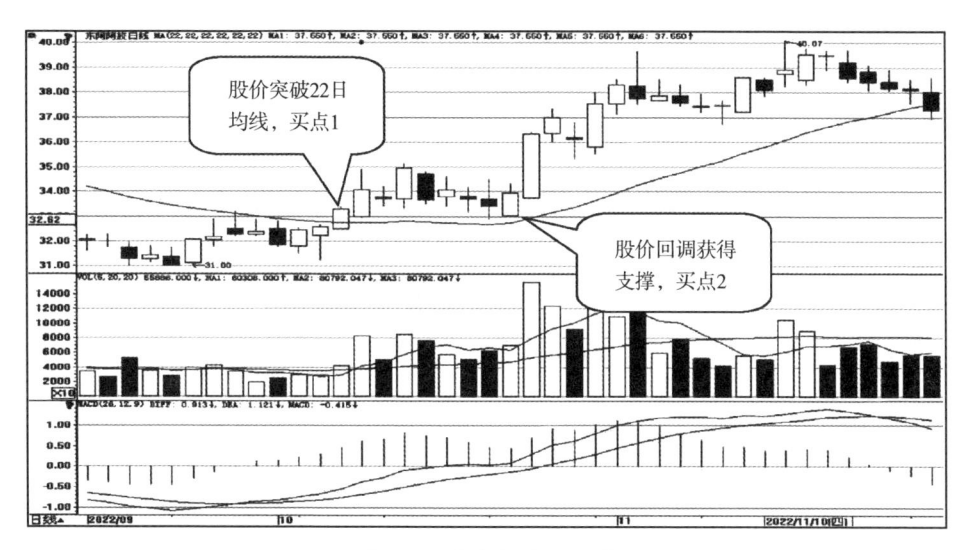

图 7-3 东阿阿胶日 K 线

实战经验

投资者在把握突破的买入时机时要注意保持耐心，尽量不要在股价刚刚突破时就盲目跟进，以防陷入假突破，出现不必要的亏损。投资者可以结合大盘形势、个股走势等因素，综合研判突破的有效性。

7.2 突破的 8 个买入时机

前面的内容只是大概地介绍了突破的阻力位，包含前期高点、重要均线等，本节将具体介绍这些重要的阻力位以及相应的短线买入时机。

7.2.1 时机 1：突破前期高点时

这里所说的前期高点，是指前一个上升波段的高点。股价在这个高点之后出现了一定幅度的回落。

牛市中，股价不断创出新高。当股价突破前期高点时，表示股价仍处于牛市当中，也表示新的上升空间已经打开，构成了重要的买入时机。

如图7-4所示，2022年8月11日，国新健康（000503）放量涨停，一举

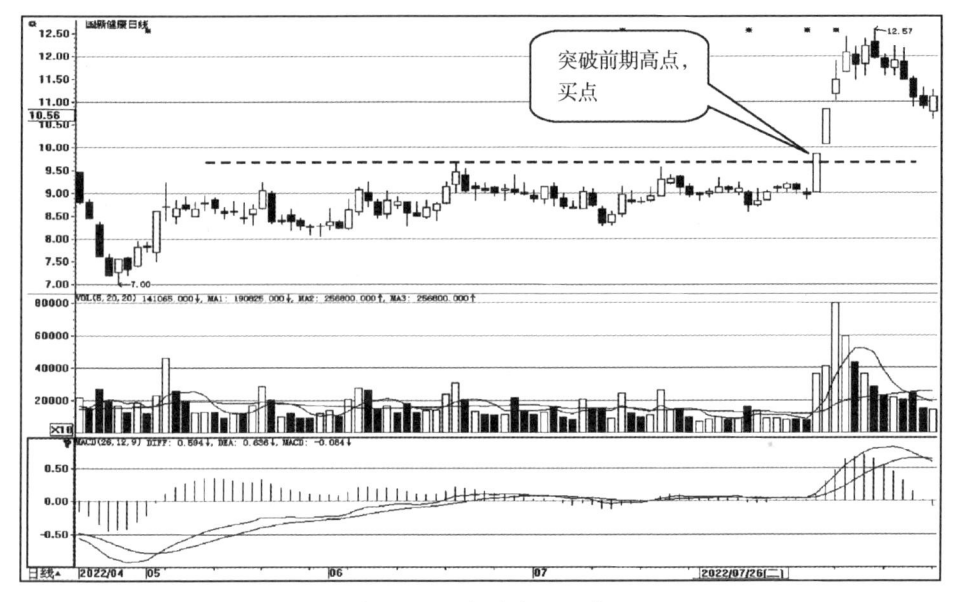

图7-4　国新健康日K线

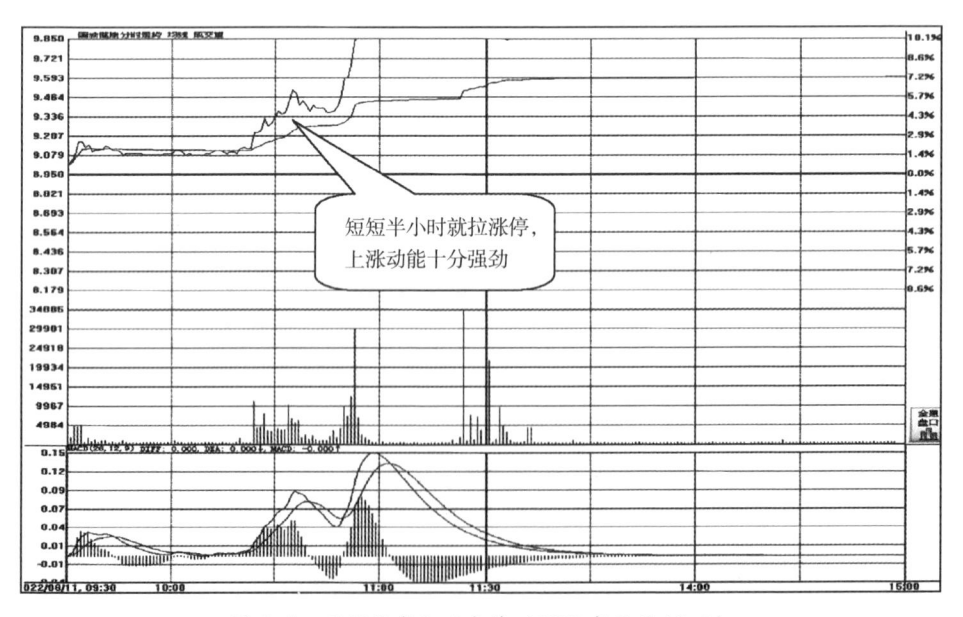

图7-5　国新健康分时走势（2022年8月11日）

突破前期高点，显示出极强的上涨动能。从当日分时走势图（见图7-5）也可以看出，该股上涨比较突然，短期内涨幅巨大，成交量也非常惊人，这是主力拉升的信号。看到这种信号，投资者要注意及时入场。

7.2.2 时机2：突破重要均线时

均线与股价的位置关系，可以反映出当前趋势的方向（趋势的周期与作为参照物的均线的周期相同）。例如，当股价处于短期均线之上时，说明当前股价的短期趋势是向上的；当股价处于长期均线之上时，说明当前股价的长期趋势是向上的。反之亦然。

投资者可以观察股价对均线的突破，作为买点的一个重要参考。当股价自下而上突破某条均线时，说明趋势开始向上，买点出现。通常，股价此前受均线阻挡的时间越长、次数越多，那么突破后的涨势往往就越猛烈。

实战中，均线的使用贵在"适合"和"恰当"，例如短线操作通常使用5日、10日、22日、30日均线，如果用更高级别周期的均线，买卖点就会难找。

如图7-6所示，2023年1月3日，新金路（000510）的股价突破了其30日均线。这样的形态说明经过一段时间的上涨后，最近30个交易日内买入股票的投资者多数已经处于盈利状态，他们将持续看好后市，未来股价将继续上涨。

当股价对30日均线形成有效突破后，买入时机出现。

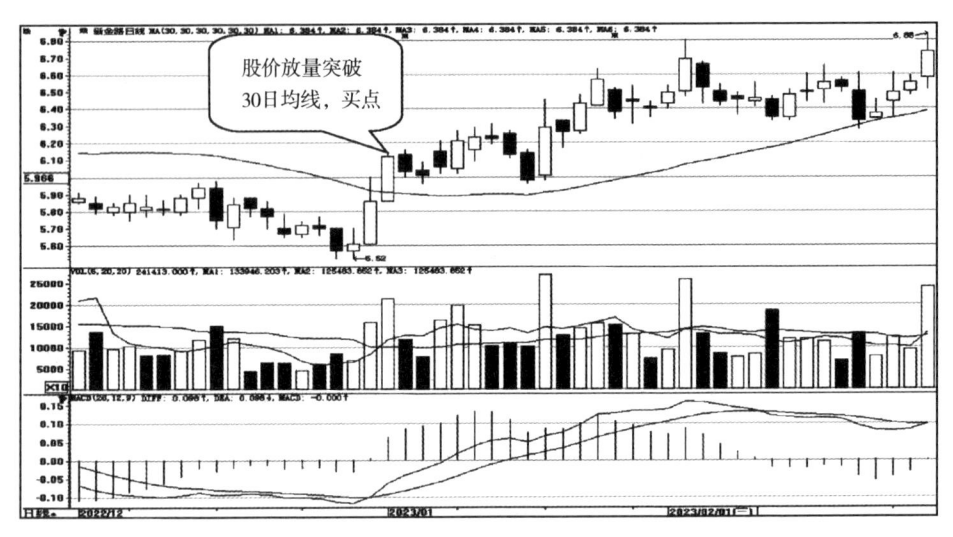

图 7-6　新金路日 K 线

实战经验

该案例中，股价突破均线之前，MACD 指标柱线与股价底背离，同时成交量明显放大，故而突破均线的看涨可靠性大大增加，投资者可直接判定这是有效突破。

7.2.3　时机 3：突破底部形态颈线时

股价的底部形态有许多种，比较常见的有头肩底、双底、三重底等。这些底部形态都有一个重要的组成部分，那就是颈线。以双底形态为例，经过两个底部中间的反弹高点画一条水平线，这条线就是颈线。

当股价突破颈线时，预示着底部形态正式成立，构成买入时机。

如图 7-7 所示，2022 年 9 月下旬至 11 月上旬，东湖高新（600133）的股价在低位的震荡过程中形成双底形态。11 月 10 日，该股股价有效突破颈线位置，买点出现。

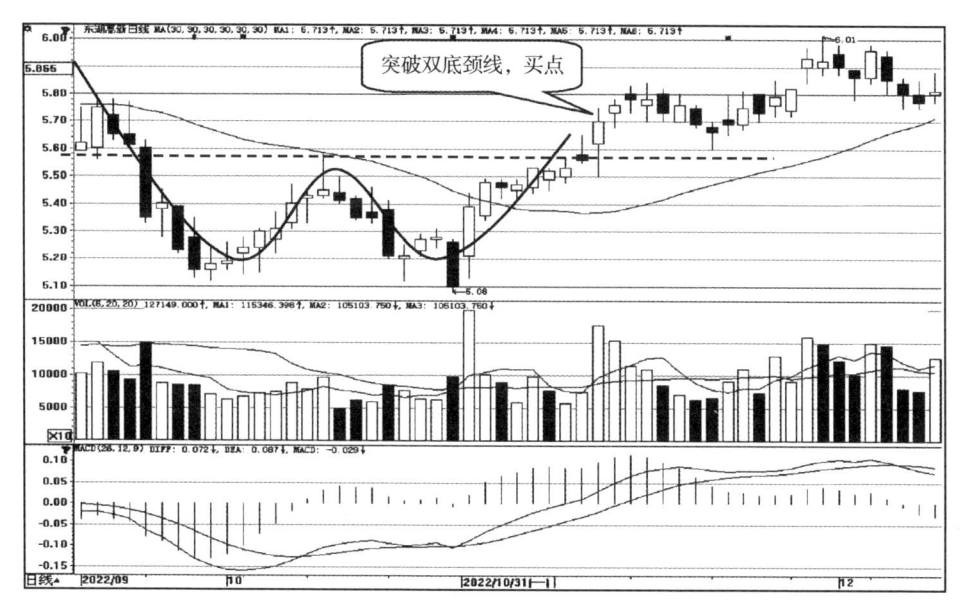

图 7-7　东湖高新日 K 线

7.2.4　时机 4：突破三角形上边线时

整理形态是指股价暂时休整的形态，待休整结束后，股价仍将延续形态之前的趋势方向。

三角形是整理形态的一种。当股价在震荡整理过程中，高点越来越低，而低点越来越高，将震荡高点和震荡低点分别连线，就构成了三角形整理形态。

当股价突破三角形的边线时，预示着整理形态的结束。为了避免陷入调整走势，短线投资者应该等股价突破三角形的上边线时，再进行买入操作。

如图 7-8 所示，2021 年 10 月至 12 月，华东医药（000963）股价在整理过程中形成了三角形形态。在几个月中，华东医药股价连续三次在一个几乎相同的价位遇到阻力回调，但每次回调的低点越来越高，形成三角形形态。2021 年 12 月 24 日，股价放量向上突破压力位，形成买入信号，此时投资者可以买入股票。

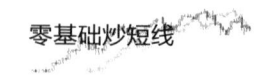

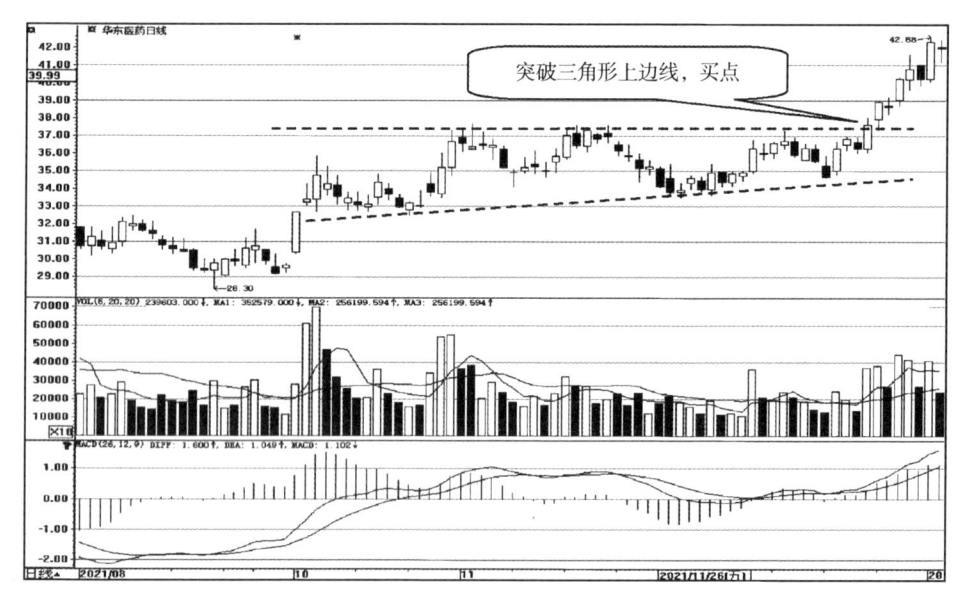

图 7-8　华东医药日 K 线

7.2.5　时机 5：突破矩形上边线时

矩形也是整理形态的一种。在一段时间内，如果某只股票的股价在震荡过程中，其震荡高点的连线和震荡低点的连线基本平行，股价的整体走势相当于在一个矩形空间内，就构成了矩形整理形态。

当股价突破矩形形态的上边线时，就说明整理过程结束，新升浪开始，构成短线买入时机。

如图 7-9 所示，2022 年 11 月下旬至 2023 年 3 月中旬，中信银行（601998）的股价构成了一个矩形整理形态。2023 年 3 月 16 日，该股股价向上放量突破了矩形上边线，买点出现。

7.2.6　时机 6：突破楔形上边线时

楔形也是整理形态的一种。当股价在震荡调整过程中，其震荡高点的连线与震荡低点的连线方向基本相同（向上或向下倾斜），但倾斜角度不同，类

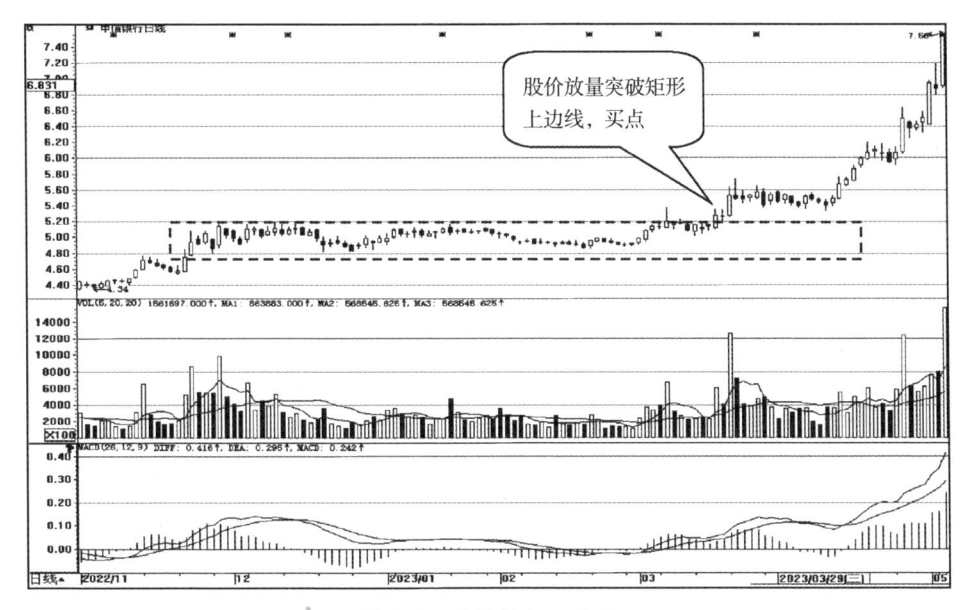

图 7-9 中信银行日 K 线

似一个楔子，就是楔形整理形态。

当股价突破楔形整理形态的上边线时，投资者可以跟进。

如图 7-10 所示，2022 年 8 月下旬至 9 月底，大港股份（002077）的股价冲高回落，并呈现楔形整理形态。10 月 14 日，股价向上突破下降楔形上边线，但没有明显放量。之后股价在楔形上边线上站稳，10 月 20 日，股价明显放量，发出买入信号，投资者可以积极买入。

7.2.7 时机 7：突破上升通道上轨时

有时股价在震荡上升过程中，将震荡高点和震荡低点分别连线后，会形成一个比较明显的上升通道。而这个上升通道的上轨，实际上就是股价的一条压力线。

当股价向上突破上升通道上轨时，往往表示股价将进入一个加速上涨阶段，买点出现。

如图 7-11 所示，2022 年 5 月初至 6 月中旬，中材科技（002080）的股价在一

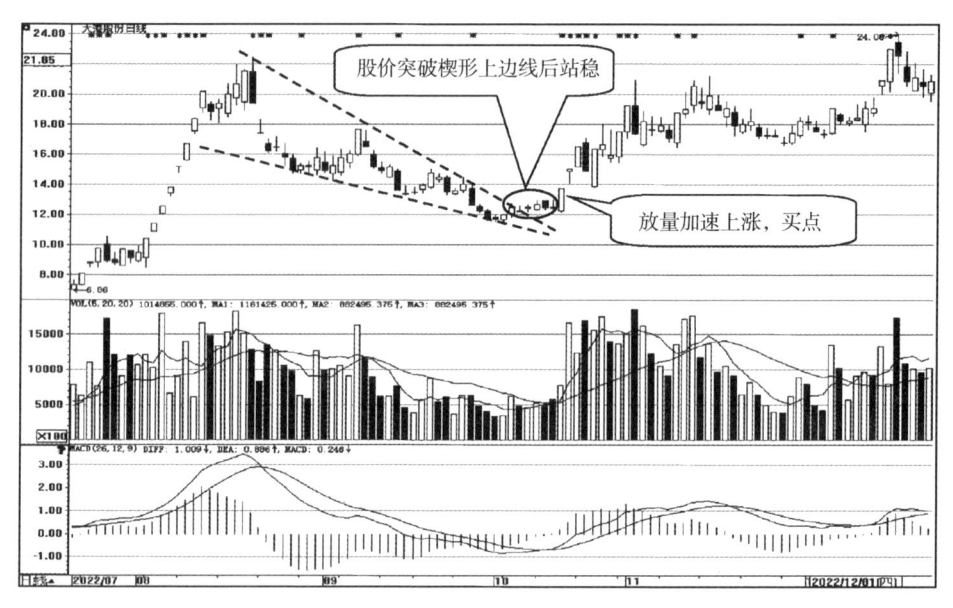

图 7-10 大港股份日 K 线

个上升通道内逐步攀升，不过这个上升通道的坡度比较平缓。6月20日，该股股价放量突破这个上升通道的上轨，预示着股价将要进入加速上涨阶段，买点出现。

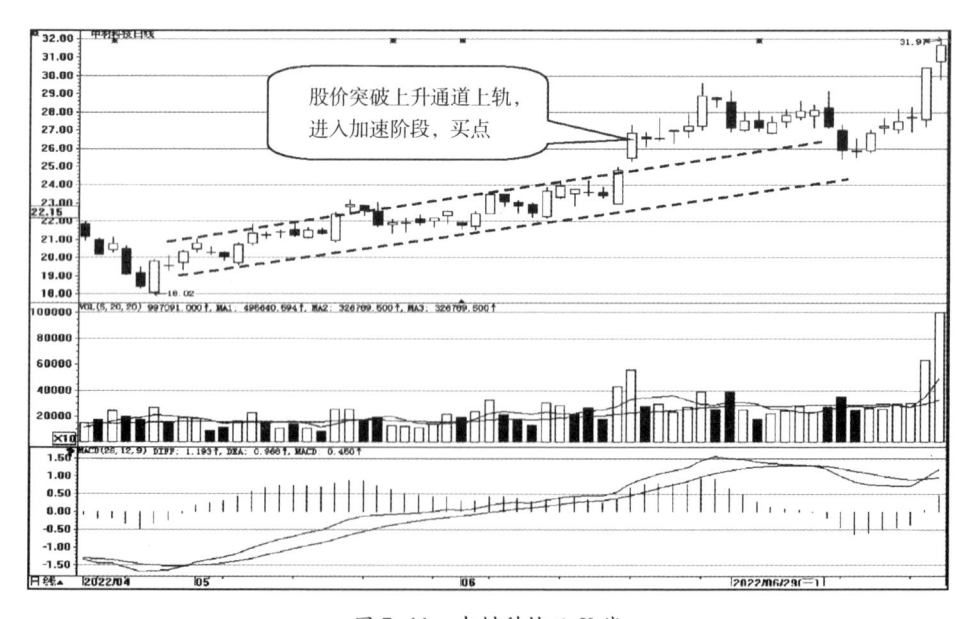

图 7-11 中材科技日 K 线

7.2.8 时机 8：突破窄幅震荡区间时

窄幅震荡，是指股价在一个非常狭小的价格范围内小幅波动。窄幅震荡说明此时多空双方实力胶着，市场方向不明朗。

当股价向上突破这个窄幅震荡区间，就表明多方开始占据优势，股价走势已经转强，买点出现。

如图 7-12 所示，经过一段上涨走势后，2022 年 5 月中旬至 6 月中旬，青岛金王（002094）股价一直在 3.4 元附近震荡盘整，波动幅度非常小。6 月 14 日，该股放量上涨，并突破了此前的窄幅震荡区间，买点出现。

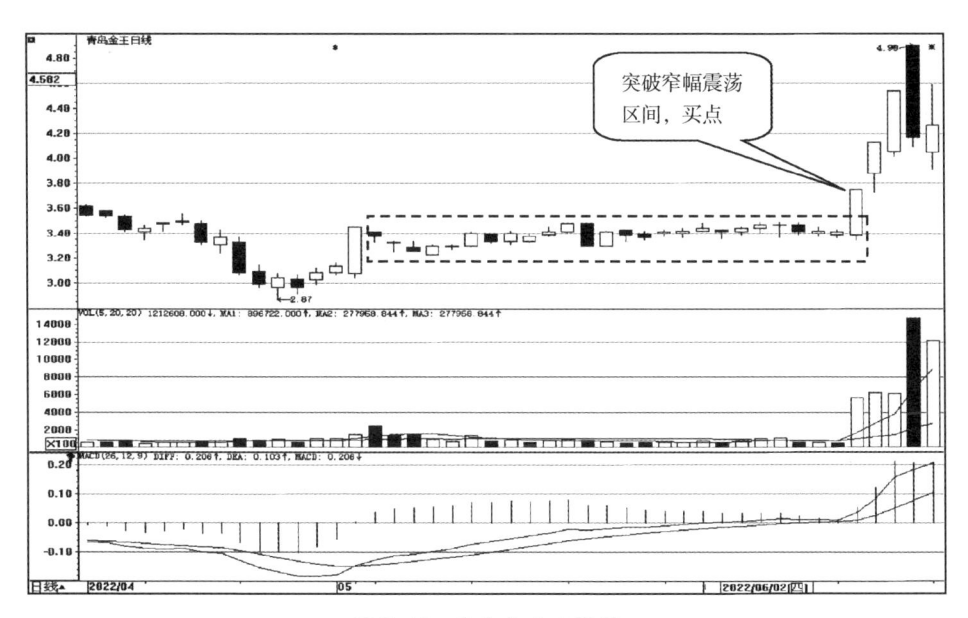

图 7-12 青岛金王日 K 线

实战经验

无论是哪种突破，出现以下几种情形，则成功突破的概率较高。

第一，突破的同时，伴随着成交量的放大。

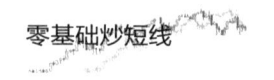

第二，股价前期经过了一个较长的整理过程。

第三，该阻力位在前期曾多次对股价构成压力。

7.3 其他 10 个重要的买入时机

7.3.1 时机 1：股价加速上涨时

大多数情况下，在一个完整的上升波段中，股价的上涨都会有一个从慢到快的过程。如果能够抓住涨势中最快的这一波行情，对短线交易来说无疑是非常有利的。在前文"时机 7：突破上升通道上轨时"中，实际上捕捉的就是这种加速上涨阶段。

股价进入加速上涨阶段，还有一个重要特征，就是成交量突然放大。成交量可以理解为股价上涨的动力，缓慢上涨之后突然放大的成交量，相当于增加了股价上涨的动力，那么股价很可能就会进入一个快速上涨走势，买点也就出现。

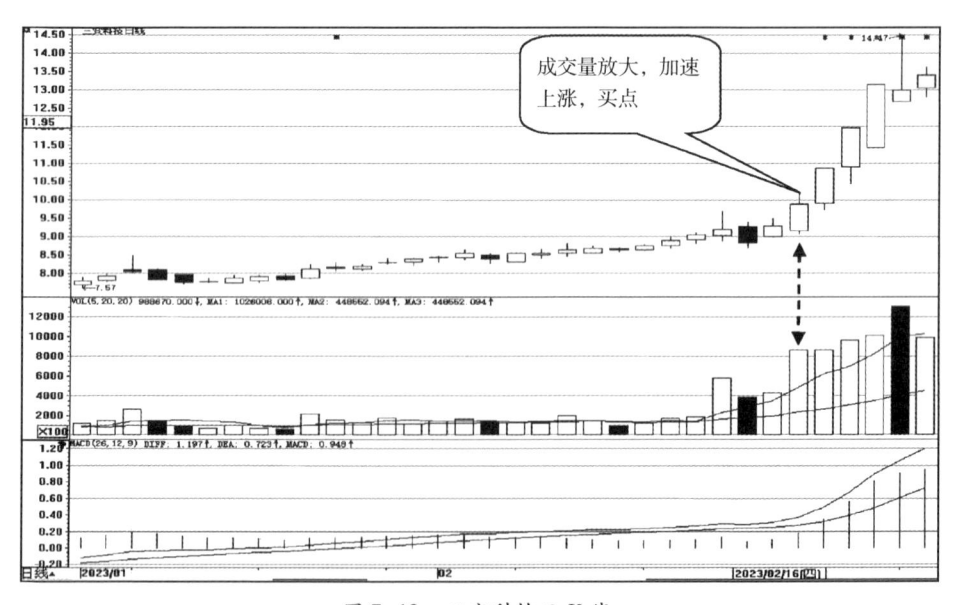

图 7-13　三变科技日 K 线

如图 7-13 所示，2023 年 1 月中旬至 2 月中旬，三变科技（002112）呈现缓慢攀升的走势。2 月 21 日，该股成交量放大，同时走势强劲，预示着股价已经进入一个加速上涨阶段，买点出现。

7.3.2　时机 2：股价受到均线支撑时

均线的一个重要作用，就是助涨助跌。当股价在均线上方时，均线会对股价产生支撑作用；当股价在均线下方时，均线会对股价产生阻力作用。

当股价出现调整走势并回落至均线位置时，如果止跌回升，就说明均线的支撑有效，构成买入时机。尤其当多条均线纠缠在一起时，这些均线的支撑作用综合在一起，使得买入信号更加可靠。

如图 7-14 所示，从 2022 年 10 月下旬开始，东港股份（002117）股价出现回调走势。当股价跌至 22 日均线位置时，获得强力支撑。当股价获得支撑开始回升时，就是投资者的买入时机。

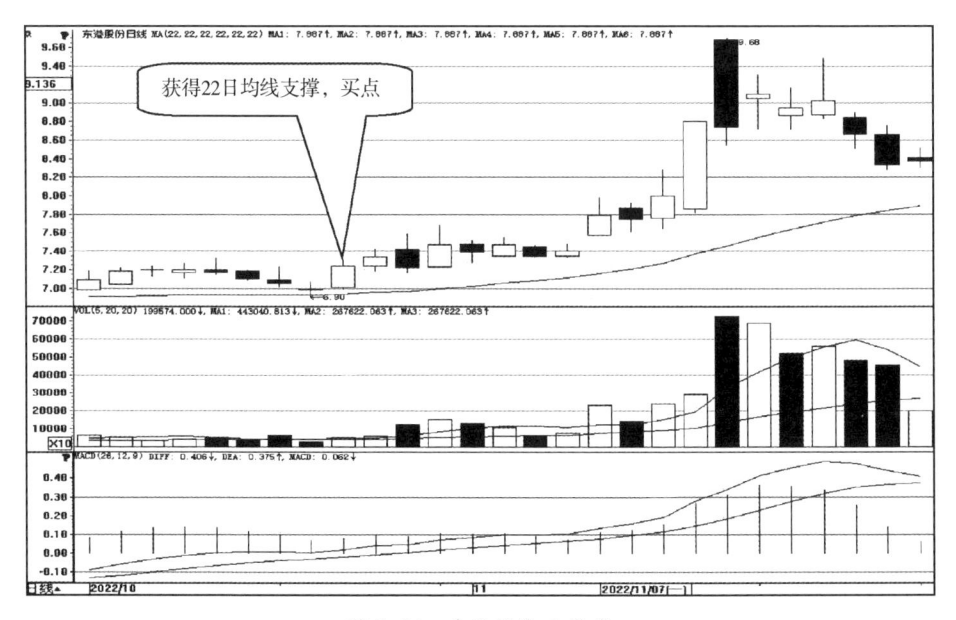

图 7-14　东港股份日 K 线

7.3.3 时机3：股价受上升趋势线支撑时

在一段上升趋势中，将两个（或以上）震荡低点连成直线，使整个上升趋势能够基本保持在这条线上方，同时又能有尽可能多的低点落在这条线上，那么这条线就称为这段趋势的上升趋势线。当股价保持在该上升趋势线上方时，说明上升趋势仍在继续；如果股价跌破该上升趋势线，就说明这段上升趋势很可能已经结束。

上升趋势线会对股价产生明显的支撑作用。当股价回落至上升趋势线附近，如果获得支撑开始回升，说明支撑有效，出现买入时机。

如图7-15所示，从2022年4月底开始，克来机电（603960）进入上涨行情，通过上涨过程中的前两个低点可以画出该上涨行情的上升趋势线（如图中虚线所示）。7月15日，该股股价回调运行到上升趋势线附近受到支撑再次放量上涨，买入时机出现。

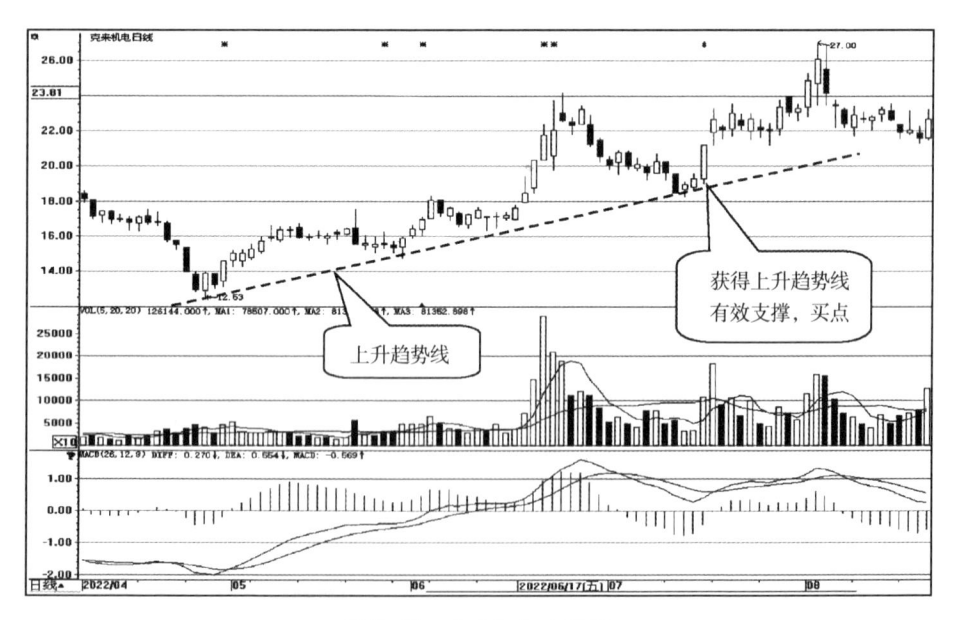

图7-15 克来机电日K线

7.3.4 时机4：出现第一个向上突破缺口时

缺口是一种重要的持续形态，缺口出现后，股价将继续沿着缺口的方向发展。

向上的跳空缺口，是指后一根K线的最低点与前一根K线的最高点之间有一段价格空白。向上的缺口，表明在缺口位置多方占据了压倒性优势，后市看涨。

向下的跳空缺口，是指后一根K线的最高点与前一根K线的最低点之间有一段价格空白。向下的缺口，表明在缺口位置空方占据了压倒性优势，后市看跌。

在缺口出现的同时，如果股价也突破了某个重要的技术点位（如阻力位），那么这个缺口就称为突破性缺口。

由于缺口所具有的持续含义，向上的跳空缺口就构成了重要的买入时机。尤其是股价在低位出现的第一个突破性缺口发出的买入信号非常强烈。

如图7-16所示，经过一段时间的横盘震荡后，2021年6月21日，汉马科技（现*ST汉马，600375）以向上的跳空缺口的方式突破了此前的阶段性高点（如图中虚线所示）。这个突破性的缺口，预示着股价仍将继续走高。

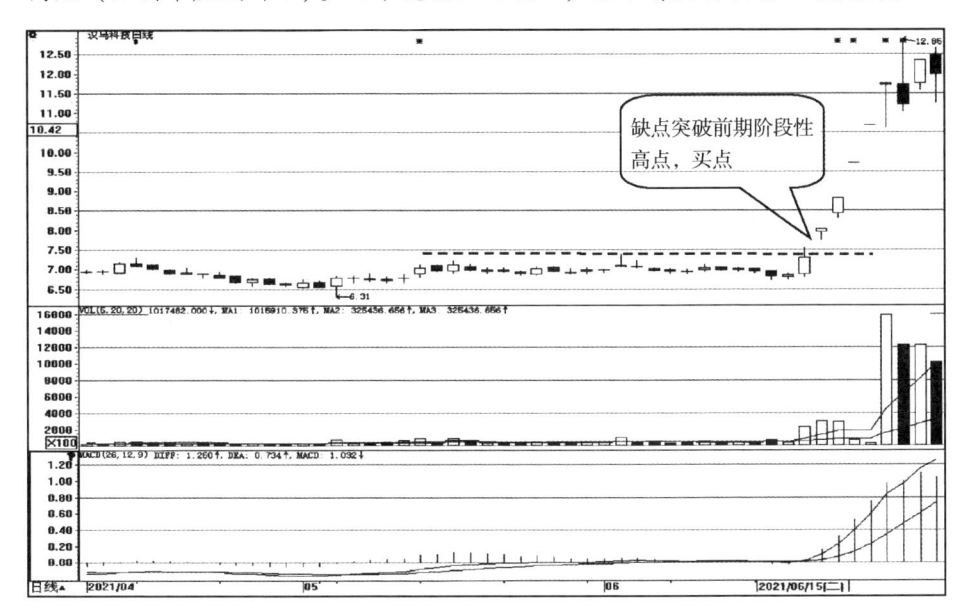

图7-16 汉马科技向上跳空缺口

7.3.5 时机5：缩量调整后出现放量大阳线时

在一段涨势后，股价往往会进入一个或长或短的调整走势，待调整结束后，股价会再次启动上涨波段。调整刚结束、新生浪刚开始的时候，是短线投资者的一个重要买入时机。

股价调整走势接近尾声的一个重要标志就是极度的缩量，而新升浪来临的一个重要标志就是出现放量的大阳线。因此，缩量调整后的第一根放量大阳线，就是短线的买入时机。

如图7-17所示，2022年7月下旬，华电国际（600027）进入一波调整走势，同时成交量明显缩减。8月初，股价开始止跌回稳。8月12日，该股放量大涨，出现缩量回调后的第一根放量大阳线，说明新升浪启动，买点出现。

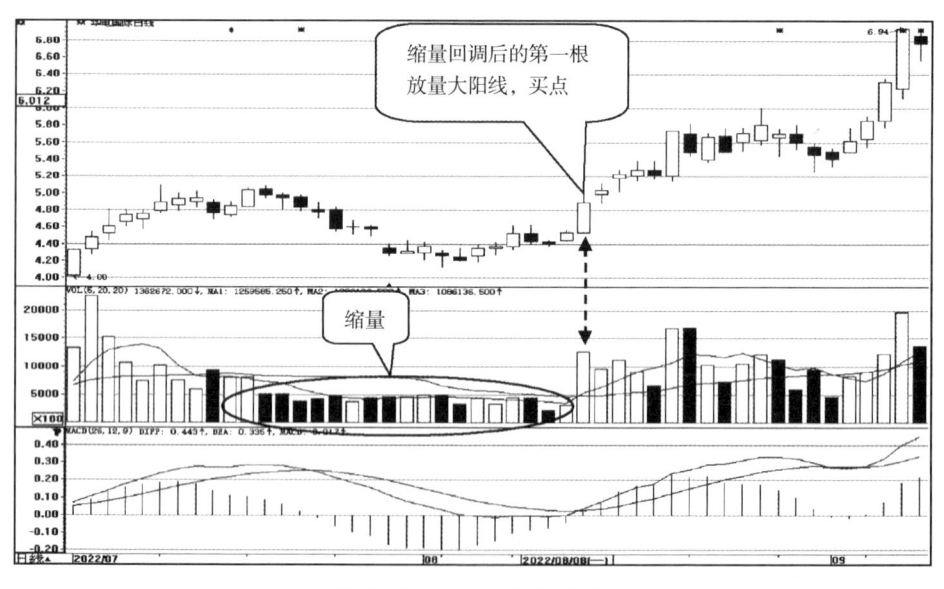

图7-17 华电国际日K线

7.3.6 时机6：严重超跌后出现放量阳线时

如果一只股票经过连续下跌，开始处于严重的超跌状态，那么此时股价随时可能出现报复性的回升走势。这种超跌反弹所带来的短线机会，是熊市中的主要获利机会。

我们可以通过 KDJ 指标来判断某只股票是否处于严重的超跌状态。如果 KDJ 指标中的 D 值连续三天以上都在 20 以下，那么我们就可以认为，此时股票处于严重的超跌行情中。一旦出现放量阳线，就意味着反弹行情启动，买入时机出现。

如图 7-18 所示，从 2022 年 12 月初开始，浙江新能（600032）的股价持续下跌。12 月 19 日，该股 KDJ 指标的 K 值跌至 20 以下，并在后续的若干交易日中一直保持在 20 以下，该股处于严重的超跌状态。12 月 28 日，该股放量上涨，K 线形成经典看涨吞没形态，说明报复性的回升行情来临，买点出现。

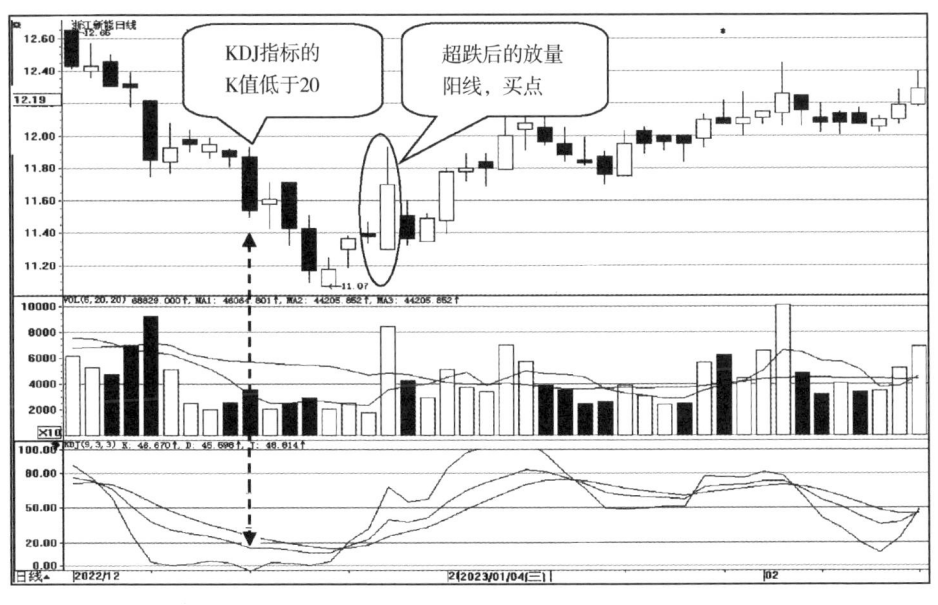

图 7-18 浙江新能日 K 线

7.3.7 时机 7：出现空中加油形态时

空中加油形态，是指股价经过一波大幅拉高后，在高位横盘震荡、清洗浮筹，洗盘结束后，股价仍将上涨。就好比飞机经过空中加油之后，可以飞得更

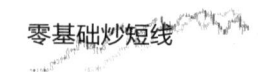

远一样，股价在空中加油补充能量后，将获得向更高目标发起冲击的动力。

识别空中加油形态，有两个要点。第一，前期股价应该出现大涨；第二，股价在整理过程中要呈现横盘震荡的走势。此外，空中加油形态的持续时间有长有短，可以长达一个月，也可以短至一天。

当投资者发现空中加油形态时，可以密切关注。一旦股价开始重新走强，意味着洗盘结束，正是短线买入时机。

如图 7-19 所示，2023 年 4 月，太极集团（600129）在经过一波大涨后持续横盘震荡，形成空中加油形态。4 月 28 日，空中加油后，股价放量上涨，短线买入时机出现。

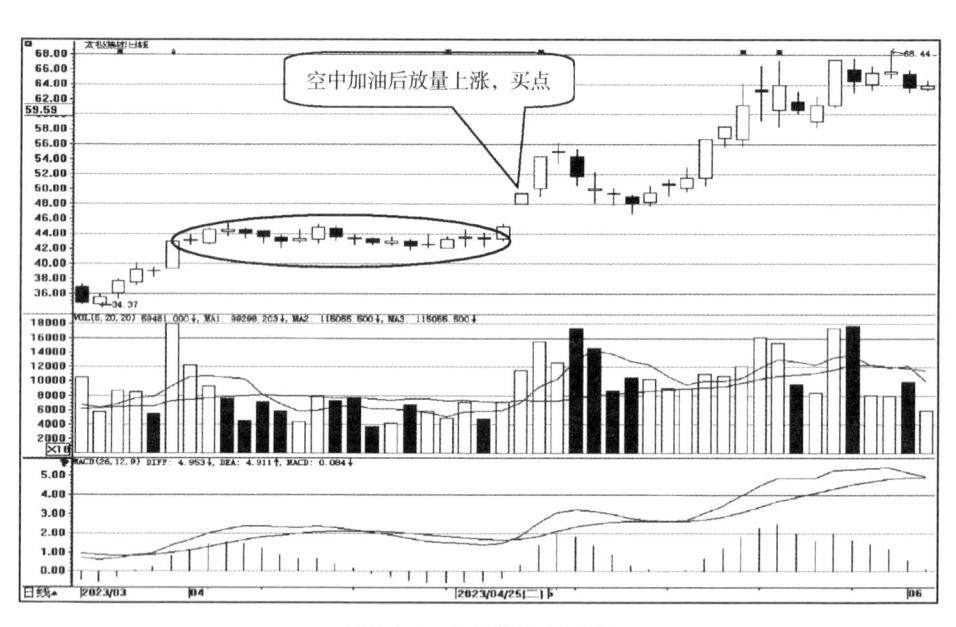

图 7-19 太极集团日 K 线

实战经验

空中加油形态由"前期大涨（通常有至少一个涨停板）"和"横盘震荡整理"组成，看涨意义非常强烈，后期一旦有放量上涨信号出现，就表明上涨走势再次发动。

7.3.8 时机8：出现价量双包形态时

价量双包形态包括前后两根K线，其中后一根K线实体较长，将前一根K线完全吞没。同时，后一根K线的成交量也超过了前一根K线的成交量。

价量双包形态，表明短期内多方占据着绝对的优势，是重要的短线买入时机。

如图7-20所示，乐凯胶片（600135）在2022年12月28日和29日这两个交易日，其K线组合构成了价量双包形态，发出强烈的见底看涨信号，买点出现。

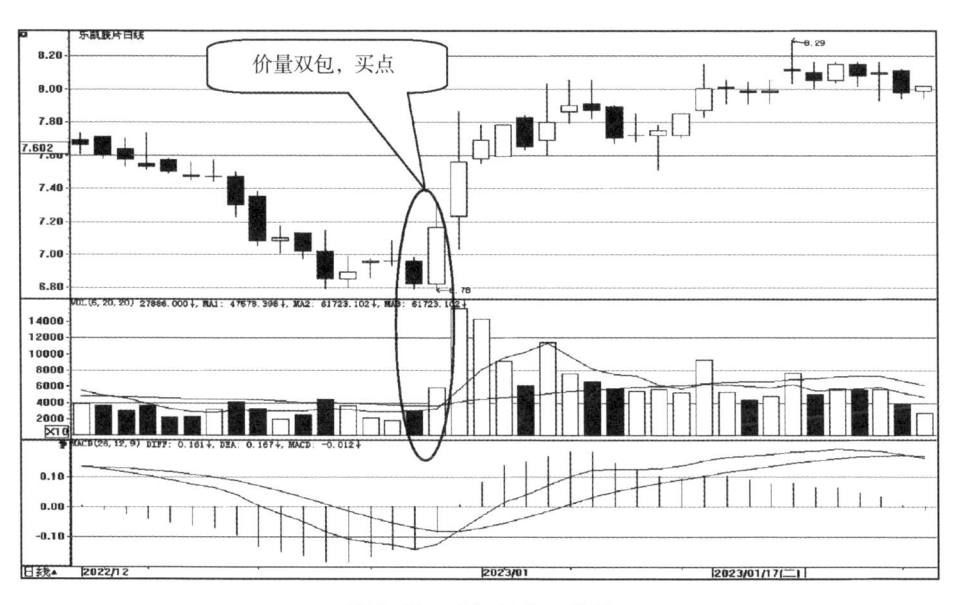

图7-20 乐凯胶片日K线

7.3.9 时机9：老鸭头的鸭嘴巴出现时

老鸭头形态是一种重要的中短期看涨形态，它主要是由5日线、10日线和30日线组成。

首先，随着股价的回升，5日线、10日线上穿30日线，形成鸭脖颈。股

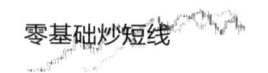

价涨至一定高度后开始回落，5日线、10日线也开始见顶回落，形成鸭头顶。当股价回落至30日线处获得支撑开始回升，并带动5日线、10日线同步回升，并且与30日线之间的距离开始拉大，形成鸭嘴巴。由此构成了一个完整的老鸭头形态。

实际上，老鸭头形态综合了多个买入信号。第一，股价突破30日线，构成买入信号1；第二，鸭嘴巴的出现，既表明股价在30日线处获得了支撑，又表明洗盘结束，构成买入信号2；第三，鸭嘴巴的出现伴随着均线的多头排列，构成买入信号3。

当投资者发现老鸭头形态时，可以在鸭嘴巴处积极买入，把握短线获利时机。

如图7-21所示，2022年11月上旬，泉阳泉（600189）的5日均线和10日均线先后突破了其30日均线。随后5日均线和10日均线在30日均线上方持续上涨。此时老鸭头形态的鸭脖颈出现。

11月18日，5日均线见顶下跌，在K线图上表现为一个看跌吞没形态，

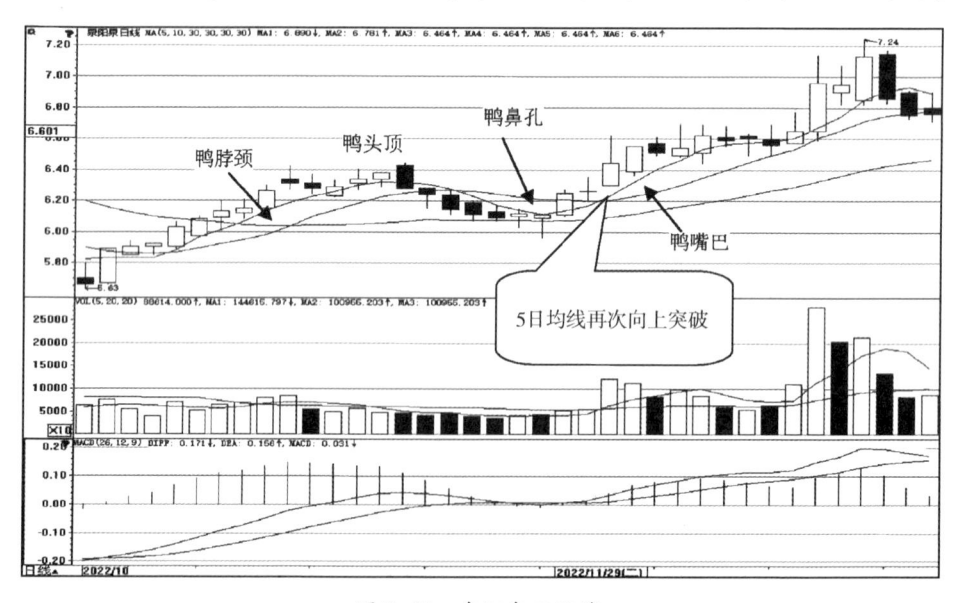

图7-21 泉阳泉日K线

同时其10日均线也逐渐走平。此时鸭头顶形态完成。

11月23日，5日均线跌破10日均线，但跌破的幅度并不深。而且6个交易日后5日均线就被再度拉升回10日均线上方。此时鸭鼻孔出现。

12月1日，5日均线回到10日均线上方后开始持续上涨。二者之间的距离被再次拉大。此时鸭嘴巴形成，投资者可以积极买入。

7.3.10 时机10：三线金叉完成时

三线金叉形态，即均线、均量线和MACD指标同时（或者间隔不远先后出现）出现金叉的走势。由于这三个金叉中的每一个都发出看涨信号，当三个金叉共同出现时，经过叠加的买入信号自然更加强烈。

如图7-22所示，2023年1月3日至9日，中牧股份（600195）的均线、MACD指标、均量线在这几个交易日连续出现金叉，形成三线金叉形态。这表明上涨动能已经开始释放，投资者可以积极买入。

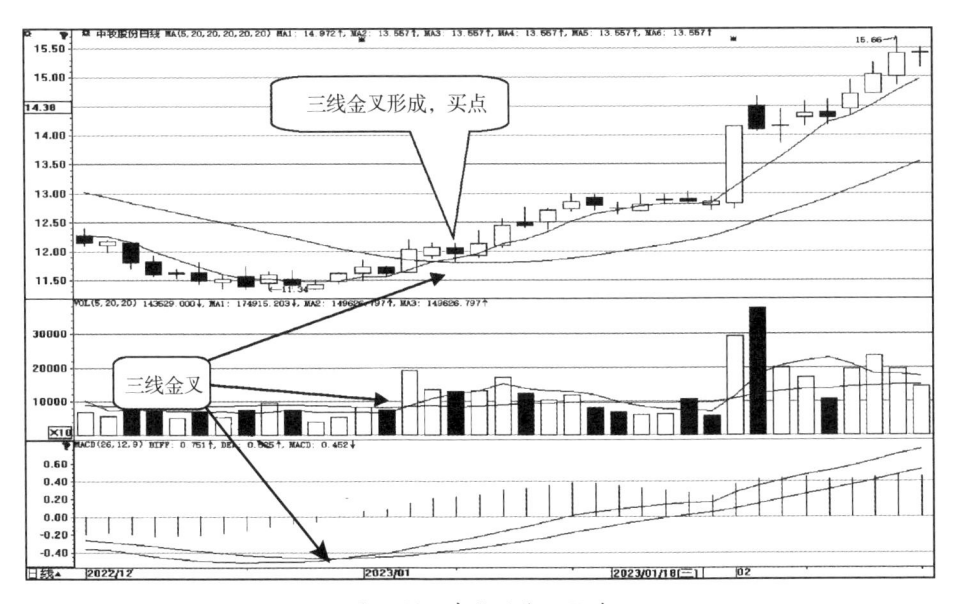

图7-22 中牧股份日K线

实战经验

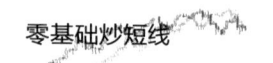

突破买入的止损位比较容易确定，就是突破的阻力位置。但是其他短线买入的止损位就不太好确定。此时投资者可以按照"买入理由消失就止损"的大原则，来确定止损位。

第 8 章

当机立断——短线必卖时机

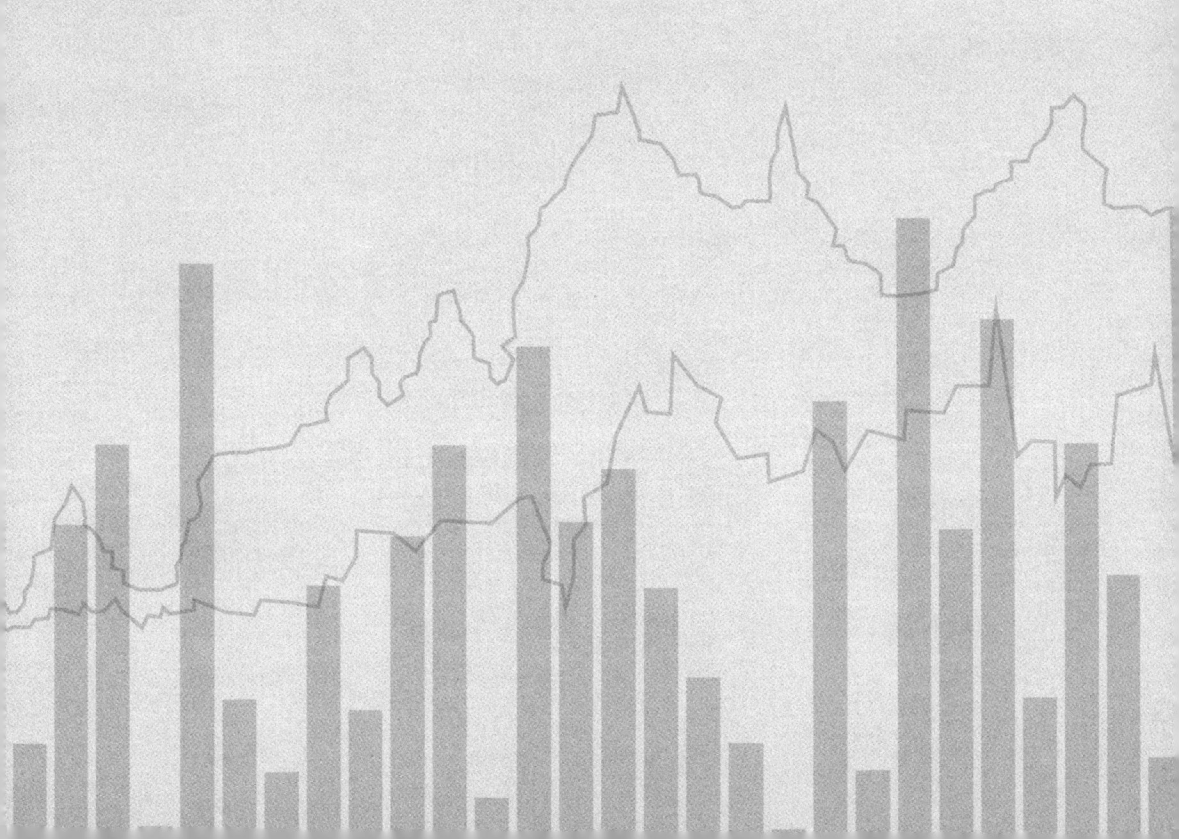

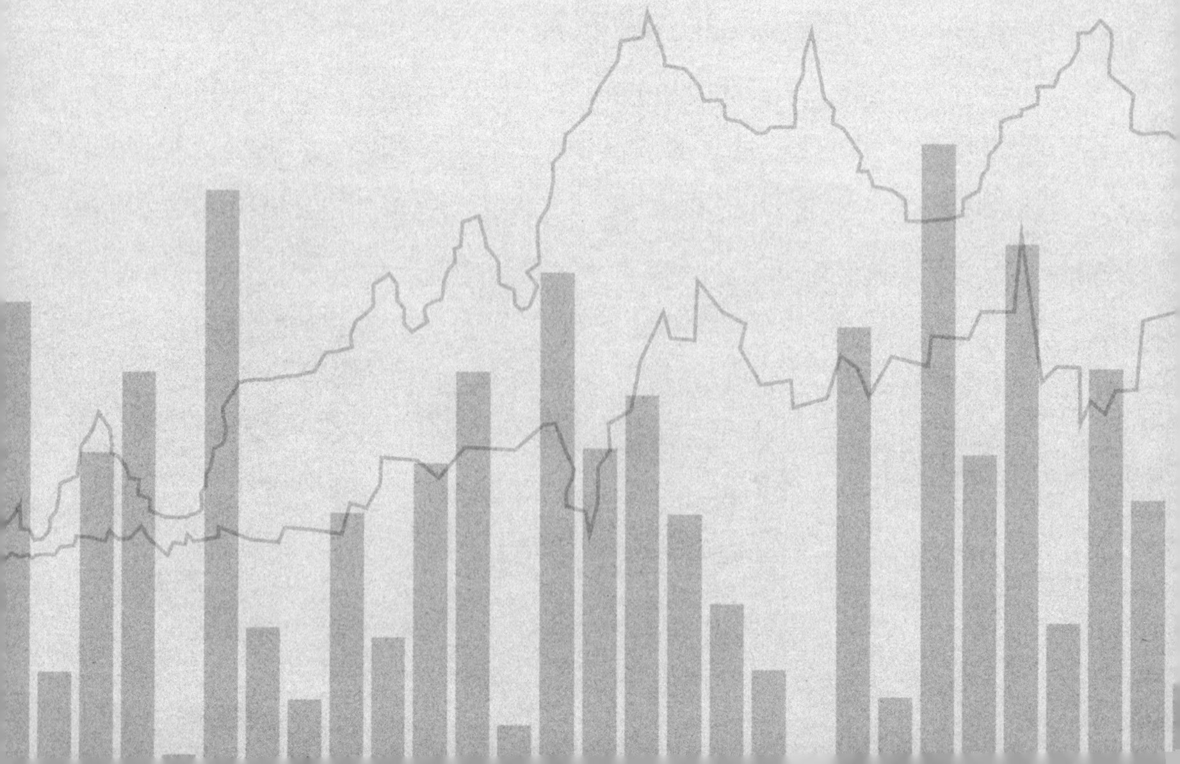

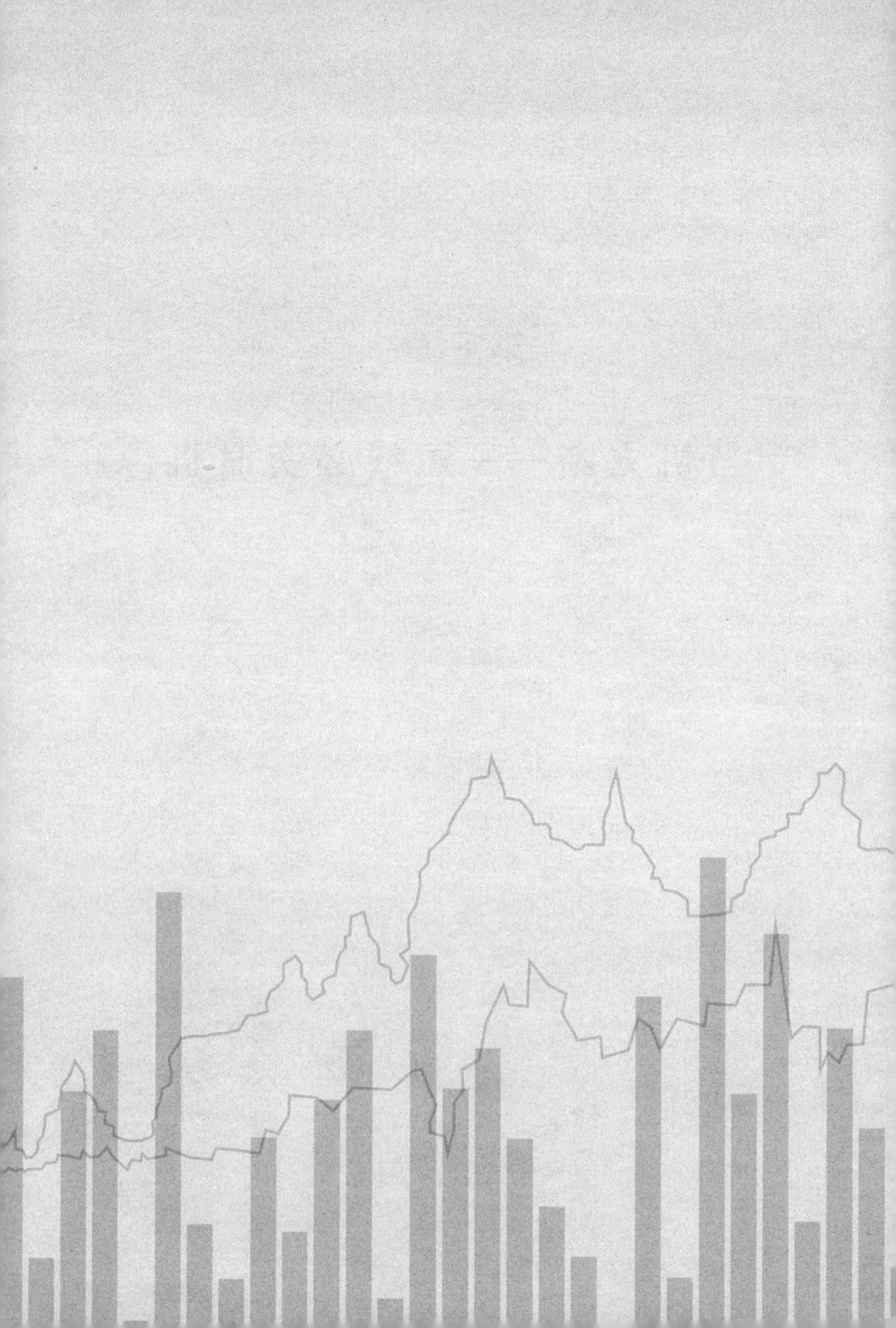

在短线交易中，有一些时候，短线投资者必须将股票卖出。做出卖出决策的原因主要有以下两类。

第一，出自对行情的分析判断。例如判断股价已经见顶，此时需要清仓卖出。

第二，出自操盘纪律。例如出于规避风险的需要（后市出现巨大的不确定性），先卖出股票进行观望，待形势明朗了再入场不迟。再如股价触发了止盈或者止损的设定条件，投资者需要进行止盈或止损卖出。

8.1　止损卖出时机

股价跌破止损位就立即卖出，这是短线投资者必须遵守的操盘纪律。当市场趋势的发展证明自己此前的操作出现错误时，投资者一定不要存有侥幸心理，要严格执行自己制定的止损策略，立即清仓，避免被深度套牢。

8.1.1　止损位设定技巧

常用的止损位设定方法，有以下几种。

（1）移动平均线止损。将某条移动平均线作为止损位，股价有效跌破就卖出，不跌破就继续持有。例如，可以将5日线或者10日线作为短线交易的止损位，20日线、60日线等可以作为中线交易的止损位。

（2）固定比例止损。投资者将买入价的固定比例作为止损位，一旦股价的跌幅超过止损位，就清仓卖出。例如，设定3%为止损位，那么如果股价相对买入价跌幅超过3%，投资者应立即卖出。

（3）趋势线止损。这里的趋势线，包括上升趋势线、被股价突破的压力线（突破后就转为支撑线）等。股价跌破趋势线，意味着行情有变，投资者应及时卖出。

8.1.2 根据买入理由设定止损位

在实战中，不同的短线投资者的操盘策略、交易模式、操作习惯都各不相同。在这种情况下，投资者的止损位设定也必然会有所不同。因此，在某种程度上，止损位的设定有着一定的个性化色彩。不过，我们仍然可以找到一个通用的止损位设定方式。

投资者买入某只股票肯定有相应的理由，也就是"我为什么选择这个时候买这只股票"。而这种买入理由就可以作为止损位的设定依据。也就是说，当买入理由不复存在时，自然就没有继续持股的必要，就应该止损卖出。

例如，投资者甲认为"这只股票走势很强"而买入该股，那么当这只股票"没有走强"时，就应该止损卖出；投资者乙看到"这只股票突破了前期高点"而买入该股，那么当这只股票又重新跌落到前期高点以下时，就应该止损卖出。

如图8-1所示，2023年3月15日，哈空调（600202）突破了前期高点（重要压力位），买点出现。投资者买入后，可将"跌破这条压力线"作为止损位。3月23日，该股高位大幅震荡后下跌，并跌破了这条压力线，止损条件达到，还没有卖出的投资者此时应立即止损卖出。

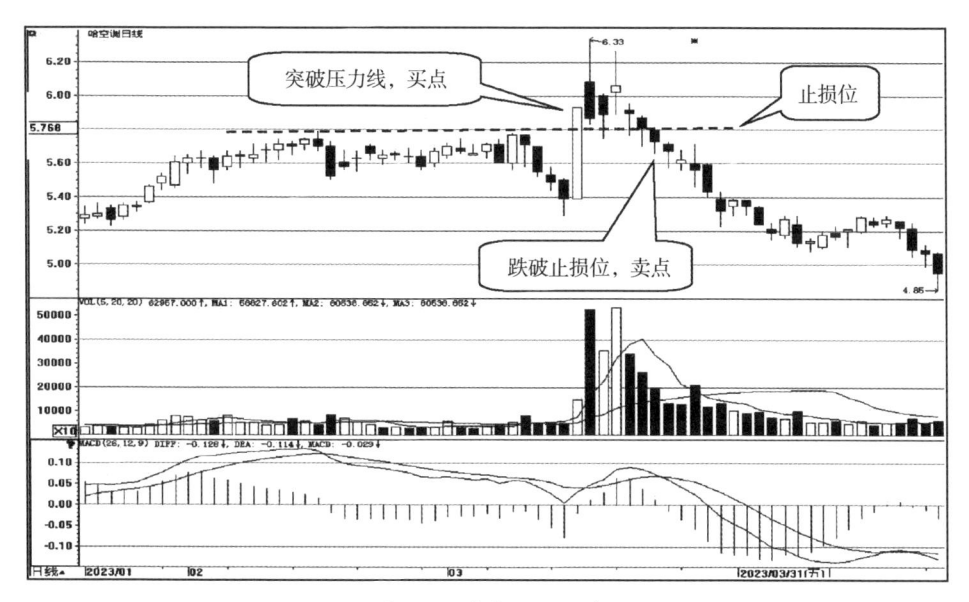

图 8-1 哈空调日 K 线

实战经验

这里的"买入理由",是指投资者经过理性思考后得出的理由,不是"听别人说这只股票好"而买入,也不是一时冲动而买入(相当于没有买入理由)。投资者在炒股过程中,一定要做到理性思考、理性交易。

8.2 止盈卖出时机

买入难,卖出更难,而获利卖出更是难中之难。相信在股市中有一定经验的投资者都会有这样的感受。

相信很多投资者都有过这样的经历:本来已经有了不错的账面盈利,但是认为这时应该"顺风使帆",应该"让利润奔跑",无视逐步走弱的股价,始终持股不动,最终由盈利变为亏损。

以上这种令人惋惜的情形在股市中还是非常普遍的。究其原因,一方面,是投资者心理上抱有幻想,对股价走势的判断不够客观;另一方面,则是投

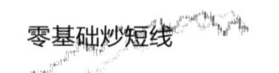

资者不知道应该何时落袋为安，也就是没有设定止盈位。

8.2.1 止盈位设定技巧

止盈位的设定，可以分为以下两种方式。

（1）主动获利卖出，是指当达到获利目标时就主动卖出股票，不继续持有。这种止盈方式要建立在成功率的基础上，同时设定的盈利目标不宜过高。这种方式多为超短线投资者采用。

（2）被动获利卖出，也称"动态止盈"，是指止盈位不是固定不变的，而是跟随价格上涨而不断向上调整。投资者在上涨趋势不变的情况下，可以一直持有股票，当股价跌破止盈位时就卖出。这种方式追求的是尽量抓住完整的上涨涨幅。

这里主要介绍动态止盈的设定方法。

第一，价格止盈。动态止盈位是一个不断向上变动的价格。例如，买入一只股票，买入成本为 10 元。当价格涨到 12 元时，投资者将止盈位设在 11 元；当股价上升至 15 元时，止盈位变为 14 元，以此类推。一旦股价开始下跌，并跌破这个止盈价位，投资者就进行卖出操作。

第二，幅度止盈。设定一个固定比例的跌幅作为止盈位。例如，设定向下 5% 为止盈位，那么当股价为 12 元时，向下跌幅超过 5% 就止盈卖出，即止盈位为 12×（1-5%）= 11.4 元。这样随着股价的上涨，止盈位也不断上升，投资者就可以将利润牢牢地抓住。

第三，技术指标止盈。将均线等技术指标设为止盈位。例如，将 10 日线设为止盈位，当股价上涨时，10 日线也会随之上涨。一旦股价下跌并跌破 10 日线，投资者可以进行止盈卖出。

8.2.2 动态止盈很简单

当投资者采用动态止盈策略时，卖点的选择将会变得更简单。投资者不用去费心思量某个交易日的成交量是否太大、当天的盘中走势是不是偏弱、主力是不是在出货等问题，只要设定好动态止盈位，然后盯住止盈位即可。

如图8-2所示，2023年1月3日，紫江企业（600210）突破了此前的下降趋势线，买点出现。投资者买入后，该股继续强势上涨。为了既保住盈利，又不会过早卖出，投资者可以将10日均线设为动态止盈位。2月23日，该股明显走弱，最重要的是，当天的收盘价跌破了10日均线。投资者要注意及时止盈卖出。

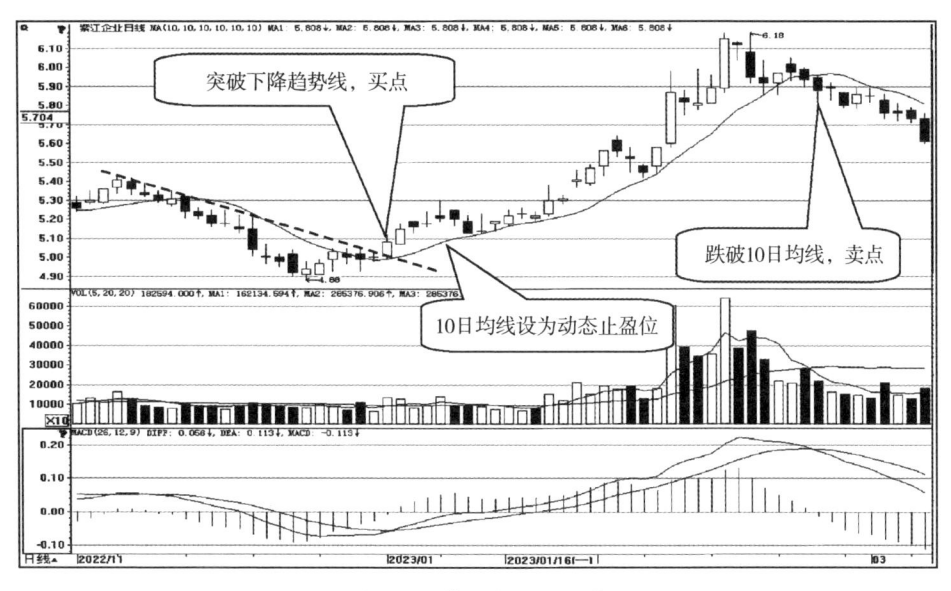

图8-2 紫江企业日K线

动态止盈虽然简单易行，但是也有一个弊端，就是投资者需要等股价见顶下跌并触及止盈位后才卖出，这就表示基本放弃了卖在市场最高点的可能。另外，采用动态止盈法，无法避免被中途清洗出局。

世上没有十全十美的炒股方法，有一利必有一害，有其长就有其短。关键在于，投资者应树立正确的投资心态，不要去追求"绝对的完美"，那样反而容易得不偿失。

📖 **实战经验**

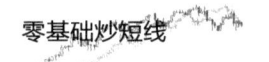

1. 动态止盈位的设定，只能跟随股价上涨而向上浮动。当股价下跌时，应保持止盈位不变。动态止盈位不可随着股价下跌而向下浮动，否则就失去了止盈作用。

2. 动态止盈位有许多种设定方式，不同的行情适用不同的止盈方式，投资者可根据经验自行选择。

3. 投资者还可以根据自己的主观判断来选择止盈卖点，不过这需要投资者具备比较强的行情分析和研判能力。

8.3 短线的6个必卖时机

8.3.1 时机1：放出天量时

一般来说，对于短线，成交量放大意味着人气高涨，向上动能充沛，尤其在突破时，放大的成交量是有效突破的重要标志。因此，放量上涨是短线投资者最喜欢看到的股价走势。

不过，凡事一旦过度，往往就会走向反面。当成交量放出天量时，意味着大量的筹码进行了换手，如果此时股价处于高位，或放量出现在短期大涨之后，那么主力趁机出货的概率就非常大。此时的放量就构成了对短线投资者的警告信号。

（1）如果放量当天股价走势疲弱，那么投资者应该在当天进行卖出操作。

（2）如果放量当天股价走势强劲，那么投资者可以继续持股，同时观察后市股价走势。如果后市继续走强，可继续持股待涨；如果后市走弱，尤其是无法回升至放量当天的收盘价，也就是"天量见天价"，那么投资者应卖出。

如图8-3所示，在一波上涨走势之后，2022年11月22日，西藏药业（600211）的成交量创出阶段性高点。同时该股在盘中走势疲弱，股价跌破均价线后持续下跌（如图 8-4 所示）。当天短线投资者就应该卖出持股。下一个交易日，股价低开低走，"天量见天价"，顶部基本确认。此时投资者如果还有剩余股票，应立即清仓。

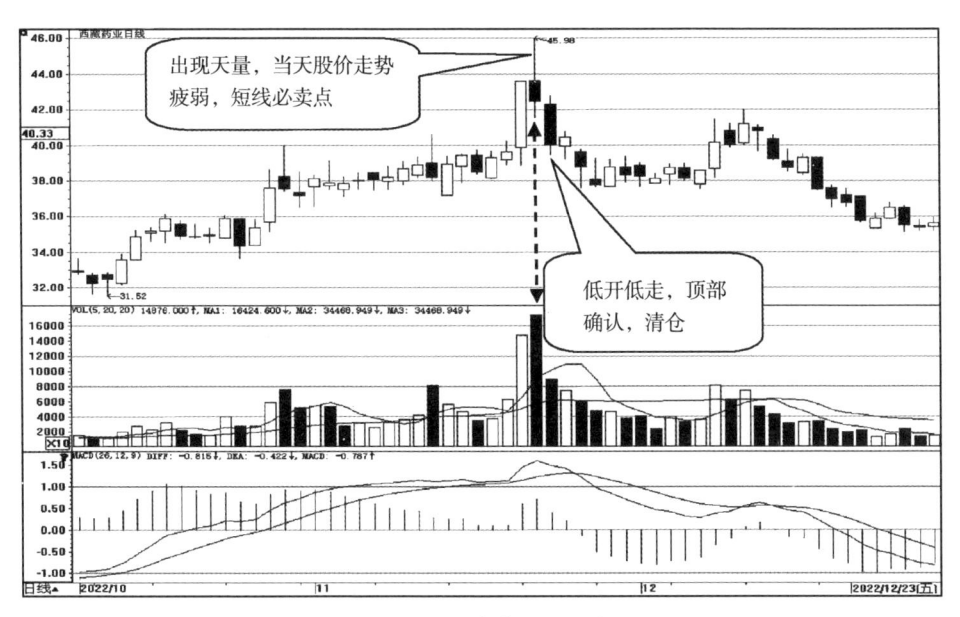

图 8-3　西藏药业日 K 线

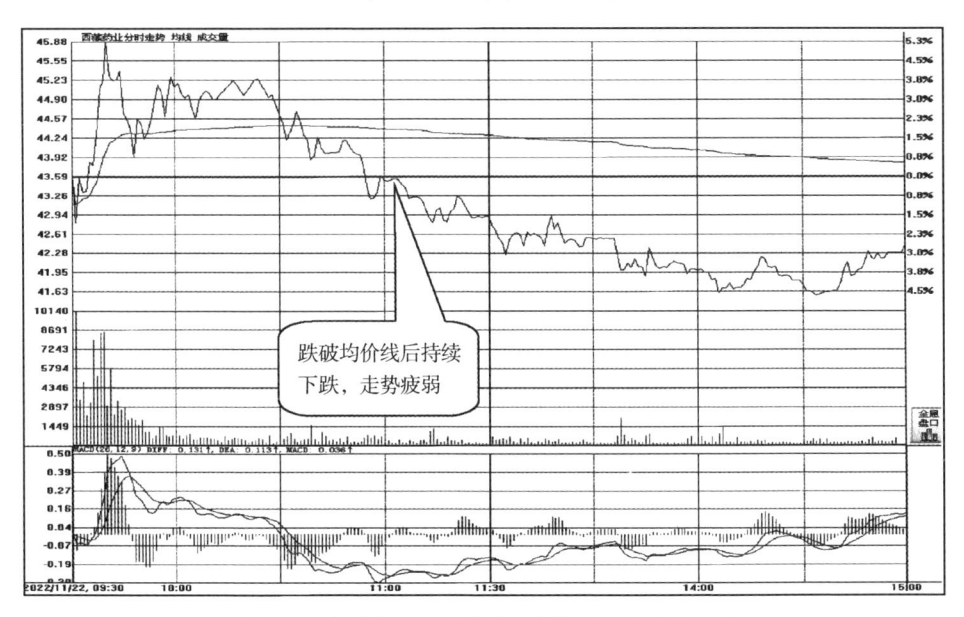

图 8-4　西藏药业分时走势（2022 年 11 月 22 日）

实战经验

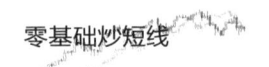

1. 有两种放量走势可以称为天量。一种是当天出现该股历史上的最大成交量；另一种是当天创下较长时间（例如一年内）以来或者本轮行情以来的最大成交量。

2. 如果某个交易日的成交量虽然不是天量，但是换手率超过了20%，那么仍然属于过度放量，发出警告信号。

8.3.2 时机2：放量滞涨时

价升量升是最理想的价量配合。但是如果成交量放大明显，而股价却原地踏步，或是涨幅较小，即出现了放量滞涨，就说明股价上方的压力较大。

这种压力较大的原因可能是主力在逐步出货，也可能是当前位置的获利盘或者解套盘太多，对股价构成了沉重的压力。不论是哪种原因，步履蹒跚的走势意味着股价正处于弱势行情，短线投资者需要远离这种走势。

如图8-5所示，2021年12月中旬，福瑞达（600223）的成交量明显放

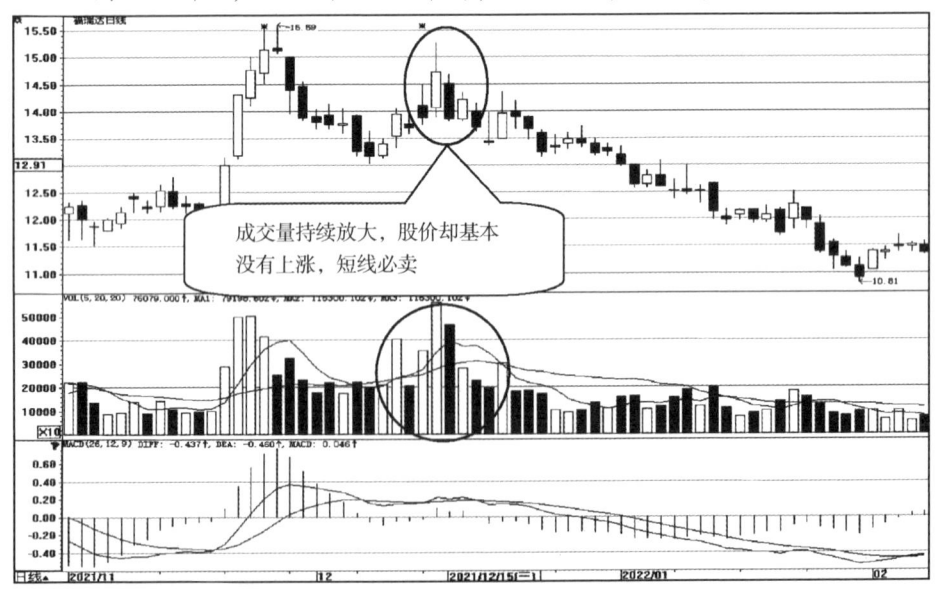

图 8-5 福瑞达日K线

大，但与此同时，股价没有出现大的升幅，出现放量滞涨的走势。此时短线投资者应离场观望。

8.3.3 时机3：放量破位时

股价出现破位走势，是指股价放量跌破某条重要均线、支撑线等，或是跌破了某个形态（即形态破位）。

股价跌破这些重要的技术点位，说明走势已经明显变坏，发出卖出信号。如果破位的同时成交量放大，更加强了卖出信号的可靠性。如果此时投资者仍然持有该股，应该立即卖出。

如图8-6所示，2022年10月底至12月上旬，桂冠电力（600236）股价呈现矩形整理形态。12月12日，该股放量跌破矩形整理形态的下边线，出现形态破位，发出卖出信号。

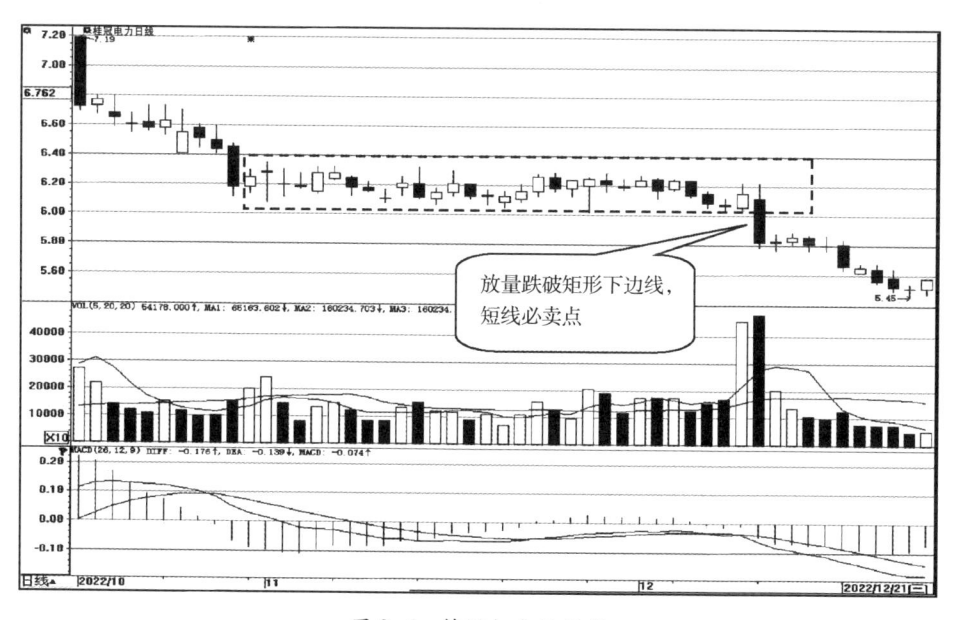

图8-6 桂冠电力日K线

实战经验

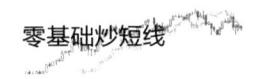

严格来说,形态破位并非合适的短线卖点,因为在形态破位之前,合格的短线投资者就应该已经卖出。破位的卖点更多属于止损卖点,因此是必卖时机。

8.3.4 时机 4:跌破顶部形态颈线时

顶部形态主要包括双顶形态、头肩顶形态、三重顶形态等。对于这些顶部形态而言,颈线位置最为重要。一旦股价跌破颈线,就说明顶部形态已经构筑完毕。

因此,当股价跌破顶部形态的颈线时,如果投资者仍然持有股票,应立即进行卖出操作。

如图 8-7 所示,2023 年 1 月初至 3 月初,广晟有色(600259)的走势构筑了一个双顶形态。3 月 6 日,该股放量跌破颈线,宣告双顶形态成立,发出卖出信号。

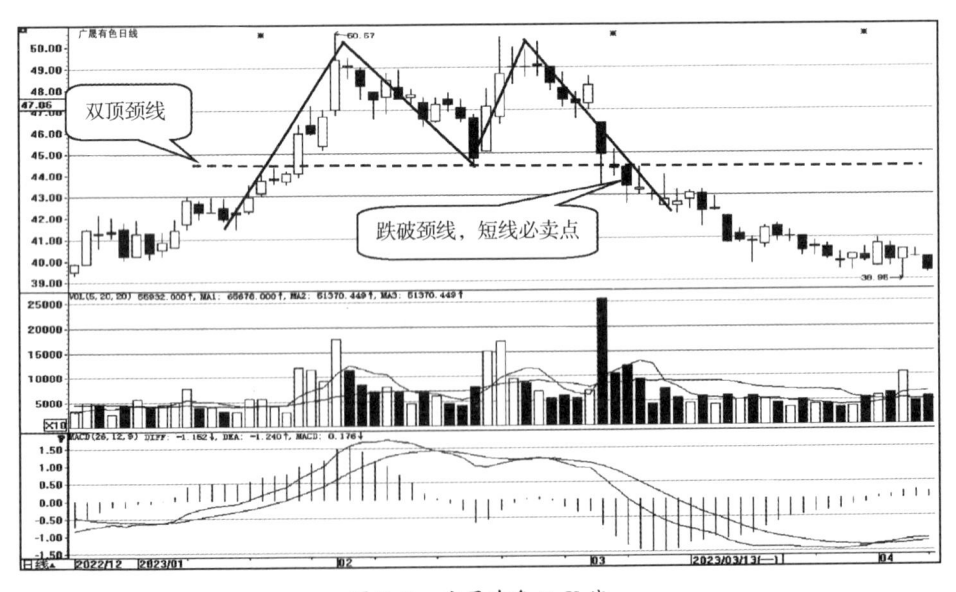

图 8-7 广晟有色日 K 线

第 8 章 当机立断——短线必卖时机

实战经验

这一卖点与 8.3.3 的"放量破位"卖点类似，都不属于正常的短线止盈卖点，而是止损卖点。投资者在实战中要严格遵守这些止损卖点。

8.3.5 时机 5：大涨之后盘中出现钓鱼线

个别时候，主力在出货时会采用对敲等手段，沿着某个斜率连续拉升股价，吸引其他投资者追买。待股价涨至某个位置后，主力突然向下大量抛售，使得下方其他投资者还没成交的买盘全部成交，从而达成出货目的。

主力采用的这种出货手法，会在分时走势上形成类似"钓鱼线"的形态，向上逐步拉升时形成向右上方伸出的鱼竿，向下猛烈砸盘时形成下垂的鱼线，而且在下垂的鱼线处，成交量会出现明显而密集的放大。因此这种方式被称为"钓鱼线出货"。

在股价涨至高位，尤其是短线涨幅比较大的情况下，如果在盘中出现这种钓鱼线走势，短线投资者应立即卖出，以规避风险。

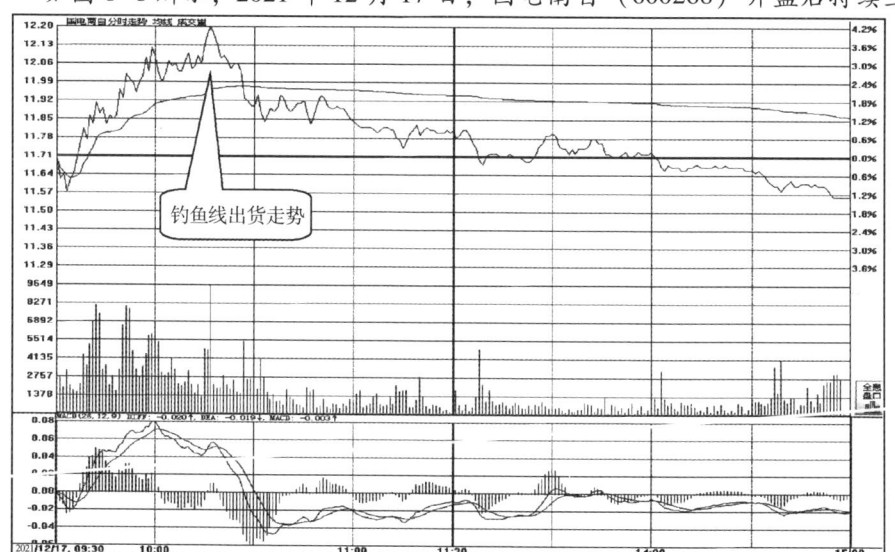

如图 8-8 所示，2021 年 12 月 17 日，国电南自（600268）开盘后持续上

图 8-8　国电南自分时走势（2021 年 12 月 17 日）

涨，但好景不长，在大卖单的打压下，该股持续下跌，成交量密集放大，形成了钓鱼线走势。另外，该股此前的上涨幅度较大（见图8-9），主力在盘中集中出货的概率很大。投资者应立即卖出持股。

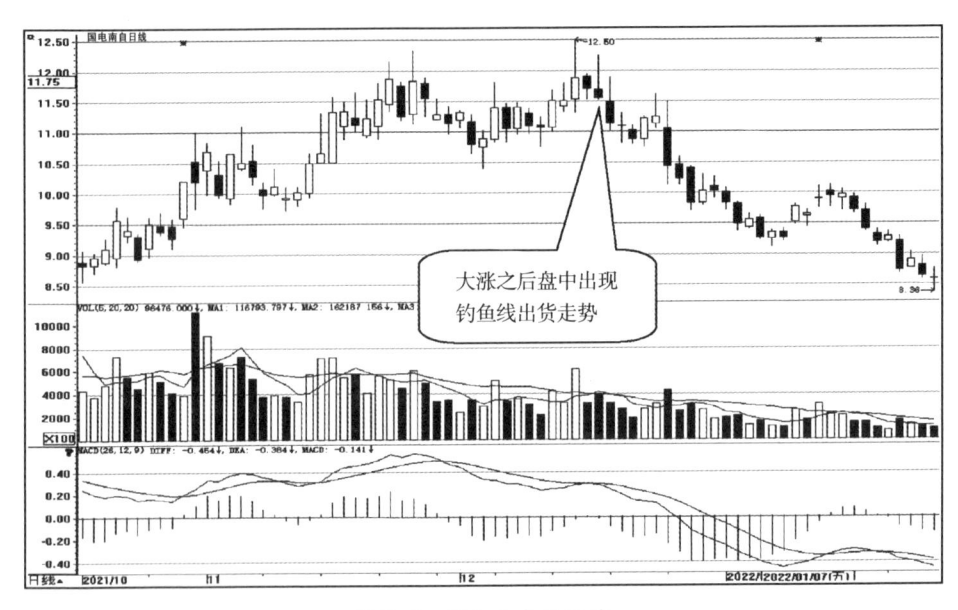

图8-9　国电南自日K线

实战经验

钓鱼线出货走势并非只出现在顶部，有时在低位，由于市场行情低迷，出货难度大，主力也会采取这种出货方式。因此，不论在高位还是低位，看到这种走势时，空仓投资者应继续观察，持股投资者至少应该进行减仓操作。

8.3.6　时机6：大涨之后的放量十字线

当一只股票在大涨之后出现一根放量的十字线，说明多空双方开始陷入僵持。这种僵持导致后市的不确定性非常大。另外，大涨之后，多方本应乘胜追击，但是出现这根十字线表明多方受到空方的强力阻击，双方力量开始持平。投资者要防范多方败退的风险,因此大涨之后的放量十字线,是短线投资者应该规避的走势。

如图 8-10 所示,在经过一波短期巨量上涨走势后,2023 年 2 月 1 日,杭萧钢构(600477)收出一根十字线,同时成交量大,表明多空双方的争夺非常激烈。此时为了规避不确定性风险,短线投资者应该及时卖出。如果后市该股重新走强,再买入不迟。

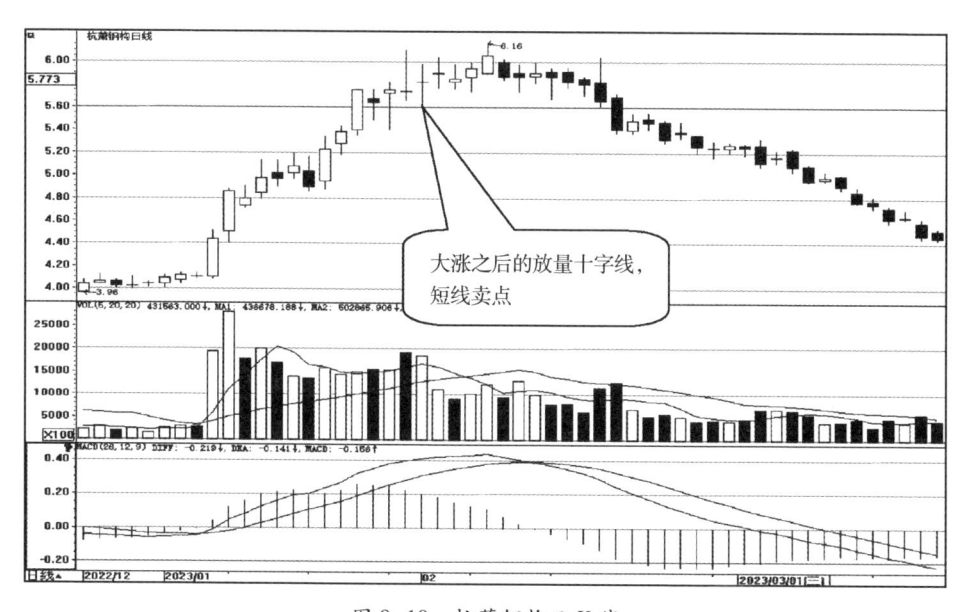

图 8-10 杭萧钢构日 K 线

实战经验

1. 如果后市股价能够稳定在十字线位置,或者超越十字线,就说明股价重新走强,投资者可以重新入场。如果后市股价无法形成十字线,那么弱势行情得到确认,投资者还是继续保持观望为宜。

2. 十字线出现前后,往往有其他类似的看跌信号。

第 9 章

短线五大实战技法

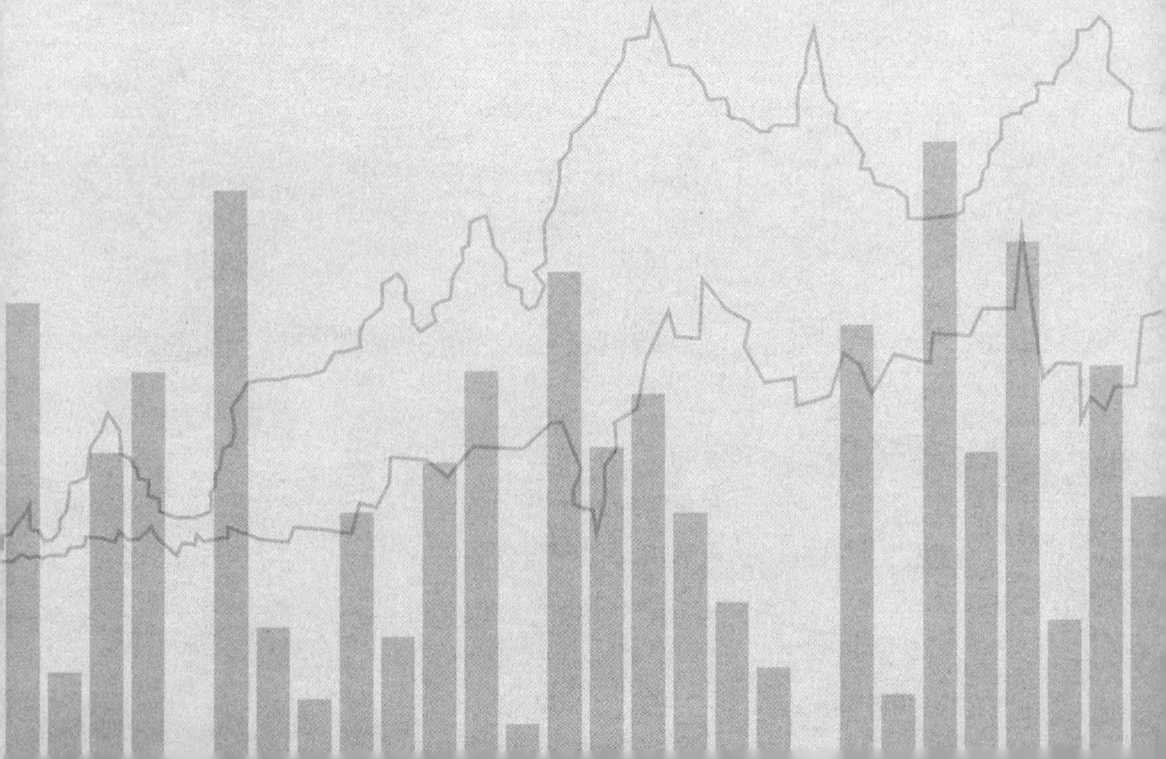

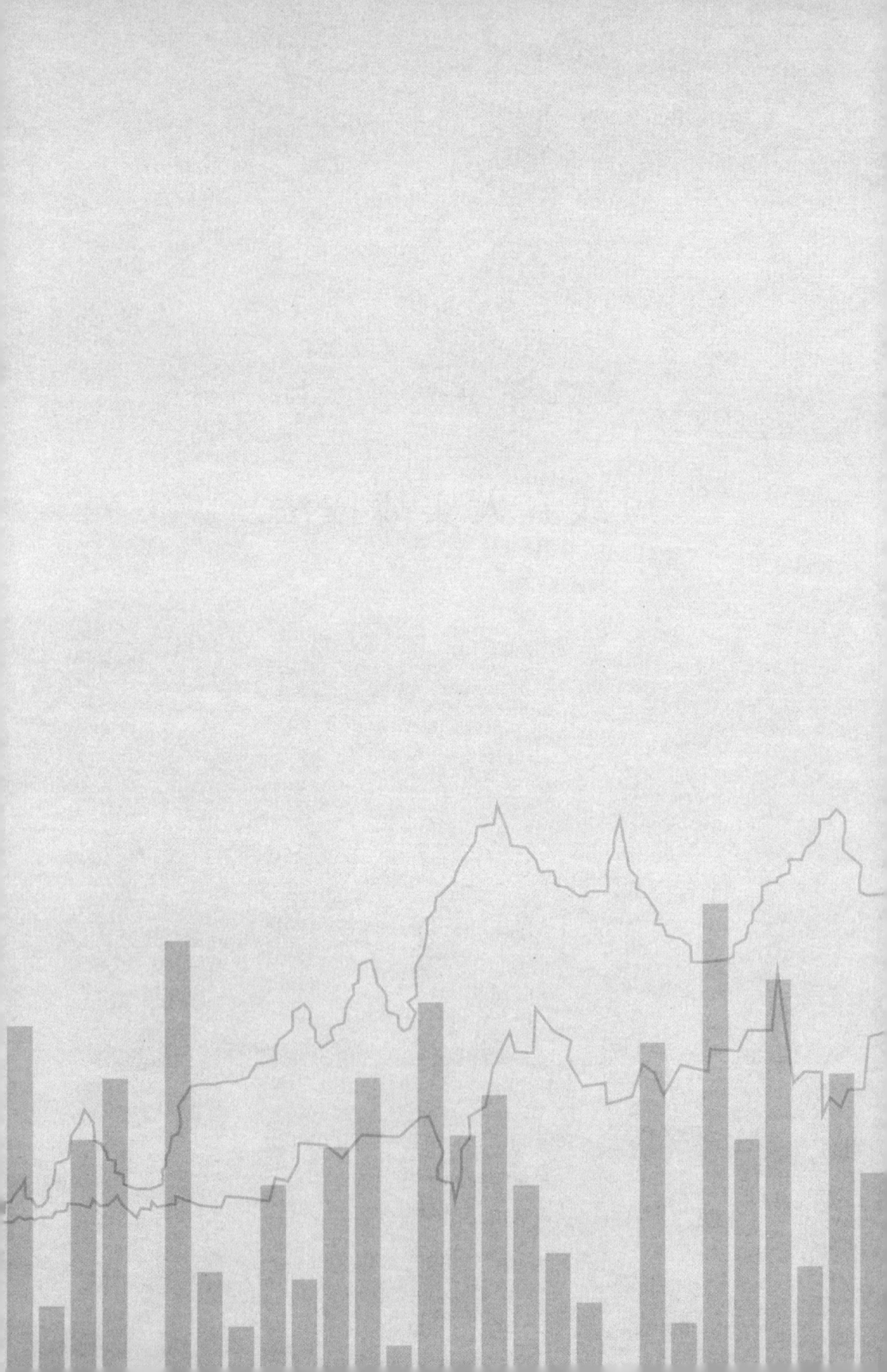

9.1 技法1：追涨停

短线重势，而涨停则是最强势的表现。对于短线投资者来说，追击涨停板可能是最刺激的交易方式。曾经有主力专门对涨停股票的次日走势进行过统计，按涨停次日最高价计算，平均涨幅为5.92%；按次日的收盘价计算，平均涨幅为2.86%。如果按照这个收益水平，投资者短线介入涨停股，年收益率将至少在65%以上，大大高于目前的二级市场的平均收益率。

9.1.1 不同涨停板的分时走势

一般来说，虽然每天都有涨停板，但是不同的涨停板反映出来的股价走势的强弱是不同的。涨停板的分时走势主要有以下三种。

1. 早盘半小时内快速涨停

如果股票开盘后在成交量的推动下迅速封住涨停板，显示出主力实力强劲，做多信心十足。主力短时间内将股价拉至涨停，首先可以尽快远离自己的成本区，同时减少了后市拉升期间出现抛压风险的可能性。此类个股一般后市股价走势强劲，获利空间很大，是短线投资者追击涨停板的首选。

如图9-1所示，2022年11月9日，西安旅游（000610）开盘后快速冲高，在成交量的推动下股价一路上扬，最终封住涨停板，历时仅仅半个小时，这显示主力的拉升信心十足。另外，该股涨停后成交量较小，表明市场筹码锁定性良好，有利于后市主力的进一步拉升。

图9-2为2022年11月西安旅游的日K线走势。自11月9日该股强势涨停后，股价进入一个快速拉升期，后续又出现2个涨停。

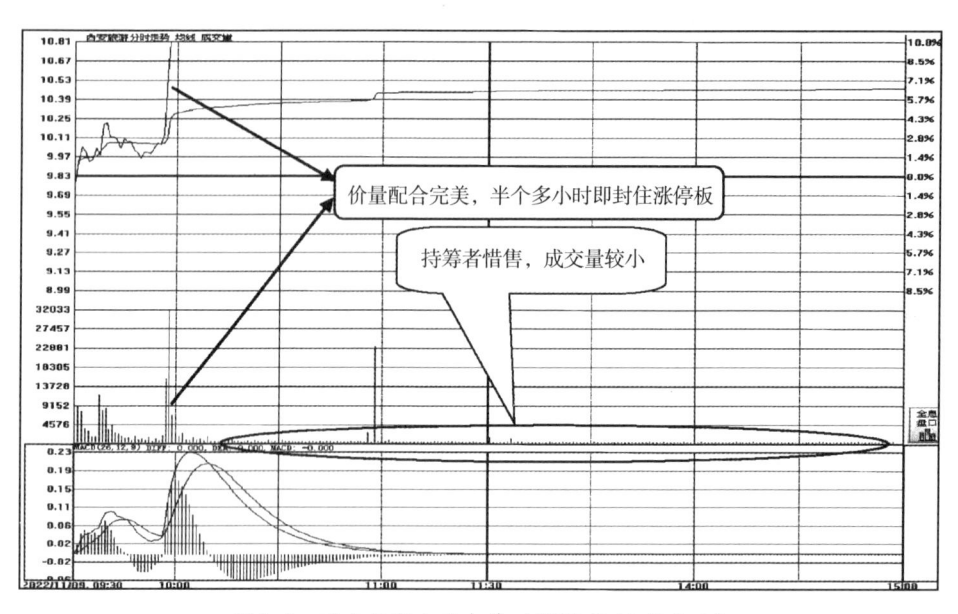

图 9-1　西安旅游分时走势（2022 年 11 月 9 日）

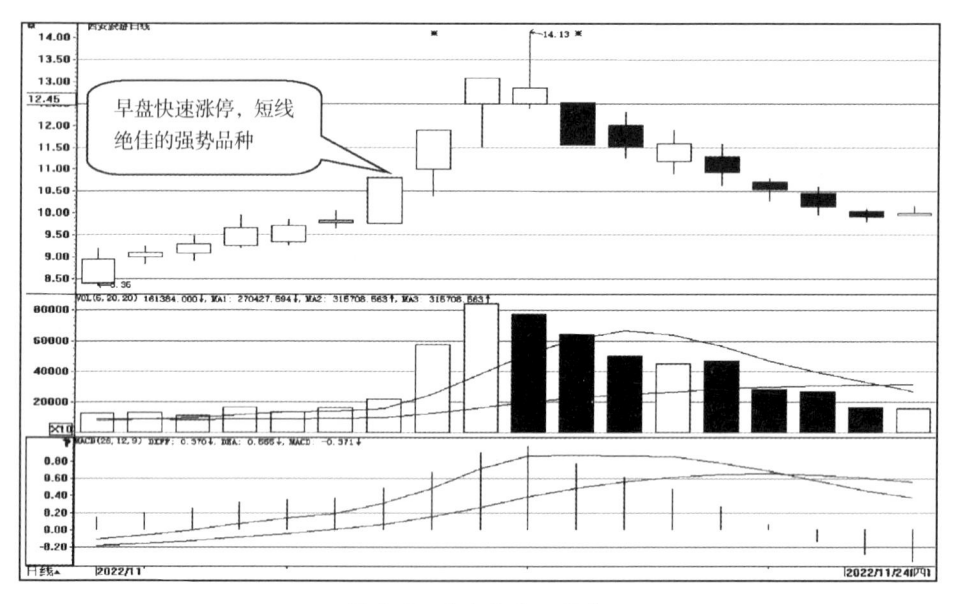

图 9-2　西安旅游日 K 线

2. 盘中涨停

这类个股没有第一种那么强势，而是开盘后震荡上行，并在盘中某一时点封住涨停板。这类个股一般都是股价有了一定的涨幅，股价距离主力的成本已经有一定的距离，主力并不急于拉升，而是希望能更多地引起市场上投资者的关注。此类个股后市股价一般是震荡上行，短线也会有一定的收获。

如图 9-3 所示，2023 年 1 月 12 日，千味央厨（001215）开盘后快速冲高，之后震荡上行，于盘中封住涨停板，显示市场做多气氛浓厚。

图 9-4 为 2023 年 1 月千味央厨的日 K 线图，1 月 12 日该股涨停后，短线出现一波上行走势。

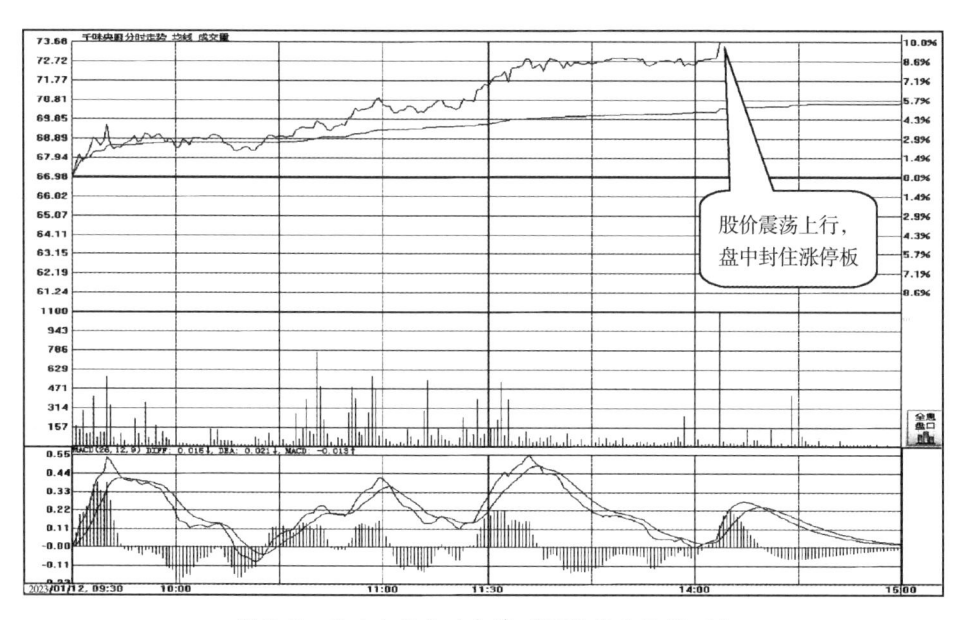

图 9-3　千味央厨分时走势（2023 年 1 月 12 日）

3. 尾盘半小时内涨停

这类个股一般在尾盘的半个小时内封住涨停板，这显示市场中做多欲望不是特别强烈，这种尾盘涨停的个股，很可能只是跟涨品种，而非板块的领涨品种。另外，尾盘的涨停也有可能是因为主力在市场人气调动不充足的情况下，只能自己将股价拉升至涨停。

此类走势如果出现在历史高位的话，后市走势常常面临较大的不确定性，因此投资者追涨此类个股应谨慎为先。

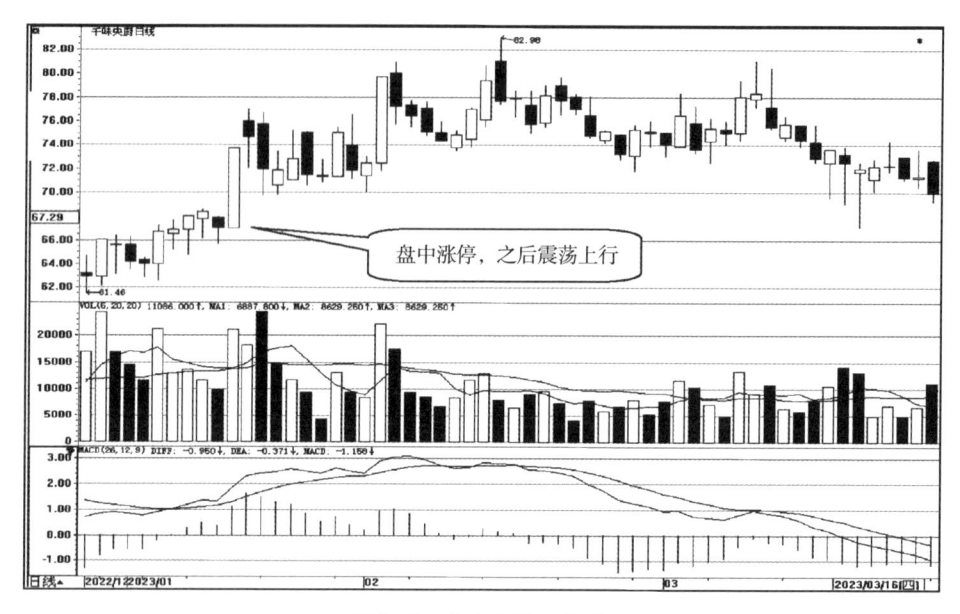

图 9-4　千味央厨日 K 线

如图 9-5 所示，2023 年 3 月 8 日，欧克科技（001223）开盘冲高出现 5% 左右的涨幅后持续震荡。一直到尾盘时分，股价突然放量涨停。从盘中可

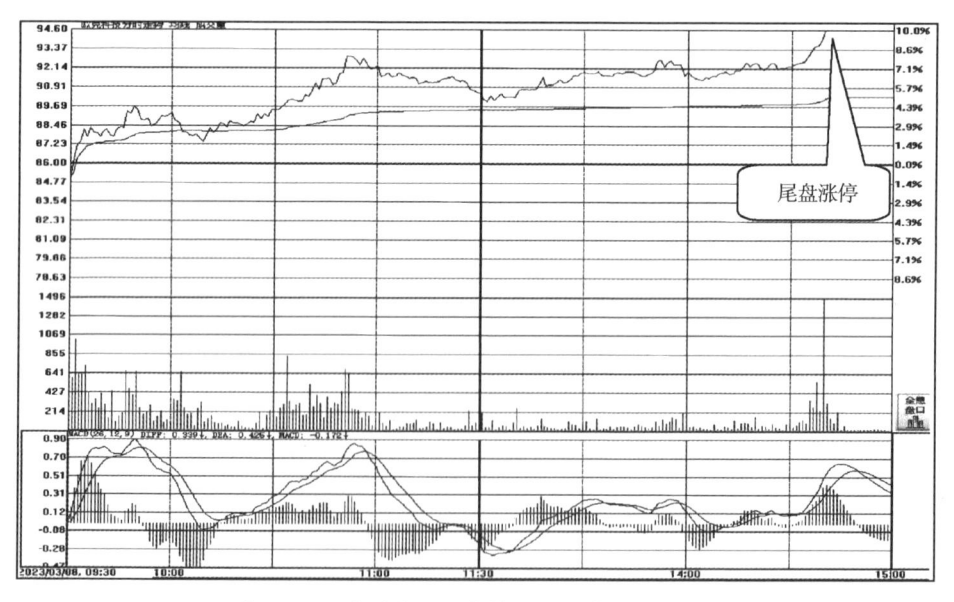

图 9-5　欧克科技分时走势（2023 年 3 月 8 日）

以看出，该股走势并非十分强劲。另外，该股前期持续下跌，显示出较强的下跌动能（见图9-6），短线投资者此时不宜追涨买入。

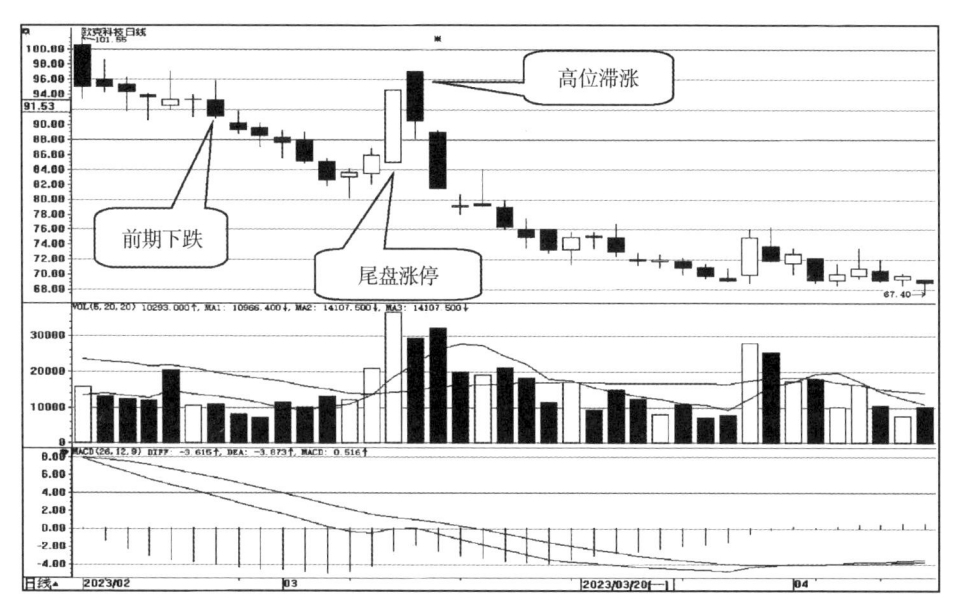

图 9-6　欧克科技日 K 线

实战经验

判断股价走势强弱有许多角度，不仅可以从涨停时间、分时走势判断，投资者在实战中应将整体板块、阶段涨幅、盘中走势、量价配合等综合起来进行分析。

9.1.2　追涨停的品种选择

不论是牛市还是震荡市，市场上每天都有涨停的股票，在行情火爆的时候，涨停的股票会非常多。那么，什么样的涨停股才值得短线投资者追高介入呢？

1. 热点板块的龙头股

当某个板块成为热点板块并受到市场追捧时，追入其龙头股将是好的选择，因为龙头股先板块之动而动，后板块之落而落，有着很好的风险收益比。

判断板块龙头股的方法很简单，哪只股票率先涨停，哪只股票往往就是板块龙头股。因此如果短线投资者要操作龙头股，就要密切关注该板块所有股票的分时走势，对于第一个冲击涨停的股票，投资者应尽量在第一时间予以狙击。

从 2021 年 11 月开始，随着煤炭价格的上涨，煤炭板块成为市场的热点板块。如图 9-7、图 9-8 所示，该板块中的中国神华（601088）、冀中能源（000937）在 12 月 3 日都出现了大幅上涨，其中冀中能源还在下午盘出现涨停，板块龙头的气质得到了展现。同时，中国神华当天的放量大阳线之前还形成了圆弧底形态（见图 9-9），短线买点出现。投资者可以果断介入。

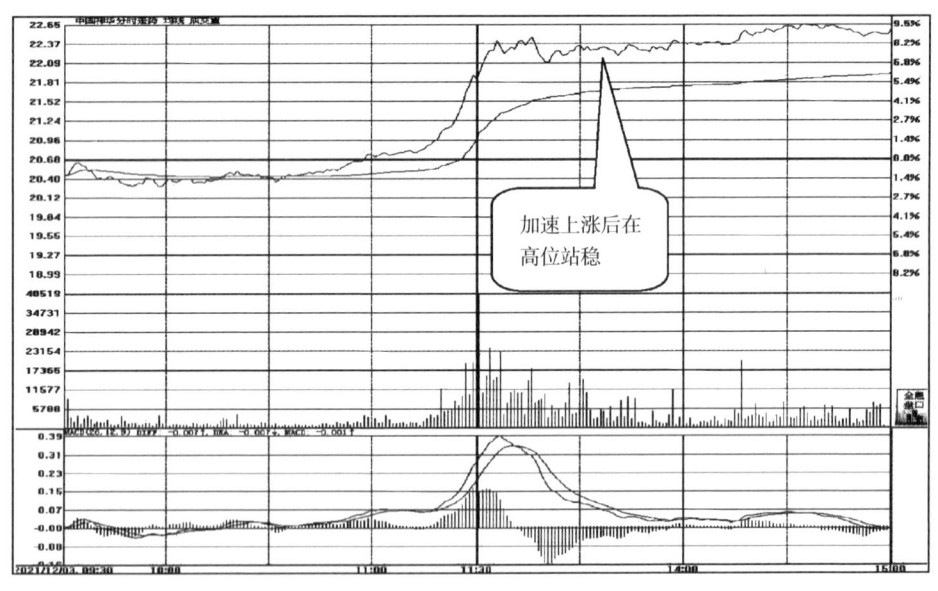

图 9-7 中国神华分时走势（2021 年 12 月 3 日）

2. 刚刚出现突破走势的强势股

短线涨停的强势股并非都具有板块效应。有些涨停的股票虽然不属于热点板块，或者没有板块效应，但是如果这些股票在走势上具有下面的特点，

第 9 章 短线五大实战技法

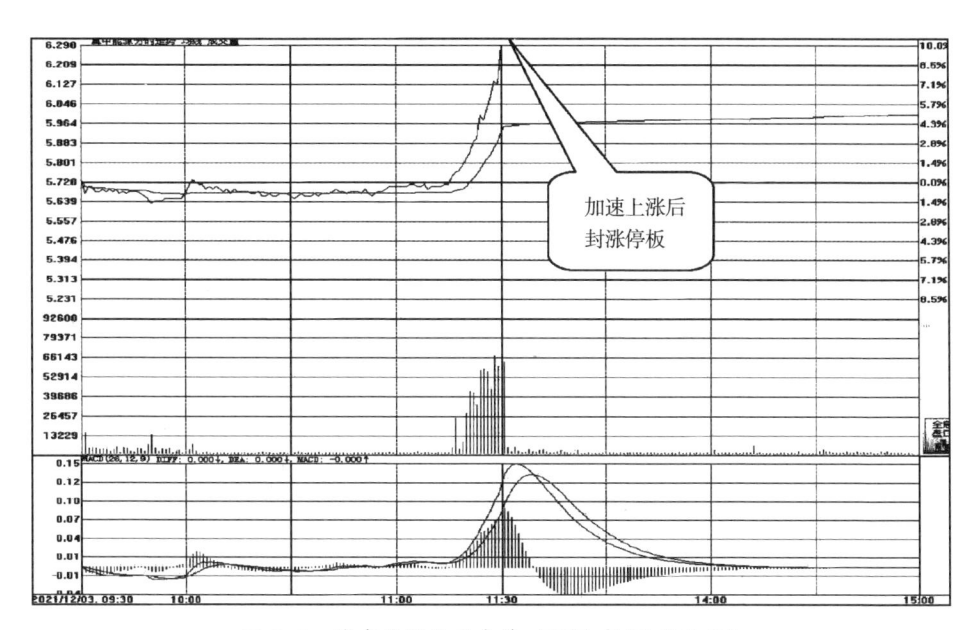

图 9-8 冀中能源分时走势（2021 年 12 月 3 日）

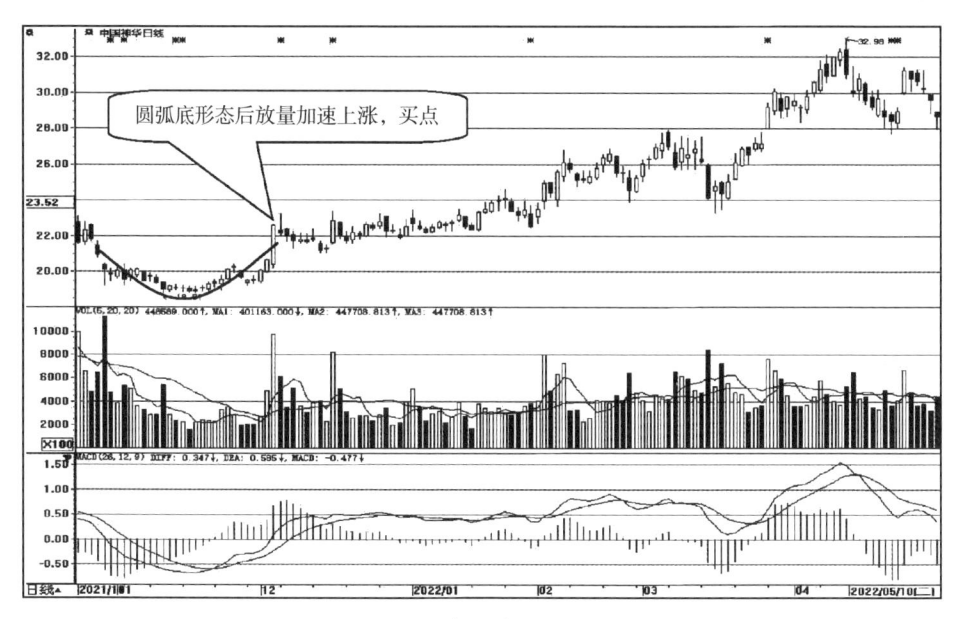

图 9-9 中国神华日 K 线

仍然可以作为短线投资者的重点交易品种。

（1）处于阶段性的低位，当天的涨停是本轮行情的第一个涨停。

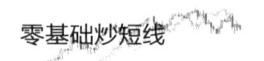

（2）前期调整充分，有一个明显缩量的过程。

（3）当天的涨停具备着重大的突破含义。

如图 9-10 所示，2022 年 8 月 15 日，广安爱众（600979）开盘后持续震荡，在上午盘的最后半小时中迅速冲击涨停。

该股隶属的电力板块并非当时的热点板块。此时投资者可以观察该股最近的 K 线走势，如图 9-11 所示。当天的涨停使股价突破了此前的压力线，预示着运行节奏的改变。因此，该股可以成为短线的重点交易品种，投资者可以在涨停板上短线追涨买入。

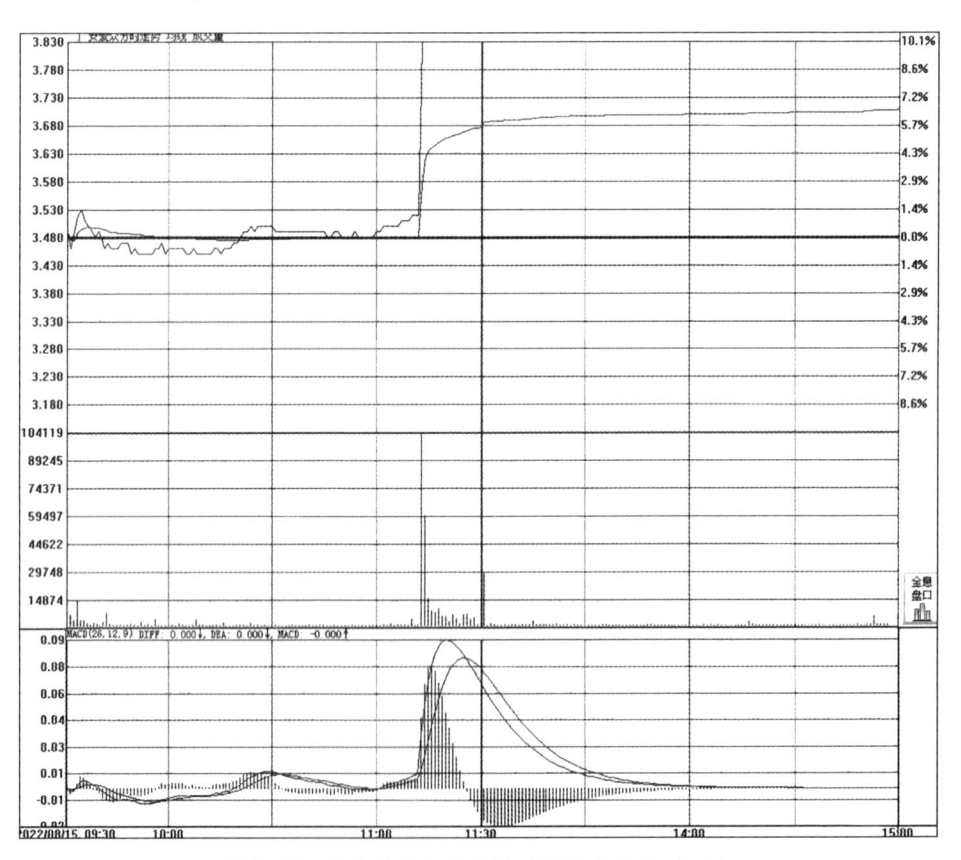

图 9-10 广安爱众分时走势（2022 年 8 月 15 日）

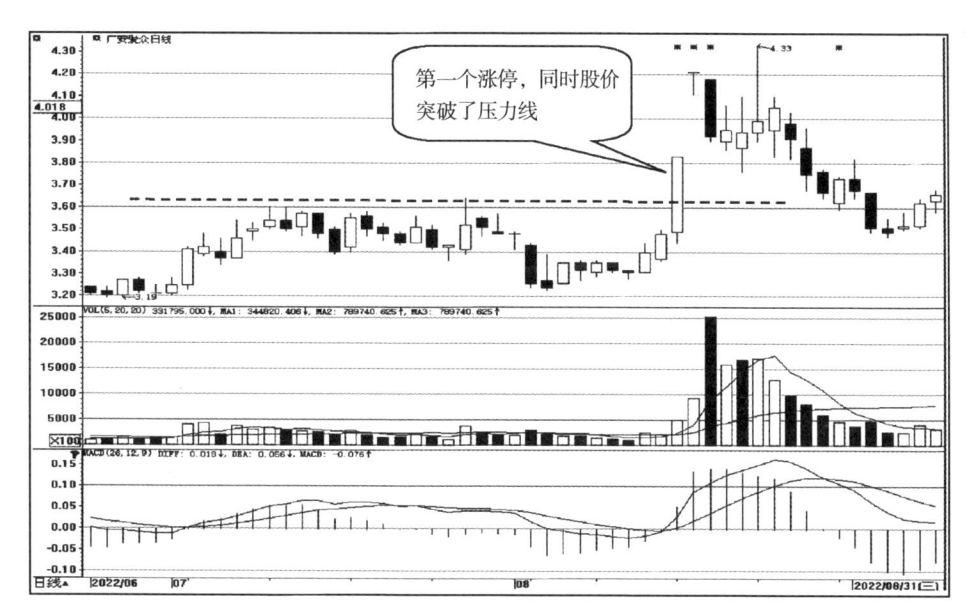

图 9-11　广安爱众日 K 线

实战经验

集体力量大。具有板块效应的热点，说明主力资金大量参与，走势的强度和可持续性有一定保证。因此，热点板块的龙头品种始终是短线的首选品种。

9.1.3　追涨停的时机选择

追涨停买入的总体原则就是"不板不追"。只有股价达到涨停价位时才追进，哪怕只差一两分钱没达到，也不能追涨。

（1）在涨停板价位的卖单（即卖一）被大笔吃掉的一瞬间，快速在涨停价位挂单排队买入。

（2）在封住涨停板的初期，多空双方在涨停板位置往往会有一番争夺，排队的买单有可能会成交。

（3）如果在封板后大量买单将涨停封死，投资者的买单无法成交，此时投资者可以继续排队等待。有时在盘中涨停板会有短时打开，此时排队买单

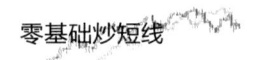

就可以成交。

（4）如果涨停板始终无法封死，或者封板后成交量不能大幅度缩减，那么说明抛盘较多，有可能主力在涨停板上不断出货。碰到这种情形，已经买入的投资者要提高警惕，如果下一个交易日股价不能继续走强，则不论盈亏，应立即离场。

（5）股价从低位起来的第一个涨停板是最好的追涨时机。如果错过，除非非常有把握，否则不要追第二个涨停板。如果已有连续三个涨停，那么投资者最好不要继续追涨。

实战经验

追涨停板需要短线投资者手快、眼快，能够时刻观察行情变化，能够及时发现盘面热点，并能迅速把握住稍纵即逝的买入时机。因此，追涨停板的技法只适合有大量时间看盘的投资者。

9.1.4 区分涨停板上的洗盘与出货

一般来说，如果一只股票在盘中出现涨停走势，但是始终无法牢牢封住涨停，而是封住又打开，打开又封住，这就说明这只股票虽然涨停，但是主力出货嫌疑较大，需要投资者提高警惕。

不过，有时主力会利用投资者的这种心理在涨停板处故意制造这种"出货"假象，诱导其他投资者抛出股票，从而实现洗盘的真实目的。

在这种走势下，投资者要想区分主力到底是在洗盘还是在出货，就需要结合股价所处的位置、市场的总体强弱，以及个股成交量变化等因素，进行综合研判。

如图9-12所示，2021年3月14日，一拖股份（601038）开盘半小时内放量涨停，之后不久股价打开涨停，放出较大的成交量，但在尾盘时该股再次封住涨停。那么涨停板附近的反复到底是洗盘还是出货呢？投资者可以从该股的 K 线图中找出答案。

图 9-13 是一拖股份的日 K 线图，从中可以看出，该股连续出现五个涨停

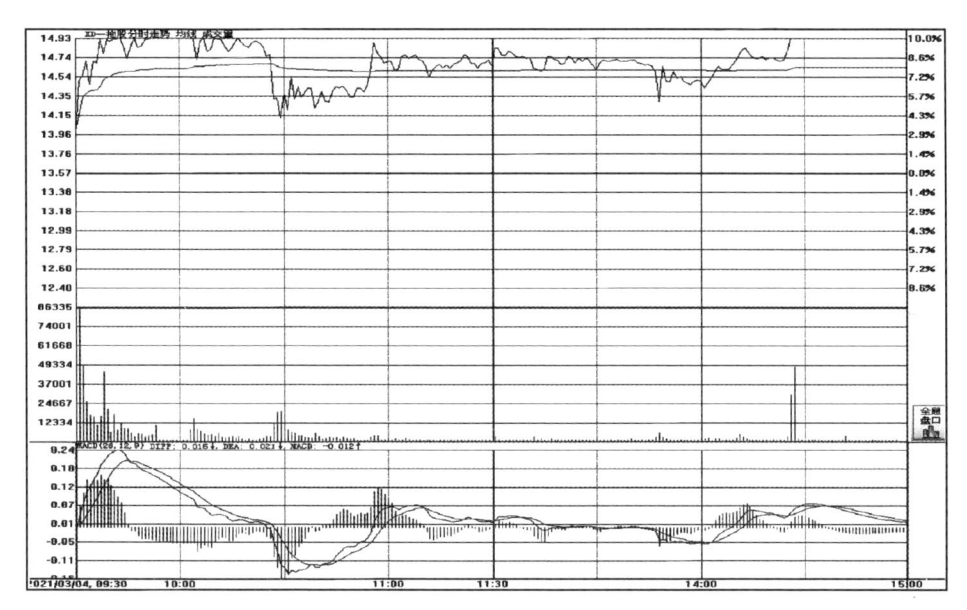

图 9-12　一拖股份分时走势（2021 年 3 月 14 日）

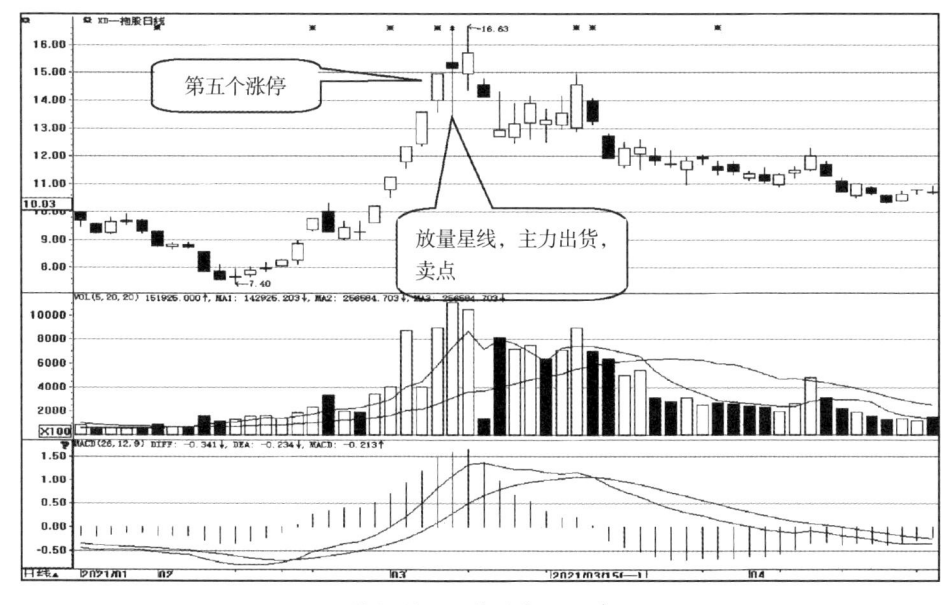

图 9-13　一拖股份日 K 线

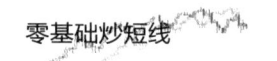

板。因此，主力在这里出货的概率较大，接下来股价很可能出现回调。第五个涨停出现的下一个交易日，该股形成放量星线，这是更为明显的主力出货信号，此时投资者要注意及时出场。

实战经验

由于主力的伪装，洗盘与出货是很难区分的，"看不准就绕开走"可能是合适的应对策略。另外，不论投资者做出何种判断，都应做好"如果判断失败该怎么办"的止损准备。

9.1.5 连续涨停的短线卖点

市场上经常有股票出现连续涨停的强劲走势，尤其是ST股票，连续涨停更是经常出现。当出现了这种走势以后，投资者应该怎么判断卖点呢？

对于连续涨停的个股，投资者可以将上个交易日的收盘价（同时也是当天的涨停价）作为重要的判断标准。

（1）如果当日盘中股价能维持在前一交易日的涨停收盘价之上，或者即使跌破也能迅速升回，那就说明该股依然保持强势，可以继续持有。

（2）如果当日盘中股价无法维持在前一交易日的涨停收盘价之上，或者在该价格下方停留时间过长，就说明走势较弱，投资者短线卖出为好。

如图9-14所示，2022年8月18日至22日，国光电器（002045）连续涨停。8月23日，该股高开低走，跌破前一交易日收盘价，虽然尾盘勉强拉至其上，但盘中股价在前一交易日收盘价下方停留时间过长，弱势已现（见图9-15）。此时投资者应该果断减仓或清仓离场。

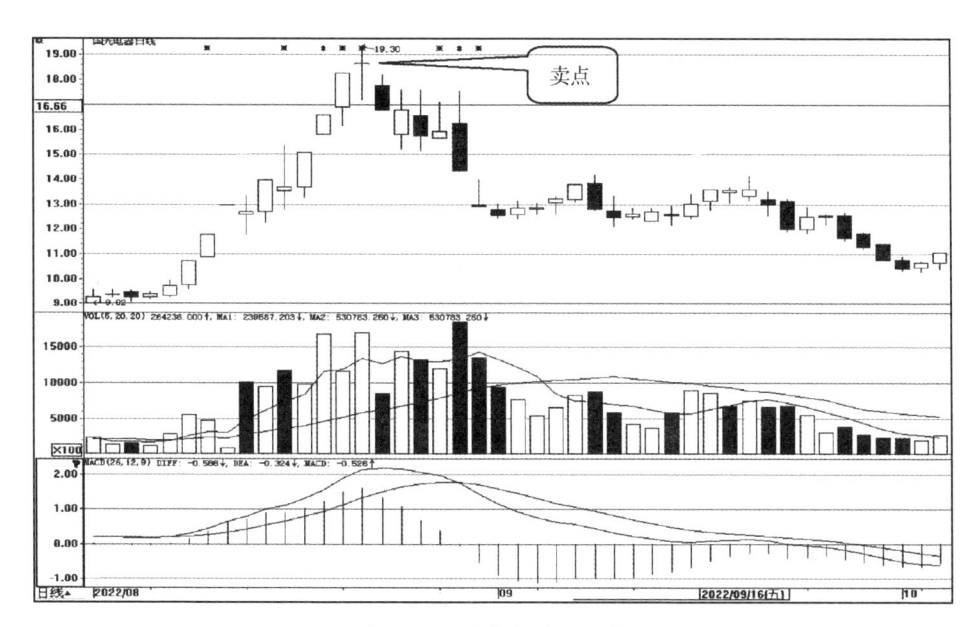

图 9-14　国光电器日 K 线

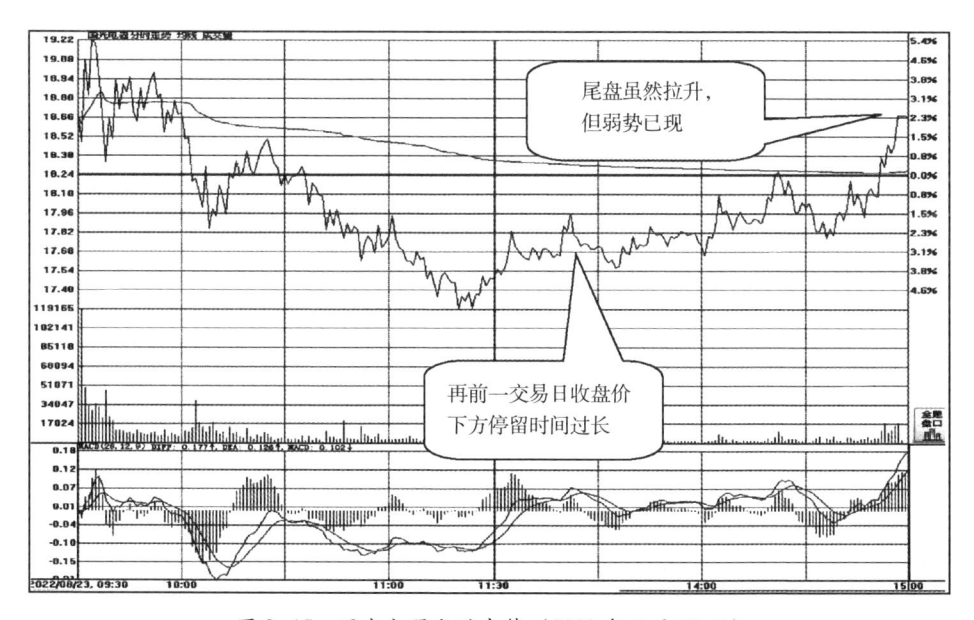

图 9-15　国光电器分时走势（2022 年 8 月 23 日）

实战经验

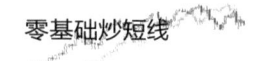

投资者在追板交易中，如果此时大盘处于低位，股价也处于低位，当天的成交量配合理想，同时也有板块效应，那么追击涨停板的胜率将高出很多。

9.2 技法2：跟主力

山不在高，有仙则灵；股不在好，有庄则灵。个股的强势表现，离不开主力的积极运作。因此，洞悉主力运作手法、运作模式，对于短线交易来说无疑非常重要。

对于短线投资者而言，最需要关注的就是主力的拉升和出货动作。

9.2.1 主力拉升的4种形态

1. 直升机式拉升

直升机式拉升，又称逼空式拉升，是指股价在短时间内被主力连续大幅拉升。股票经过充分洗盘，同时又有着重大的利好题材，此时主力往往会采取直升机式拉升的方式，将股价快速拉高。

直升机式拉升有3个走势特点。

（1）沿着5日均线连续上涨，在拉升过程中基本不会跌破5日均线。

（2）一般需要大盘走势的配合，或者个股出现突发性利好。

（3）股价在这个过程中不会出现明显回调，一旦投资者抛出股票，就只能以更高的价格买回（即踏空）。

如图9-16所示，2023年3月下旬至4月上旬，新易盛（300502）在经过震荡洗盘之后，被庄家以直升机式手法拉升。在股价持续上涨过程中，很少有回调出现。一旦投资者卖出股票，就只能以更高的价格将股票买回。因为这种压力，持有该股的投资者很少会卖出股票，而大量跟风买盘进入则推动股价持续上涨。

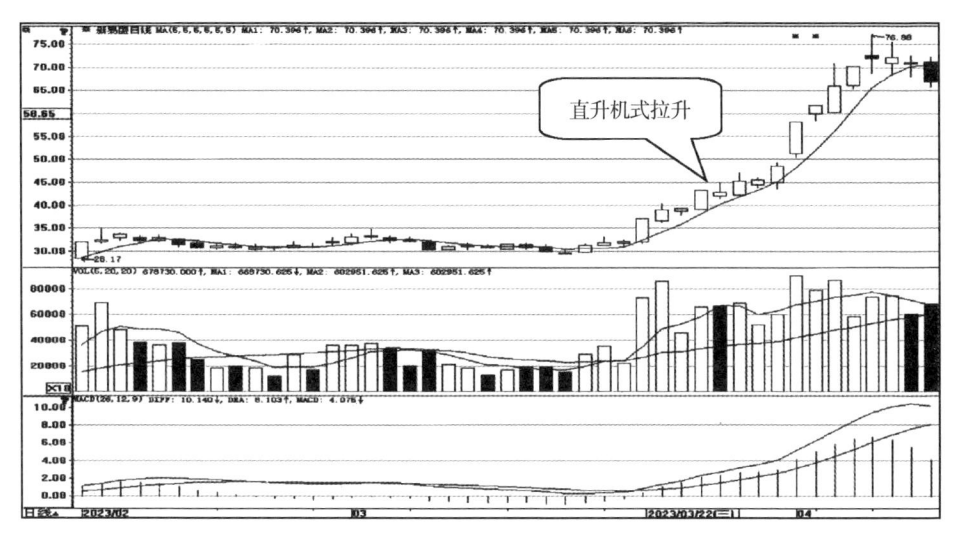

图 9-16 新易盛日 K 线

2. 推土机式拉升

推土机式拉升，是指 K 线保持一定的上扬角度，较缓慢但是持续地向右上方推进，类似推土机一样将股价慢慢推高。这种拉升方式虽然较慢，但是主力会比较省力。

如图 9-17 所示，2023 年 1 月至 3 月，浩瀚深度（688292）股价上涨过程中，庄家使用了推土机式拉升的手法。整个拉升过程中出现众多小阴线和小阳线，上涨十分稳健。

3. 震荡式拉升

当运作个股基本面缺乏重大利好题材，或者担心监管部门的监管力度，又或者资金不够充裕或实力较差时，主力多采用震荡式的拉升手法。

在震荡式拉升中，会出现比较有规律的宽幅上升通道，主力在这个上升通道的下轨处进行低吸，在上升通道的上轨处进行高抛。通过这种拉升手法，主力既可以通过反复的高抛低吸实现丰厚的波段收益，又可以减少拉升的资金压力。

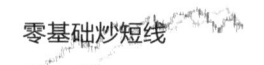

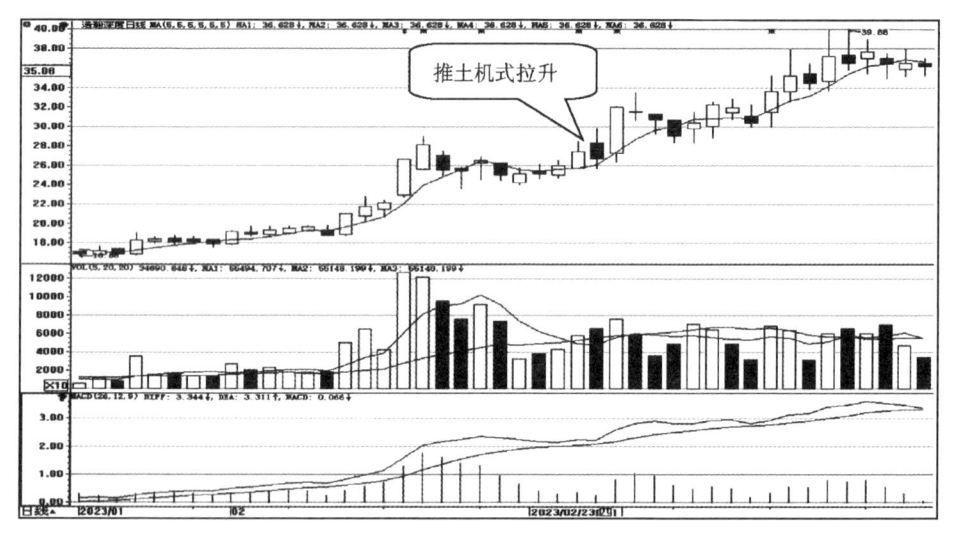

图 9-17 浩瀚深度日 K 线

如图 9-18 所示，2022 年 1 月至 6 月，兰花科创（600123）的主力开始拉升股价。约 5 个月的时间里，该股在一个宽幅上升通道内逐步上移，属典型的震荡式拉升。

最终，在反复震荡过程中，主力不仅通过高抛低吸获取了波段收益，同时还洗出了前期获利盘。在此轮震荡式拉升中，该股的最大涨幅超过了 100%。

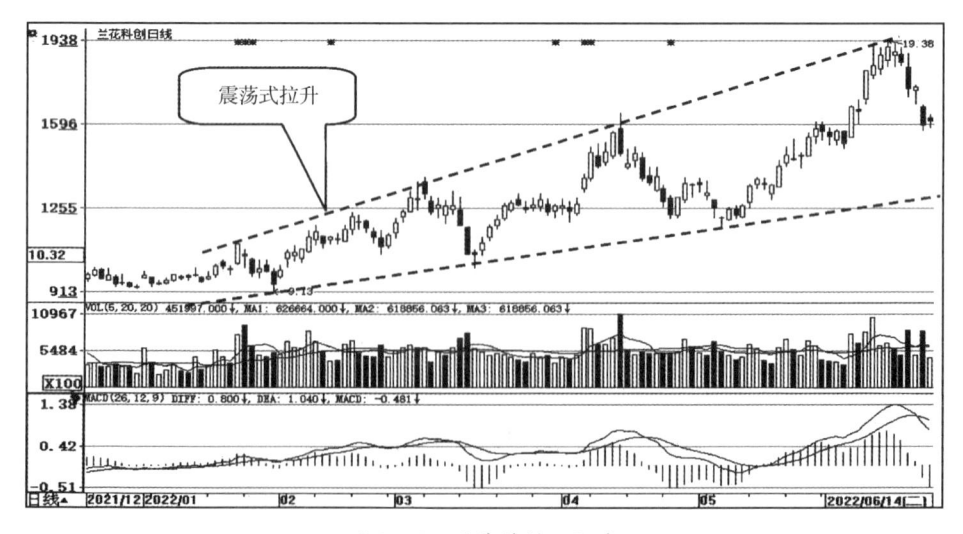

图 9-18 兰花科创日 K 线

4. 边拉边洗

边拉边洗，是指主力在拉抬股价的过程中，也在不断地洗盘。这种走势与震荡式拉升类似，只是边拉边洗的走势波动要比震荡式拉升的小一些。

如图9-19所示，2022年5月至6月，拓尔思（300229）股价持续上涨过程中，庄家多次进行大大小小的洗盘动作，利用一个或几个交易日的下跌在市场上制造恐慌气氛，以促进市场换手。

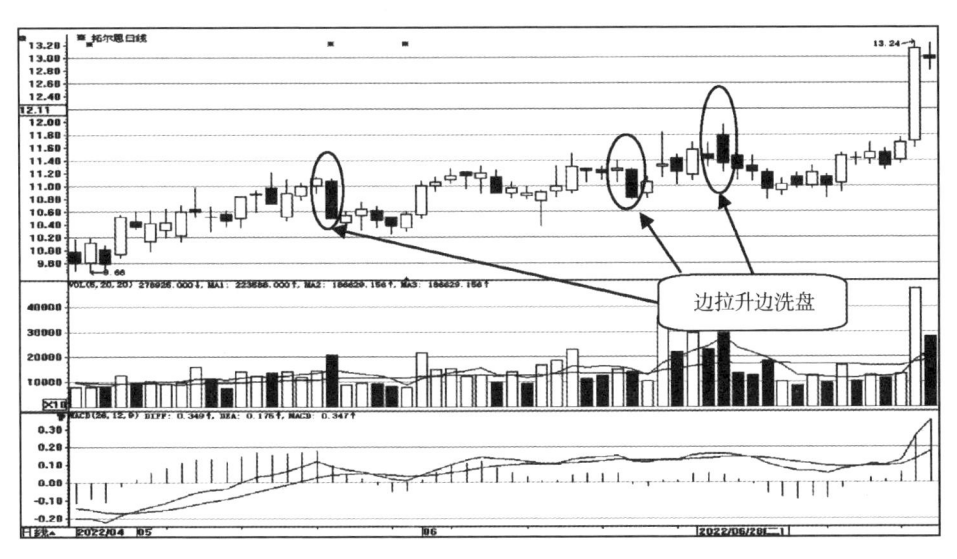

图 9-19　拓尔思日 K 线

实战经验

对短线投资者而言，在主力的这几种拉升手法中，最有吸引力的莫过于直升机式拉升，不过其风险也最大。边拉边洗的方式，虽然短线获利较慢，但是非常值得关注，这是因为在这种慢吞吞的走势之后，往往会有一个快速拉升的过程。

9.2.2　主力出货的 6 种手法

出货阶段，是主力运作一只股票最为重要的阶段，关系到主力是否能够

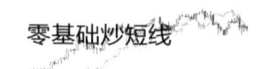

成功兑现账面利润。主力以前所做的一切，包括建仓、拉升和洗盘，都是为最后阶段的出货做准备。出货是否顺利，决定了主力本次运作的成功与否。

按照主力出货的方式，可以将出货分为拉高出货、借利好集中出货、打压出货、借反弹出货、震荡市缓慢出货、假突破出货等。

1. 拉高出货

拉高出货是指主力出货前要将股价快速拉升，吸引买盘加入，当承接盘大量出现后，主力开始在高位出货。当股价开始大幅回落时，就说明主力出货基本完毕。

如图9-20所示，2022年9月1日至5日，波导股份（600130）的股价连续出现三个放量涨停板。9月6日，该股成交量出现天量，且K线带有长长的上影线，形成高位流星线形态，表明主力正在集中出货。之后该股股价出现了一波下跌走势。

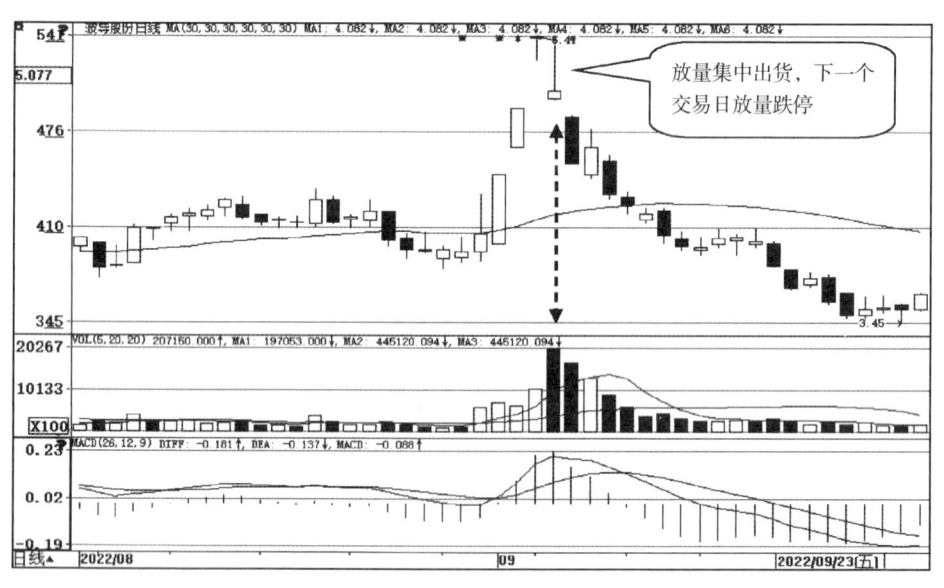

图 9-20　波导股份日 K 线

2. 借利好集中出货

主力出货的一个常用方式就是将股价拉升至高位，然后利用个股的利好消息或者利好预期将股价拉高，吸引大量买盘入场，自己则趁机集中出货。

有时主力急于出货，即使股价阶段性涨幅不大，仍会借助利好大力出货。

如图 9-21 所示，2022 年 11 月 22 日，红日药业（300026）当天公布利好消息，在利好消息的刺激下，当日该股高开，随后股价一路下跌，最终收出一根大阴线，主力出货意图显现。

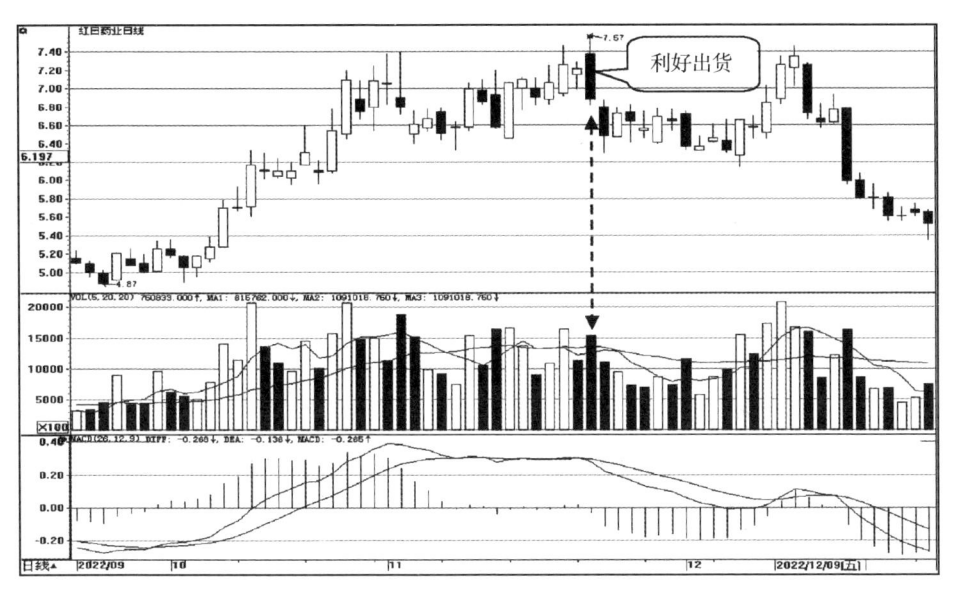

图 9-21 红日药业日 K 线

3. 打压出货

打压出货，又称杀跌出货，一般出现在大势已经走弱的时候，此时市场人气不足，投资者买入的积极性不高。此时主力无法通过震荡或者拉高的方式卖出股票，只能采取向下打压的方式，寻找逢低买盘来出货，结果是股价在主力的出货压力下频频走低。

如图 9-22 所示，2022 年 10 月下旬至 11 月下旬，钢研高纳（300034）的庄家开始打压股价出货。在连续多次打压之后，有抄底资金进入，股价获得支撑。借助这些抄底资金，庄家大量抛出股票，完成出货。投资者要注意在股价放量下跌时及时卖出。

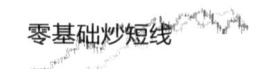

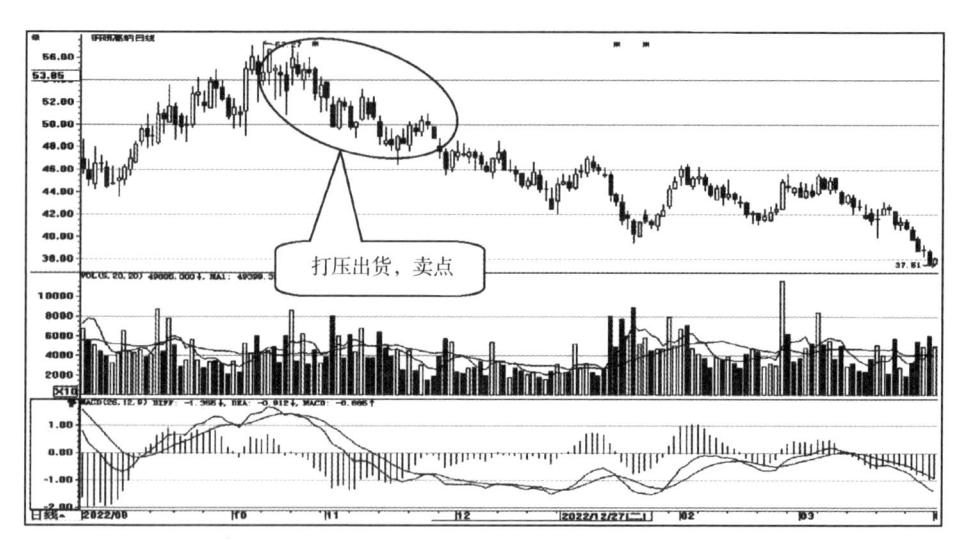

图 9-22 钢研高纳日 K 线

4. 借反弹出货

当主力因为对行情判断错误，或者出现巨大利空而没有及时出货时，往往会在大盘反弹时趁机将股价推高，然后将手中筹码卖给进场抄底的投资者。从而避免日后进一步的下跌带来的损失。

如图 9-23 所示，2022 年 8 月至 2023 年 3 月，万顺新材（300057）走出一波下跌行情。该股在下跌过程中出现了一次明显的反弹，反弹时成交量放大，且反弹到达高点后股价快速下跌。这种整体下跌、反弹时活跃的走势，往往是庄家在利用反弹出货。

5. 震荡市缓慢出货

当主力的持仓量比较大且出货时间比较充足时，一般都会采用震荡出货的手法。股价经过大幅拉升，到达主力目标价位后，主力开始将股价控制在一个区域内上下震荡，在这个震荡区域内，股价上涨时主力顺势出货，股价下跌时主力为了不让股价出现破位进行护盘，从而稳住其他的投资者，在震荡中出掉手中筹码。

如图 9-24 所示，2021 年 12 月下旬至 2022 年 2 月下旬，海新能科

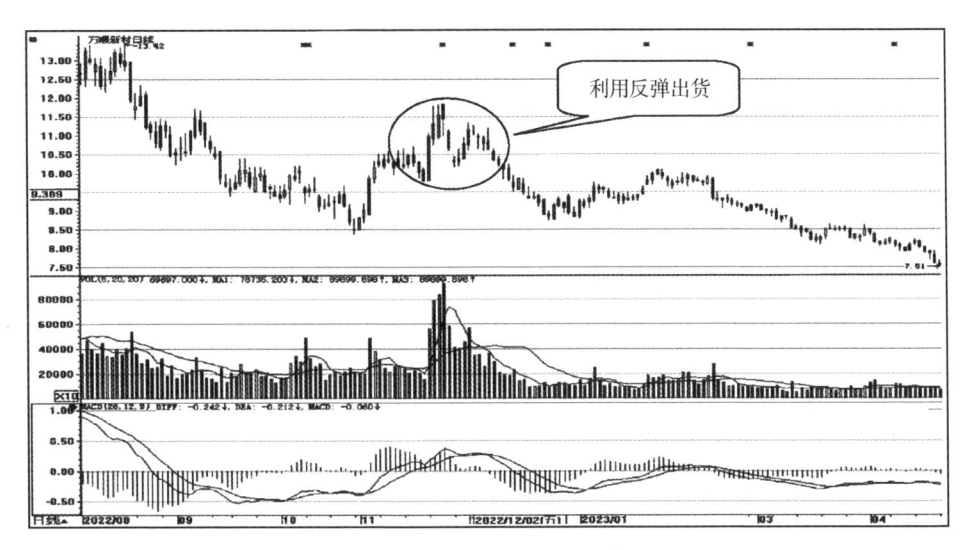

图 9-23 万顺新材日 K 线

（300072）庄家将股价拉升至高位后就操纵股价进行震荡整理。这是庄家在逐步低买高卖，大量抛售筹码。

2022年3月初，庄家已经基本出货完成，只需将剩余筹码全部抛售出去即可。庄家最后的抛售带动股价大跌，脱离整理区间，且后市持续走弱。

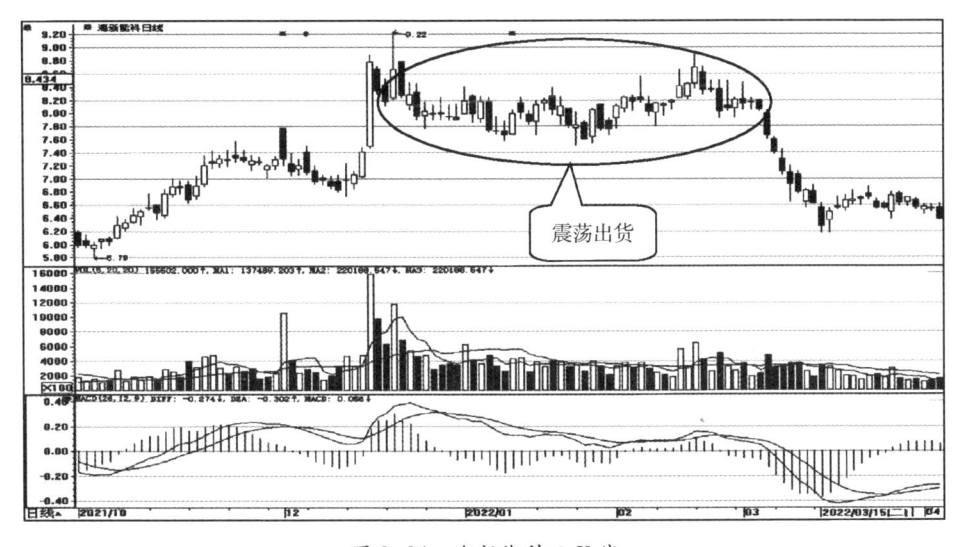

图 9-24 海新能科日 K 线

6. 假突破出货

假突破出货，是指主力为了造成股价将要继续上冲的假象，将股价推高至先前高点之上，让投资者以为股价已经突破前期高点，后市可期，匆忙跟进。而此后庄家开始不断地进行出货操作，等股价下跌一定幅度后，投资者才恍然大悟。

如图 9-25 所示，2022 年 1 月 19 日，银之杰（300085）股价突破前期高点，并且股价连续多个交易日收在前期高点之上，形成有效突破，有再上一层楼的可能。但随后该股快速回落，跌破前期高点，证明此前主力借假突破出货的意图。随后股价一路下跌。

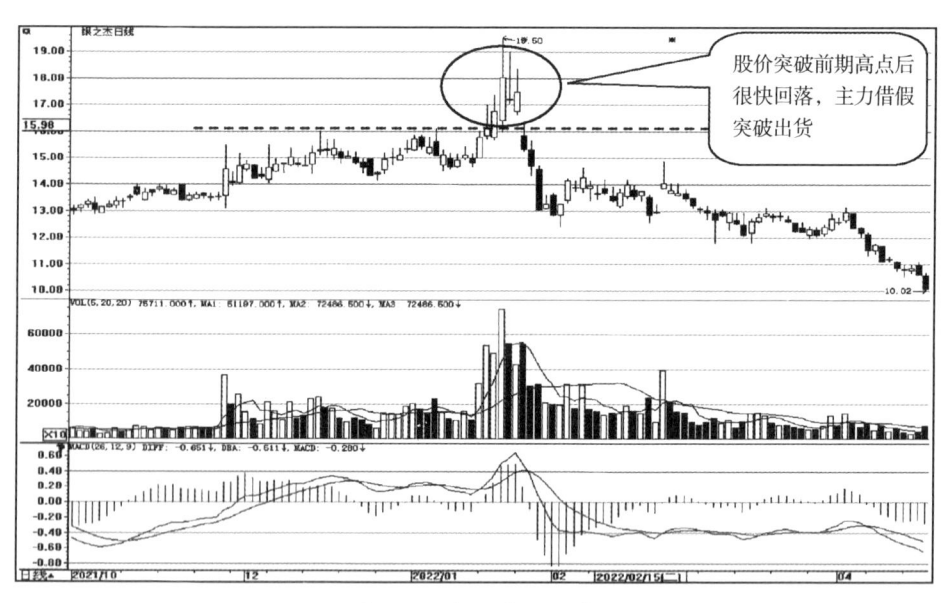

图 9-25　银之杰日 K 线

9.2.3　跟庄买点 1：建仓完毕时

机构运作可以分为四个阶段，即建仓、拉升、洗盘和出货。在这四个阶段中，可以产生许多跟庄买点。不过对于短线投资者而言，最合适的买入时机就是在机构不得不拉升的时候。这种时机有两个：一个是机构建仓完毕时；另一个是机构洗盘结束时。

1. 建仓手法

机构比较常见的建仓方式有打压建仓、震荡建仓和拉高建仓三种。

（1）打压建仓。

一般来说，在市场人气比较低迷或者出现利空消息的时候，机构往往会采用打压建仓的方式。此时机构不用费太大劲就可以把股价打压下去，降低建仓成本，同时还能引出许多恐慌性抛盘，机构正好可以收入囊中，可谓一举多得。

（2）震荡建仓。

震荡建仓是机构比较常用的一种建仓手法。机构资金量大，需要买入的股票数量多，要想尽量不引人注意，并非短时间内就可以做到。机构往往需要将股价保持在一个较低水平，进行反复、长时间的震荡，逐步地买入股票。

（3）拉高建仓。

当市场或者个股由于突发性利好消息的刺激走势突然转强时，如果机构正处于空仓状态，或者还没有实现建仓目标，此时往往会采用向上买入的方式来进行建仓。因为此时机构已经没有时间在低位慢慢建仓，也没有持股者愿意在低位卖出，机构无法使用打压建仓或者震荡建仓的方式，而只能向上快速地扫盘。当短期涨幅达到一定程度时，很多持股者会担心失去这一段快速上涨的收益而纷纷卖出，机构则趁机大力买入，继续建仓。

如果后市股价能够在这波放量拉升区间的上方稳住，投资者基本就可以确认，这段拉升区间是机构在进行拉高建仓。

另外，与拉高建仓类似的还有一种推高建仓手法。机构稳步推高股价，在推高过程中不断买入，实现建仓目的。

2. 买在建仓完毕时

当机构建仓基本结束时，最担心的就是别的机构或者散户也在低位入场

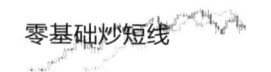

抢盘。此时机构最迫切的任务就是快速拉升股价，以便脱离自己的成本区。这就构成了短线买入的好时机。

当股价突破了此前机构的建仓区间，或者突破了底部的密集成交区时，就说明庄家建仓结束，已经展开了第一波拉升，此时投资者可以迅速入场。

如图9-26所示，2021年1月至3月，康芝药业（300086）在跌至5.2元附近后开始横盘震荡，同时成交量开始活跃，机构建仓迹象明显。4月7日，该股突破了此前的建仓区间，说明机构开始拉升股价，买点出现。

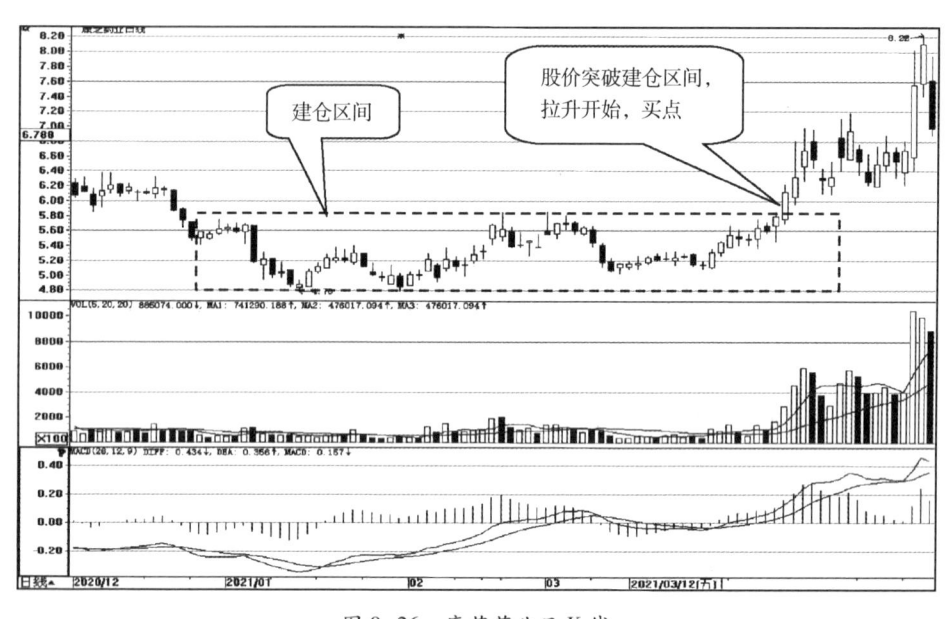

图9-26　康芝药业日K线

实战经验

识别机构建仓的最主要参考指标就是成交量。当股价经过缩量下跌后开始企稳，成交重新开始活跃，就说明机构开始运作。由于机构在建仓时，股价上下波动，少有连续拉升，因此建仓阶段并非合适的短线买入时机。而在建仓结束后，机构急于拉升，短线买入时机出现。

9.2.4 跟庄买点2：洗盘结束时

在机构的整个运作过程中，有一个动作贯穿始终，那就是洗盘。机构坐庄的每个阶段都有洗盘动作的出现。因为除了机构收入囊中的股票，还有相当一部分股票在其他投资者手中。而这些股票的持有者，随着股价的上涨，已经逐渐开始获利。一旦继续推高股价，很多投资者的盈利幅度会继续加大。当主力将股价推升至高位开始出货时，这些获利丰厚的筹码也将蜂拥卖出，势必增加主力的出货难度。

因此，主力在运作过程中，必须不断地进行洗盘，促进股票在不同投资者之间进行换手。

1. 洗盘手法

主力的洗盘手法，有以下几种。

（1）打压洗盘。

打压洗盘往往发生在走势一般或者不太好的股票上。投资者对这类股票大多是抱着投机的心态，一旦走势非常恶劣会纷纷出逃，打压洗盘的效果会比较理想。

一般机构的打压都会利用大盘的弱势或者利空消息来进行，此时向下打压会事半功倍。在打压过程中，股价会跌破一些重要的平均线，或者重要技术点位，以此来制造恐慌效应。但是在打压过程中，成交量往往处于缩减态势，这就暴露了机构真洗盘、假出货的真实意图。

（2）震荡洗盘。

震荡洗盘是机构常用的一种洗盘方式，一般发生在一段较大幅度的上涨之后，市场中的获利盘、短线盘较多，此时机构通过较长时间的反复震荡，既打压股价造成一定的跌幅，促使获利盘卖出，又利用较长时间的弱势走势，促使失去耐心的短线盘出局。

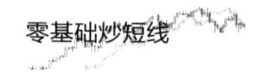

(3)边拉边洗。

边拉边洗是指机构在拉升股价的同时不断地进行小规模的洗盘动作。机构通过这种方式可以压缩短线客的获利空间，促进短线盘之间的换手，以减轻上涨压力。

这种洗盘方法经常出现在大盘处于单边上扬的行情时，机构无法进行较长时间的洗盘，向下打压也容易丢掉筹码，因此只能把拉升和洗盘的动作交错进行。这样边拉升边洗盘，既利用大盘的升势拉升了股价，又可以进行部分程度的洗盘。

2. 买在洗盘结束时

主力洗盘结束时，是另一个短线买入时机。此时股价已经调整到位，庄家没有必要继续打压，同时拉升动作已经展开，所谓"箭在弦上，不得不发"，投资者此时买入，既可以规避庄家的洗盘过程，又可以很好地把握住后续的拉升行情。

投资者可以通过对成交量和股价走势的综合分析，来寻找洗盘结束的买入时机。

第一，当成交量极度萎缩，换手率低于2%的时候，往往预示着市场浮筹已经非常稀少，主力继续洗盘的意义不大。

第二，股价开始回升，同时成交量逐步放大，表明新的拉升阶段已经开始。

如图9-27所示，2022年9月至10月，海油工程（600583）经过一段上涨之后出现震荡洗盘走势。这表明市场的获利筹码较多，抛盘压力渐重。庄家果断采取了震荡洗盘的手法，将浮筹统统震出去，使散户投资者进行充分换手，同时降低了自己的持股成本。11月1日，震荡洗盘结束，买点出现。

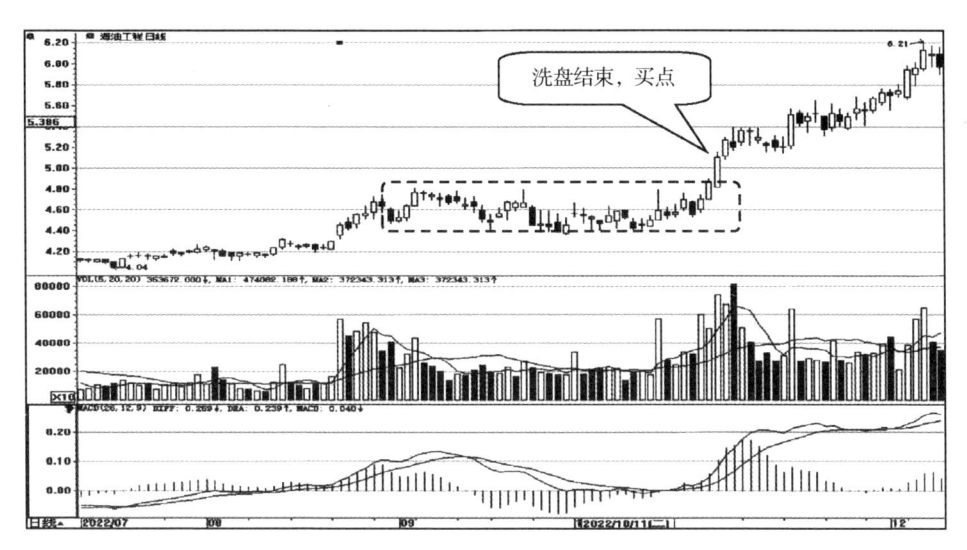

图 9-27 海油工程日 K 线

实战经验

投资者进行跟庄操作时切忌死跟。一个是不能完全跟庄，要结合自己对行情的分析综合研判。另一个是要选好跟庄时机。庄家建仓期间和庄家出货期间，股价走势往往杀机四伏，都不是跟庄的好时机。

9.3 技法 3：巧解套

基本上每个股民都有过被套的经历，无论是因为外界的因素（突发性的利空消息等），还是因为自己的分析出现偏差，被套牢是每个投资者都会遇到的问题。被套牢并没有什么，关键是投资者在被套之后如何才能解套。

解套大体可以分为主动解套和被动解套两种。被动解套比较容易理解，就是持股不动、等待股价上涨的一种解套方式。而主动解套的方法基本可以分为下面四种：拨档子解套、逢低摊平解套、割肉解套和换股解套。

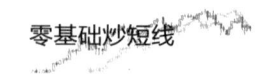

9.3.1 拨档子解套

拨档子解套，是指当股票价格位于相对高位时卖出，并在低位买回，从而扩大盈利或减少损失的一种操作方法。其高抛低吸的时间间隔较短，一般在几个交易日内完成。

拨档子解套，就是利用先高抛、再低吸、再高抛的循环操作，达到降低持股成本，甚至实现盈利的目的。例如，一位投资者在股价10元时买入，但是买入后股价下跌，跌至9元。此时该投资者已经处于套牢状态（浮亏1元）。如果投资者判断股价还将继续下跌，可以选择在9元这里卖出持股。当该股股价跌至8元时，投资者再次进场买进。当股价涨至9元时，该投资者卖出股票，实现解套。

拨档子解套，要求投资者对个股走势有合理准确的判断。如果投资者对行情的走势判断出现偏差，在投资者止损后，股价并没有继续下跌，反而开始不断上涨，此时就出现踏空情形。因此投资者要注意分析，看此前的下跌是不是正常回调、庄家洗盘所致。如果仅仅是洗盘，那么对于普通投资者而言，持股待涨才是最合适的选择。

9.3.2 逢低摊平解套

逢低摊平解套，是指买进后股价开始下跌，待股价跌至低位时，投资者再次买进部分该股，摊低整体持仓成本，当后市股价上涨时，投资者就会比较容易实现解套。

例如，投资者以20元/股买入某股票1000股，随后股价开始下跌，当下跌至18元/股时，投资者可再次买入1000股，从而将股票的成本降至19元/股。当股价上涨至19元/股时，投资者就已经解套了。

补仓的目的是降低成本，等待股价上涨从而弥补亏损。这就要求投资者操作前一定要分析判断股价可能反弹的高度，并选择好补仓的时机。补仓过早，往往会越补越亏；补仓过晚，就失去了降低成本的意义。

正确的补仓操作是可以降低成本的，当然补仓也存在风险。若补仓后股价继续下跌，将扩大投资者的损失，导致越套越多。所以投资者在进行补仓时，一定要注意合理控制风险，切不可盲目补仓。

9.3.3 割肉解套

割肉解套一般出现在熊市的前中期。部分投资者在高位买进股票，当股价开始下跌、趋势开始转弱时，投资者并不愿意面对自己的错误，而是存在一种"股价肯定会涨回来"的侥幸心理，捂着股票不愿割肉。随着股价调整的幅度越来越大，账面亏损越来越多，这时投资者才真正意识到熊市的到来，但此时已经深度套牢，再割肉的话可能就会割到底部。

割肉解套，考验的不是投资者的分析判断能力，而是投资者的心态控制。采用这种方式，是谁都不愿意的，但是为了保存实力，投资者必须有这种"壮士断腕"的勇气。毕竟在熊市中捂股，基本相当于"自杀"。"留得青山在，不怕没柴烧"，股市中多的是机会，只有保存了实力，才会有重新获利的机会。

投资者在进行交易之前，一定要设定合理的止损位，降低止损割肉时的亏损幅度。另外，如果连续三次交易都以止损卖出结束，那么投资者可以暂时修整一下，看看哪里出现了问题。待调整好状态后，再入场交易不迟。

9.3.4 换股解套

换股解套，是指当投资者手中的股票已经套牢，且短期内解套的可能性很小，那么可以将手中的股票换成股价相当但成长性较高的股票，以达到快速回本的目的。

比如一位投资者 2007 年底以 32 元/股的价格买入中国石油（601857）

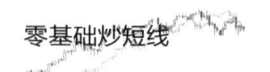

1000 股，市值 32000 元。2008 年年底已经处于深度套牢状态，由于盘子太大，回本的可能性很小。为了快速回本，该投资者在 2009 年年初以 10 元/股将该股票卖出，资金剩余 10000 元，换成股价相当或者比中国石油股价低廉的股票，如双钱股份（现华谊集团，600623），成本价 4 元/股，共 2500 股。2009 年双钱股份由于受到汽车行业复苏的影响，业绩大幅度提升，股价一年内上涨 5 倍以上。假设投资者以 20 元/股卖出，那么投资者盈利为：2500×20-32000＝18000 元。而中国石油 2009 年的最高价为 16.55 元，如果继续持有，仍处于亏损状态。

换股解套要求投资者能够选择一个业绩增长比较稳定的、有发展潜力的个股，如果换成一只"熊"股，就不如不换了。所以要点还是在选择有投资者价值的股票上，投资者在换股前一定要注意分析，谨慎选择。

实战经验

投资者在进行交易之前，一定要设定好合理的止损位，这不仅能够降低止损割肉时的亏损幅度，还能够帮助投资者降低负面心理的影响，避免由于"下不了手"或"措手不及"而导致越套越深。

9.4 技法 4：做波段

波段操作，是短线交易的一个重要技法。波段交易中的一个重要技巧，就是利用通道进行高抛低吸。

9.4.1 上升通道和下降通道

股价在运行当中，往往会呈现一个现象，就是股价呈现通道式运行的规律。通过股价波动的两个阶段高点画直线，并使得股价走势全部落在该直线之下；然后再通过股价波动的两个阶段低点画直线，使得股价走势全部落在该直线之上。那么这两条直线，就组成了这段时间股价的运行通道。

股价在上涨过程中，运行通道是向右上方倾斜的，称为上升通道。股价在下跌过程中，运行通道是向右下方倾斜的，称为下降通道。股价在横盘过程中，运行通道是水平的，称为平行通道。

如图9-28所示，2022年9月份至12月份，益佰药业（600594）股价震荡上行，基本运行在图中上升通道之间，当股价到达上轨附近时开始回落，到达下轨时开始回升，持续了大约2个多月时间。投资者可以在此通道内采取低买高卖的方式进行波段操作，最大限度地赚取利润。2022年12月19日，股价向下跌破通道，卖点出现。

如图9-29所示，2022年6月至10月，金枫酒业（600616）股价震荡下行，且股价的波动范围基本在图中下降通道内，投资者可在下降通道内进行高抛低吸操作。11月4日，股价向上突破通道，买点出现。

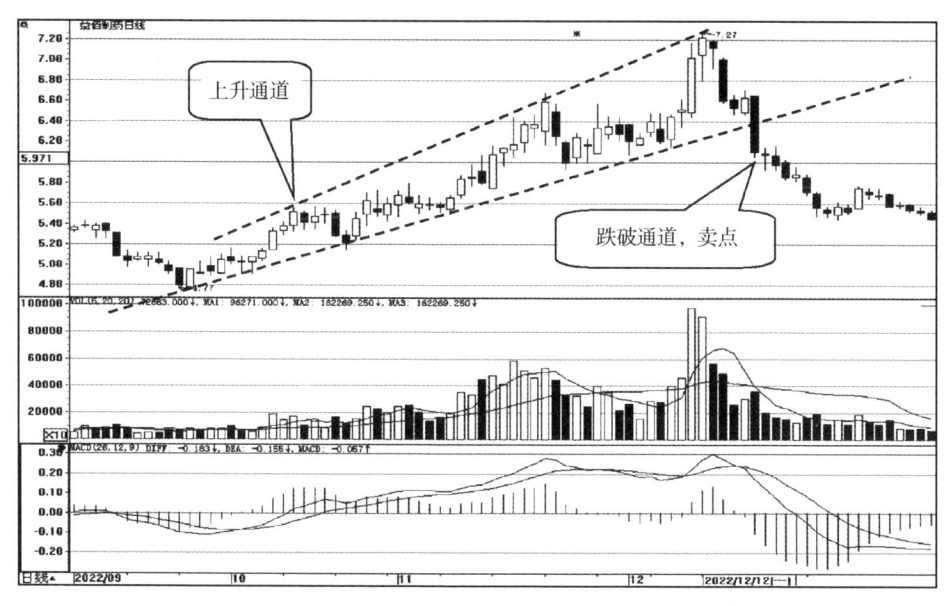

图9-28 益佰药业日K线

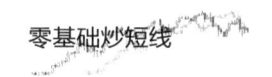

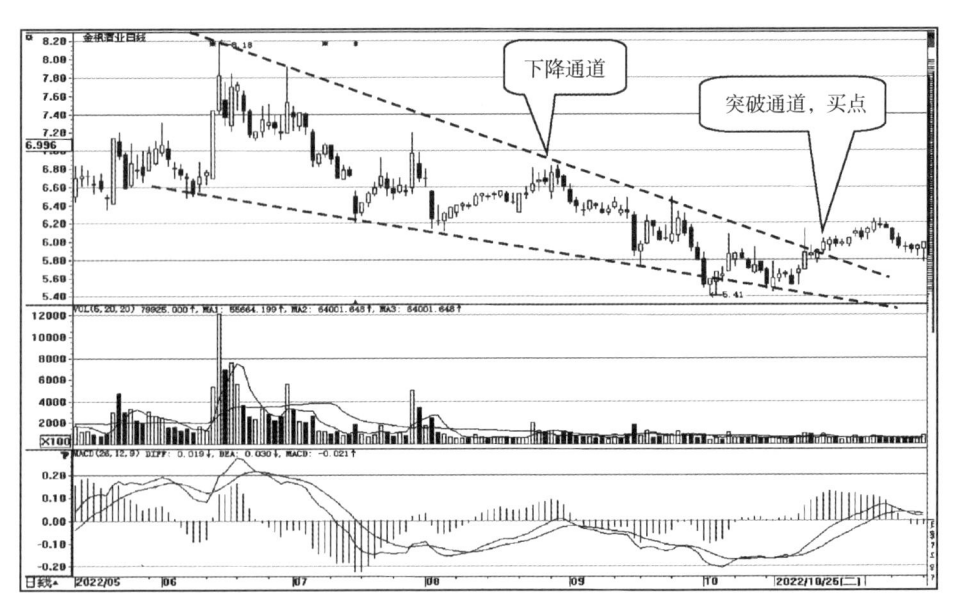

图 9-29 金枫酒业日 K 线

实战经验

通道式运行，是股价的一个普遍现象，尤其是股价呈现震荡行情时，更是如此。但是投资者需要注意，在单边行情中，例如强劲的主升浪中，往往不具有通道运行的特点。

9.4.2 通道的波段交易技巧

一般短线投资者经常利用股价运行的通道进行波段操作，特别是股价运行在上升通道中时。下面介绍一下在股价运行通道中的买卖点的选择。

1. 确立通道

如果股价运行时能够不断突破前期的高点，而随后的下跌也能在前期低点之上结束，出现这样的走势就认为股价是处在上升通道中。反之，若股价在运行期间，不能超过前期高点，而随后的下跌低点却比前期的低点低，那么说此时股价运行在下降通道中。通过两个明显的高点、两个明显的低点画出直线，就构成了通道的上下边线。

2. 买卖点选取

当股价到达通道的上边线时，进行卖出操作；当股价到达通道的下边线时，进行买入操作。

股价不可能永远在一个通道内运行，总有打破这个通道的时候。因此利用通道进行波段交易，投资者要做好止损的准备。

就上升通道而言，如果股价向上突破了通道的上边线，说明股价很可能进入了一个加速上涨阶段，短线投资者应再次买入，捕捉突破的买入时机。如果股价跌破上升通道的下边线，说明股价趋势开始向下，投资者应止损卖出。

就下降通道而言，如果股价向上突破了通道的上边线，说明股价趋势很可能转为向上，投资者应进行买入操作。就上升通道而言，如果股价跌破上升通道的下边线，说明股价趋势开始向下进入一个加速下跌的阶段，投资者应止损卖出。

实战经验

为了尽量回避风险，投资者应尽量在上升通道中进行交易，在下降通道中应慎重交易。另外，在通道运行中，投资者可结合成交量的变化来把握买卖时机。成交放大往往是阶段顶部的标志，而成交缩减则往往是阶段底部的标志。

9.5 技法5：T+0

"T+0"中的"T"指的是交易当天的日期，"T+0"就是当天买进的股票可以当天卖出，"T+1"就是当天买进的股票当天并不能卖出，最早于下一个交易日方可进行卖出交易。以前我国也实施过"T+0"交易制度，但是由于投机过于严重，在1995年1月1日开始实施"T+1"交易制度。

当投资者手中既有股票（当天可以卖出）、又有现金时，就可以实现近似"T+0"的交易。可以在一个交易日内于低位（高位）买进（卖出）一定数量的股票，再于高位（低位）卖出（买进）相同数量的股票，达到股票数量不变、赚取其中价差的效果。

例如：投资者甲于周一买进1000股某只股票，成本价20元，周二当天甲判断该股股价会先抑后扬，于是甲开盘后在低位19元处买进1000股，随后股价像甲判断的一样开始上扬，随后甲在21元处将周一买入的1000股卖出，此时甲账户上依然有1000股，而其当天赚取的价差为：（21-19）×1000＝2000元。

9.5.1 顺向"T+0"与逆向"T+0"

1. 顺向"T+0"操作

假设投资者持有一定数量的某只股票，在某一天的交易时段内，认为该股将上涨。那么，他就可以在低位先买入该股，待其涨到高位后，将原来持有的股票卖出，就相当于将今日买入的股票进行了卖出，从而在一个交易日内实现了低买高卖、获取价差利润的目的。

由于这种"T+0"交易属于先买后卖，因此称为顺向"T+0"。

2. 逆向"T+0"

顺向"T+0"操作，需要投资者手中必须持有现金，如果投资者满仓被套，则无法实施交易。而逆向"T+0"操作则不需要投资者持有现金。

假设投资者满仓持有某只股票，在某个交易日认为当天股价将下跌。此时投资者可以先将手中股票卖出，等股价下跌后，在较低的价位买入同等数量的相同股票，从而在一个交易日内实现先卖后买、获取价差利润的目的。

由于这种"T+0"交易属于先卖后买，因此称为逆向"T+0"。

9.5.2 "T+0"的盘面时机

进行"T+0"操作，追求的是盘中的价差，因此需要当天股价有足够的波动幅度。如果当天的行情波澜不惊，就不具备"T+0"操作的条件。而对于大多数股票来说，当天的行情主要是由大盘走势所主导，所以投资者在把握"T+0"时机时，看大盘走势非常重要。

如图9-30、图9-31所示，2023年6月21日，上证指数低开后持续震荡，于尾盘时加速下跌，波动幅度只有1%左右，所以整体来看当天不太适合进行"T+0"交易。个股丰原药业（000153）与大盘的走势类似，先是持续震荡，到尾盘时加速下跌，全天波动幅度较小，也不适合进行"T+0"交易。

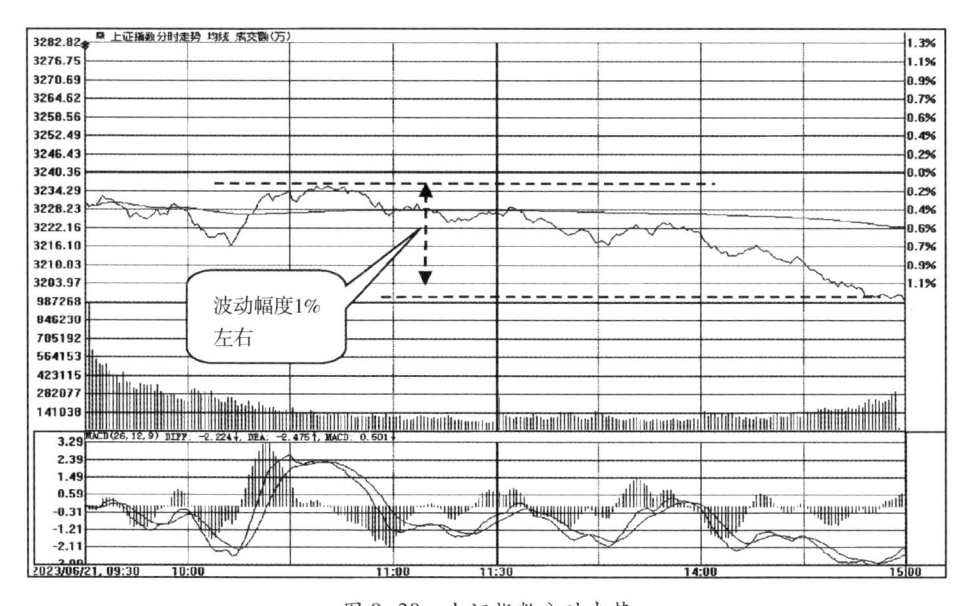

图9-30 上证指数分时走势

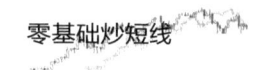

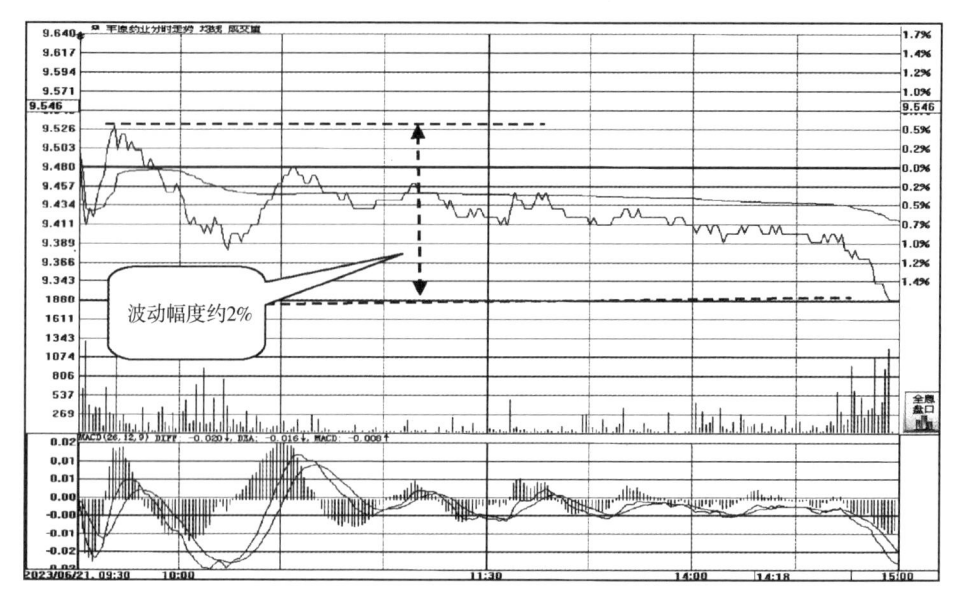

图9-31 丰原药业分时走势（2023年6月21日）

9.5.3 用CDP指标找盘中买卖点

CDP指标是一种侧重于超短线的技术指标。该指标由5个小指标组成，从上到下依次为AH（最高值）、NH（近高值）、CDP（中价）、NL（近低值）、AL（最低值），如图9-32所示。

这5个小指标的计算方法，感兴趣的投资者可自行查找。

这些指标所表示的数值为当天股价的波动区间，可为投资者提供客观的买卖点参考。

（1）对于持股投资者，股价涨至NH处减仓，涨至AH处继续减仓。

（2）对于持币投资者，股价跌至NL处加仓，跌至AL处继续加仓。

如图9-33所示，2023年5月23日，复星医药（600196）盘中出现上涨走势，开盘即处于CDP指标的NL附近，盘中"T+0"买点出现。之后该股股价快速上涨，上探CDP指标的NH处，盘中"T+0"卖点出现。

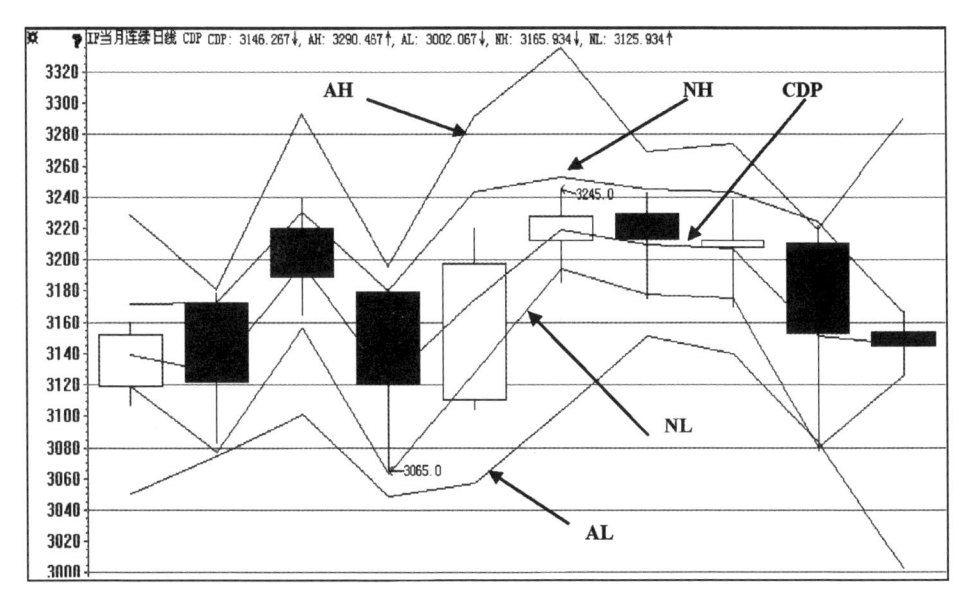

图 9-32 CDP 指标

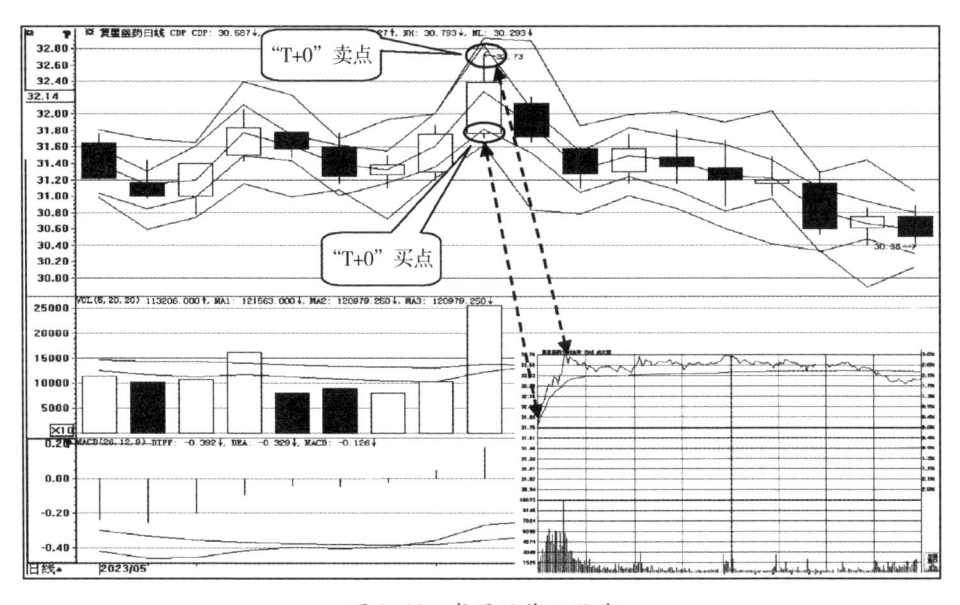

图 9-33 复星医药日 K 线

实战经验

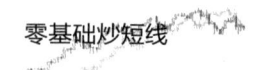

CDP指标比较适用于在上下震荡盘整的行情中把握"T+0"机会。另外,投资者可以将CDP指标与分时线形态、分时成交量、5分钟K线等综合分析,以提高交易准确率。

第 10 章

短线与四大经典理论

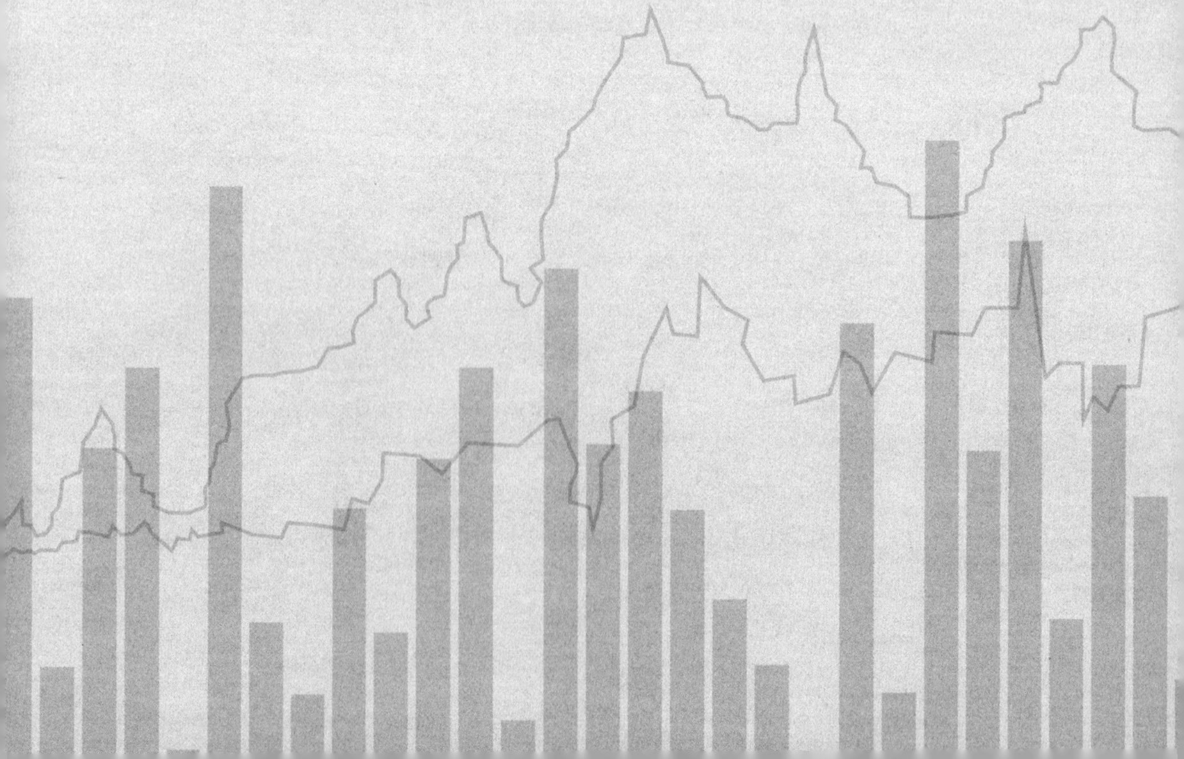

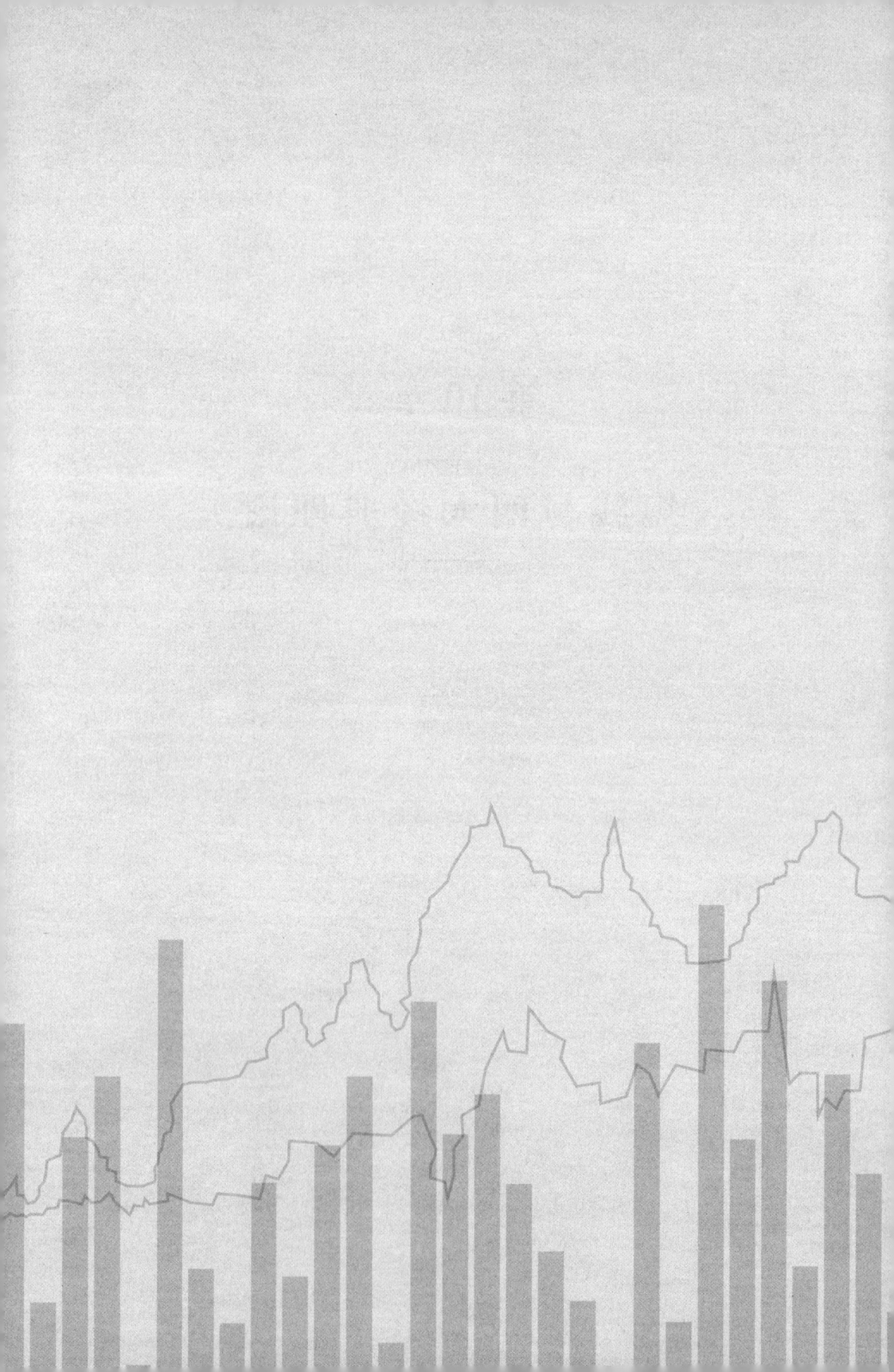

10.1 道氏理论与短线交易时机

道氏理论是由道琼斯公司的创办人之一查尔斯·道最先提出，后又经过其助手汉密尔顿进一步地深化而得到完善。由于道氏理论中的每一个论点均出自对市场本质的观察和对运行规律的科学总结，道氏理论也不应单纯归于一种技术分析方法，其实质是对证券市场的一种哲学意义上的认识。

本书限于篇幅，对道氏理论不做过多的介绍。感兴趣的投资者可以寻找相关书籍进行了解。

10.1.1 道氏理论对炒短线的启示

在道氏理论中，很少有具体的买卖交易指导，尤其对于日间波动，也就是短期走势非常不看重，认为其属于随机性波动，缺乏分析预测的意义。

不过，我们仍然能够从道氏理论中找到一些关于短线交易的启示。

1. 耐心，避免冲动交易和盲目交易

短期的股价走势的确存在较大的不确定性，尤其是盘中波动，常常让投资者摸不着头脑。因此短线投资者应该保持高度耐心，要等待、寻找确定性大、可把握程度高的交易机会。

有的投资者一看到某股大幅上涨，就按捺不住买入的欲望，这是冲动型交易；而有的投资者，涨了就追，跌了就卖，毫无交易纪律和风险判断原则，这是盲目型交易。这两种交易方式，是很多投资者短线亏损的重要原因。

2. 不要被行情牵着鼻子走

短线交易最忌毫无交易计划、交易纪律，完全跟着行情走。短期行情往

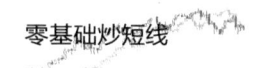

往波动剧烈，如果完全被行情牵着鼻子走，就会陷入其中，左右挨耳光。短线投资者应该制订详细的交易计划，并严格按照计划交易。同时，投资者还应摸索出适合自己的交易原则和纪律，知道"什么时候不该做什么"，要比知道"什么时候该做什么"重要得多。

短线交易不是简单的追涨杀跌，不是今天买明天就要卖。它是建立在一个完整的风险评判、收益分析的基础上，有着明确纪律要求的投机行为。相比中长线而言，短线的操作频率高，因此会产生巨大的复利效应，但是相应的，对投资者各方面的要求也比较高。

10.1.2 线态窄幅盘整区间的突破买点

在道氏理论中，很少有具体的买卖交易指导。但是如果大家细心研究道氏理论，可以发现一个例外，就是对于线态窄幅区间盘整形态的论述，是道氏理论中少有的、可以对短线交易构成明确指引的内容。

线态窄幅区间盘整，是指股价在连续的多个交易日内波动幅度很小，形态上貌似股价在一个很窄的矩形里上下波动，其形成要点有：

（1）区间内股价的最大波动幅度在10%的范围之内。

（2）持续两到三周，或者更长的时间。

股价向上突破此区间时，说明此前的盘整属于收集筹码，股价将再上一个台阶；股价向下跌破此区间时，说明此前的盘整属于派发筹码，股价将进入下跌行情中。

如图10-1所示，2023年2月上旬至3月上旬，返利科技（600228）股价始终在7.3至8元之间震荡盘整，最大振幅小于10%，持续时间在一个月左右，构成线态窄幅盘整区间。2023年3月13日，该股开盘后在成交量的配合下迅速拉高，突破线态窄幅盘整区间，发出买入信号。

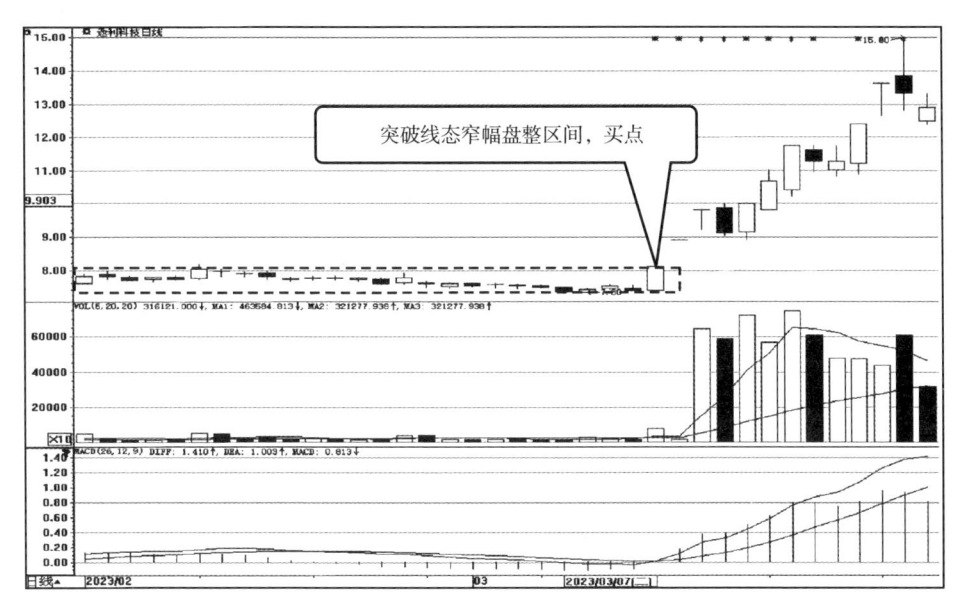

图 10-1 返利科技日 K 线

实战经验

作为技术分析的奠基理论，道氏理论的重要性毋庸置疑。虽然该理论对短线缺乏涉及，但是道氏理论对市场本身的认识和论述，非常值得投资者研究和借鉴。

10.2 黄金分割理论与短线交易时机

黄金分割，是指事物各部分之间存在的特定的数学比例关系。通俗点讲，即将整体一分为二，较大部分与较小部分之比等于整体与较大部分之比，其比值为 1∶0.618 或 1.618∶1，这个比例关系最符合人的审美，故称之为黄金分割。除了 0.618、0.382，还有 0.236、0.5、1.618、2.618 等黄金分割数值。

在自然界中，许多现象都符合黄金分割理论，股市中同样如此。

10.2.1 黄金分割位的支撑买点

当股价经过一段时间的上涨之后开始下跌，那么在上波涨幅的 0.618、0.5、0.382 等黄金分割位，股价出现回升的概率非常大。这就为短线投资者提供了把握短线买点的重要参考。

如果是在牛市中，股价在黄金分割位的回升很可能预示着调整到位，重新开始新的升浪。如果是在熊市中，股价在黄金分割位的回升很可能是一波反弹行情。这一点投资者需要分辨清楚。

如果股价能在黄金分割位处开始企稳回升，那么就说明这个分割位的支撑有效，投资者可以进行买入操作，并将这个分割位作为止损位。

如图 10-2 所示，从 2022 年 10 月 18 日开始，在一段上涨走势后，青海华鼎（600243）转入调整走势。将这段上涨趋势的涨幅进行黄金分割后，投资者可以预期，在这段涨幅的 0.618、0.5 和 0.382 这三个位置，股价调整到位的概率较大。

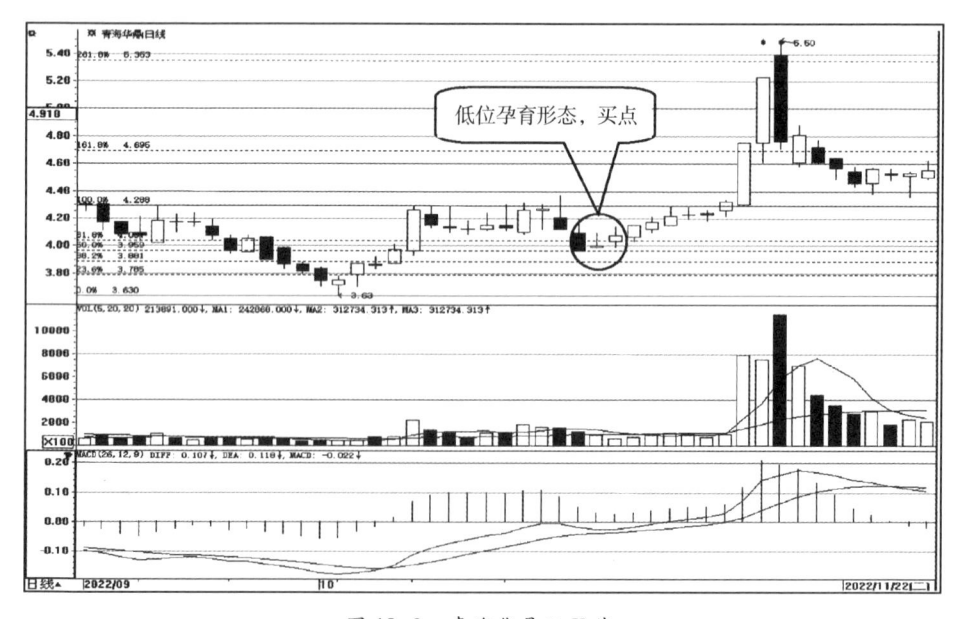

图 10-2 青海华鼎日 K 线

2022年10月底，当股价跌至0.5黄金分割位时，K线图中出现了低位孕育的看涨形态，构成了黄金分割位支撑作用的验证信号，投资者要注意把握该买点。

10.2.2 黄金分割位的阻力卖点

当股价经过一段时间的下跌之后开始上涨，那么在上波跌幅的0.618、0.5、0.382等黄金分割位，股价出现回落的概率非常大。这就为短线投资者提供了把握短线卖点的重要参考。

如果是在牛市中，股价在黄金分割位的回落很可能只是短期的调整。如果是在熊市中，股价在黄金分割位的回落很可能说明反弹已经结束。

如图10-3所示，2022年12月至2023年1月，三元股份（600429）从5.8元跌至4.76元，从这两个点可以画出黄金分割位。

2023年2月下旬至3月初，股价反弹到黄金分割位0.382处明显受阻。3月7日，股价受阻的同时，K线图中出现看跌吞没形态，卖点出现。还没有出场的投资者要注意及时卖出。

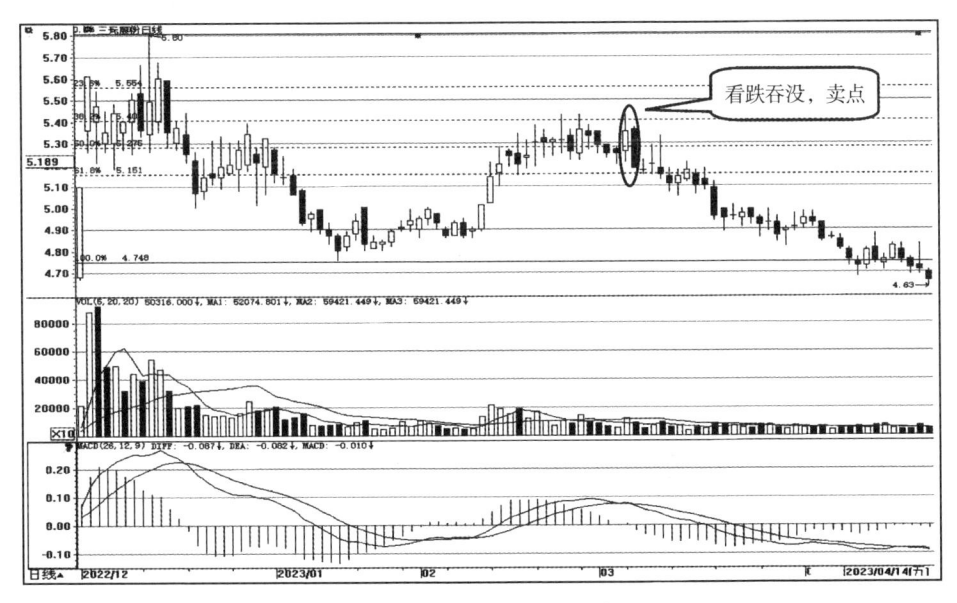

图10-3 三元股份日K线

实战经验

黄金分割位只代表股价在这里"可能出现转折",它提供的是一种可能性,并不是说股价在这里肯定会发生转折。因此投资者可以将黄金分割理论结合 K 线、其他技术指标等进行综合研判,以提高准确率。

10.3 江恩理论与短线交易时机

江恩理论是由著名投资大师威廉·江恩创立的。江恩认为股票、期货市场里也存在着宇宙中的自然规则,其运行符合自然规律,市场的价格运行趋势不是杂乱的,而是可通过数学等方法预测的。江恩理论包括江恩时间法则、江恩价格法则、江恩线等。

10.3.1 江恩角度线的画法

江恩将百分比原理与几何角度原理结合起来,发明了测量股价运行角度的实用工具,即江恩角度线,也称甘氏线。

江恩角度线是从一个点出发,依照一定的角度画出的多条射线,每条射线都有特定的角度,对股价都有支撑或阻力作用。这些射线中,最重要的是 1×1、2×1 和 1×2 这三条线,其余的角度线虽然在价格的波动中也能起一些支撑或阻力作用,但重要性略低,很容易被股价突破。

在炒股软件上画江恩角度线的方法非常简单,首先在 K 线图上找到一个点(一般选择重要的低点或者高点),然后以此点为起点,再选择后面另一个点作为终点(与起点相对的高点或者低点),即可绘制出江恩角度线。被选择的点必须是显著的高点或低点,如果后面出现了新的高点或低点,那么终点或者起点的选择也应随之变更。江恩角度线如图 10-4 所示。

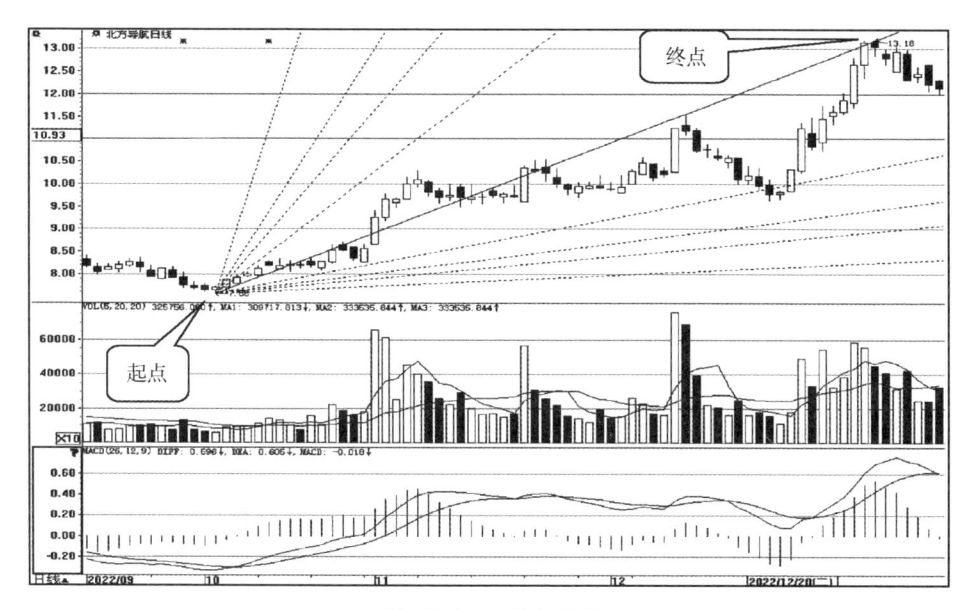

图 10-4 江恩角度线

10.3.2 江恩角度线的支撑买点

当股价经过一轮上涨之后开始回调时，投资者可以将这轮上升行情的最低价、最高价分别作为江恩角度线的起点和终点。当股价回调至江恩角度线的某一条线处，如果企稳回升，说明支撑有效，投资者可把握买入时机。

如图 10-5 所示，2022 年 10 月至 12 月，时代新材（600458）股价涨至 10.5 元附近开始回调。投资者可以将这轮上升行情的最低价、最高价作为江恩角度线的起点和终点。之后，从 2022 年 12 月至 2023 年 5 月，该股股价多次回调至江恩角度线处获得支撑，投资者要注意把握这些短线买点。

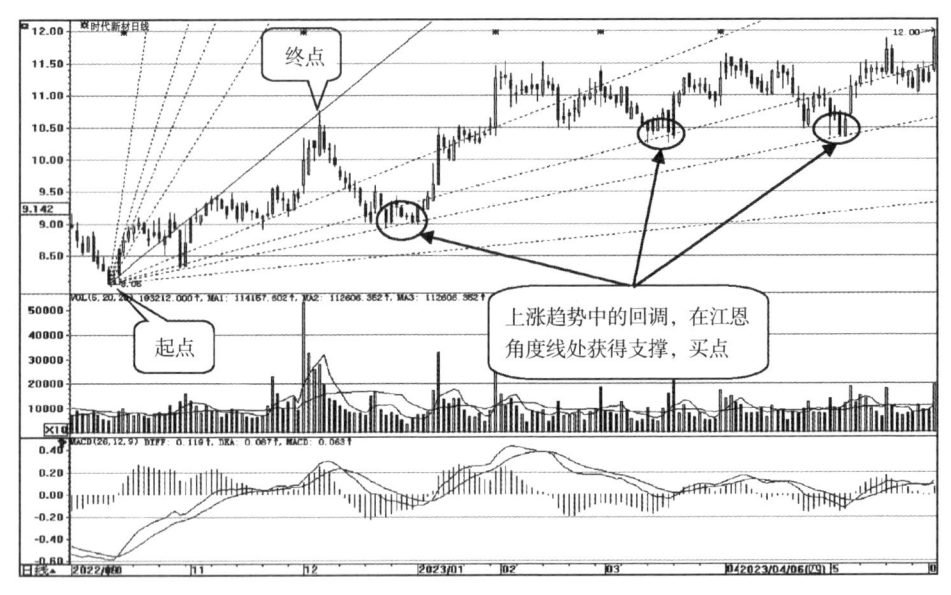

图 10-5 时代新材日 K 线

10.3.3 江恩角度线的阻力卖点

当股价经过一轮下跌之后开始回升时，投资者可以将这轮下跌行情的最高价、最低价分别作为江恩角度线的起点和终点。当股价回升至江恩角度线的某一条线处，如果遇阻回落，说明阻力有效，投资者可把握卖出时机。

如图 10-6 所示，2021 年 10 月 8 日，国网英大（600517）股价在 8.45 元处见顶回落，11 月 5 日，股价最低跌至 6.43 元后开始回升。投资者可将这两个价位分别作为江恩角度线的起点和终点。之后，2021 年 12 月中旬和 2022 年 1 月中旬，该股两次反弹至江恩角度线处受阻，卖点出现。

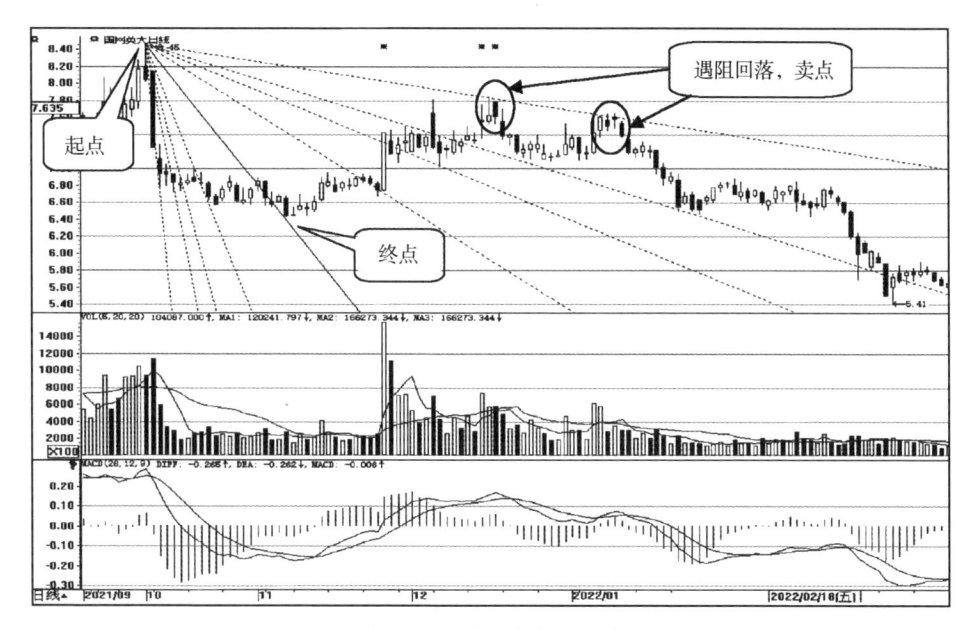

图 10-6 国网英大日 K 线

实战经验

与黄金分割理论相同，江恩角度线也是提供了股价出现转折的可能位置，投资者最好结合多种分析方法来综合研判。

10.4 周期理论与短线交易时机

周期理论也是市场中的一种常用理论。周期理论认为股市的涨跌具有很强的周期性和循环性，股市运行就是在不同的周期当中循环，而周期又可以分为大周期和小周期，时间从几十年到几天不等。

由于周期理论中的内容大多涉及中长期市场的周期规律，我们只选择其中对于短线具有实战指导意义的"时间循环"这一部分来介绍。

时间循环，是指市场的各个转折点之间的相隔时间具有很强的周期性规律，当一个重要的高（低）点出现后，那么在经过某段特定时间后，市场出

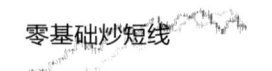

现另一个高（低）点的概率比较大，也就是常说的变盘日。

各个高低点之间的间隔周期，可以分为以下两种。

1. 等周期理论

转折点之间的循环周期是相同的，即各个转折点之间的时间间隔一样，是等比周期的不断重复。

2. 斐波那契周期

转折点之间的时间间隔都不相同，但是整体而言，符合斐波那契数列规律（1，1，2，3，5，8，13，21，34，55……）。

10.4.1 等周期线的买卖时机

等周期理论的买卖时机比较简单，具体在操作过程中投资者需要注意以下几点。

（1）周期循环仅仅是寻找买卖点的重要信号之一。到了变盘日，也并非就意味着一定会变盘，可能会早一点，也可能会晚一点，有时还可能不变盘。假若到了时间之窗，没有发生转折，而是延续原有趋势，那就说明这个时间窗口是无效的，可能一个更大的循环将展开。因此遇到时间之窗，投资者在判断时，应该综合考虑其他因素，这样判断起来准确率会更高。

（2）如果此前是上涨趋势，那么到了时间之窗可能会发生向下的转折；如果此前是下跌趋势，那么到了时间之窗可能会发生向上的转折。

（3）当股价运行到时间之窗，同时也如期出现了转折，但是这种转折到底是什么性质的转折，比如是短线、还是中长线，这一点时间之窗并不能给出答案，需要投资者通过其他因素来判断。

（4）如果股价走势在某周期线上发生的转折多，也就是说，前期的股价走势越符合这一周期规律，那么后期走势继续受到这一规律影响的概率就越大。

（5）由于周期理论中的规律主要来自自然界，参与人数越多，其准确性越高。因此投资者在实战中应用该理论，应该主要侧重于对大盘走势或者大盘股的分析。

如图 10-7 所示，选择保变电气（600550）2022 年 12 月 23 日所在的波段低点作为起点，另一阶段高点为终点，绘制等周期线（该股每个周期点间隔 10 个交易日）。从后面系统自动生成的周期线可以看出，保变电气的多个高点和低点落在周期线上。

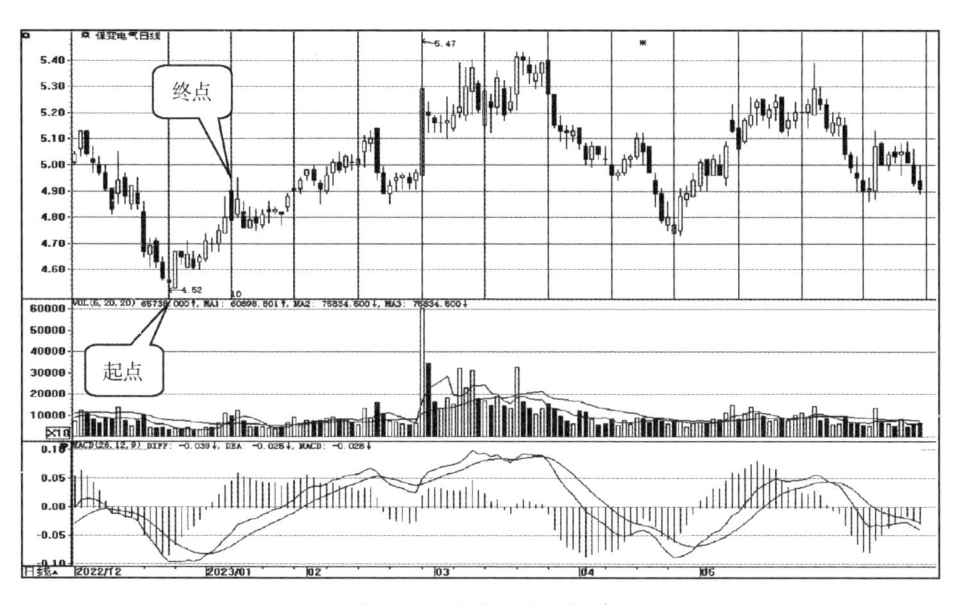

图 10-7　保变电气日 K 线

10.4.2　斐波那契周期线的买卖时机

斐波那契数列是一组非常神奇的数字组合。斐波那契数列具有以下重要特质。

（1）数列中每一项（第二项之后）皆为其前两项之和。

（2）数列中的前一项与后一项的比值越来越接近 0.618。

科学家发现，斐波那契数列存在于自然界之中，例如，树木与植物中的螺旋状叶序符合斐波那契数列，花朵的结构中也可以发现斐波那契数列，蜗牛的外壳是清晰的黄金螺旋。

绘制斐波那契周期线非常简单，只要投资者选择一个重要的高点或者低点作为周期线的起点，炒股软件即可自动生成后面的周期线。

如图10-8所示，2022年10月31日，八一钢铁（600581）跌至3.34元附近后开始企稳回升，将这一天作为起点绘制斐波那契周期线。投资者可以看出，在第9根周期线处，行情出现了短线转折。

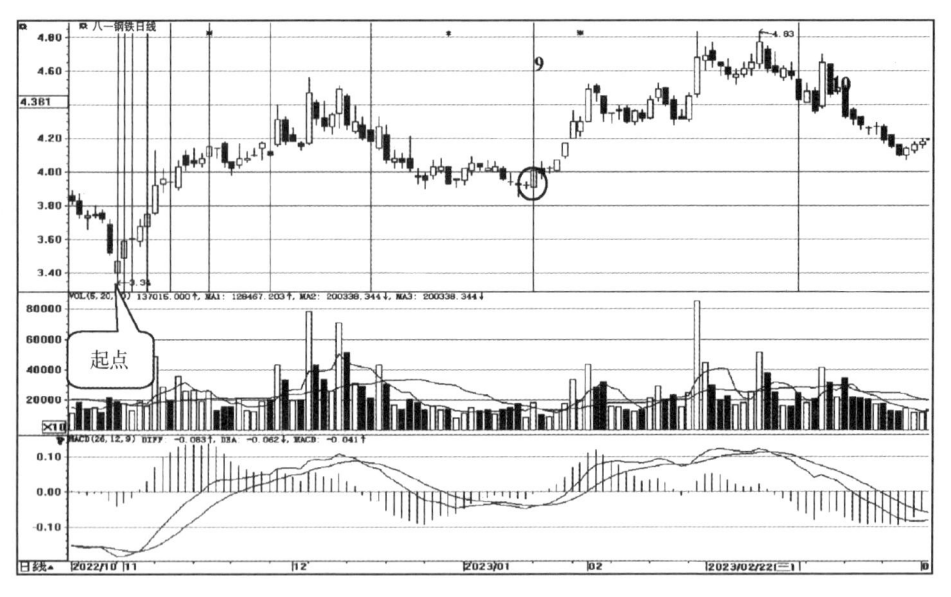

图10-8　八一钢铁日K线

实战经验

在周期线的应用中，投资者要注意，如果行情性质发生了变化，那么以前所用的周期线就很可能失效，此时投资者需要从转折点处重新绘制本轮行情的周期线。